덕담과 시사로 배우는
한자

李相麒 著

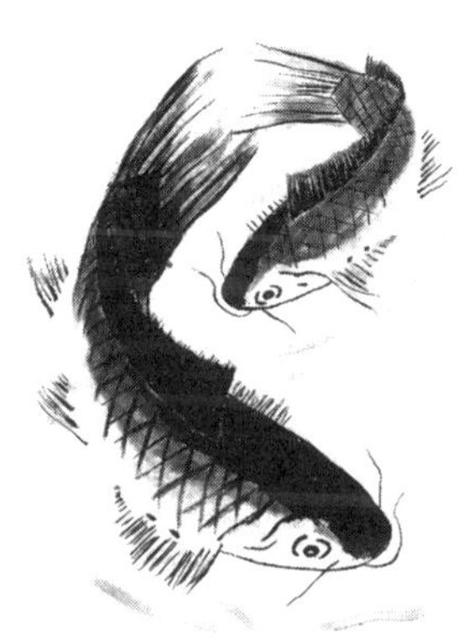

제일어학

덕담과 시사로 배우는 한자

초판 인쇄 /2000년 7월 5일
초판 발행 /2000년 7월 15일

저자 /이상기
펴낸이 /이순희
펴낸곳 /제일법규

서울특별시 서초구 방배동 537의 39
전화 523-1657, 597-1088 /팩스 597-6464
등록/1993년 4월 1일 제21-429호

ISBN 89-85794-80-9 13710

머리말

漢字는 우리들의 일상 생활과 매우 밀접하여 그 학습의 필요성을 인정하면서도 어려운 것으로 생각해서 포기하는 사람들이 많다. 생활언어로서 漢字는 우리 생활에서 빼놓을 수 없다는 언어교육의 현실 반영이고, 또 국제화 시대의 흐름으로써 한자 문화권과의 연대의식 강화라는 두가지 요인이 작용하고 있다고 본다.

사실 우리는 오랫동안 한글 전용이라는 명분에 묶여 漢字를 제대로 가르치지도 않으면서 현실적으로는 漢字를 강요하는 二重言語構造 속에 살아왔다. 현실은 漢字併用인데 교육은 한글전용에 지중해온 그야말로 절름발이 교육이었다.

이웃나라 일본이 1945字의 漢字敎育을 초등학교 1학년부터 철저하게 시키고 있으며, 북한마저 漢字敎育을 68년부터 「1500字」를 초등학교부터 가르치고 있다. 더구나 중국 인구는 13억이라 한다. 중국은 漢字의 원조이다. 동북아의 漢字文化圈의 인구는 약 15억이 넘는 어마어마한 인구이다.

언어는 우리 삶의 일부요, 없어서는 안될 중요한 삶의 도구이다. 더구나 우리말인 한글의 70%이상이 한자어인 점을 고려하면 우리가 한자를 익혀야 하는 이유는 명명백백한 귀결이다. 특히 한글세대들은 한자가 어렵다고 하는 선입견에 의해 한자를 도외시하고 있는 추세에 있을 뿐만 아니라 오히려 한자를 경원시하고 있다.

따라서 우리가 왜 한자를 병용해야 하는지를 분명히 인식시켜

주기 위해 저자가 본서를 기획하게 되었다. 韓國, 日本, 中國이라는 유교 한자문화권의 유대와 교류, 그리고 교육이라는 국제화 시각에서도 漢字의 생활화는 더욱 필요하게 되었다. 우리말과 글을 제대로 이해하고 깨우치면서 漢字의 탁월한 시각적 造語力을 빌려 언어체계를 다양화·활성화하려는 것이다. 아무쪼록 이 책이 한문에 관심을 갖는 이에게 좋은 반려자가 되기를 바란다.

끝으로 이 잭을 펴내는데 애써주신 제일법규 사장님과 임직원 여러분에게 감사를 드린다.

저자 李相麒

目 次

＊다음 故事成語는 東亞日報·中央日報·朝鮮日報 세 종류
신문에서 발췌하여 수록한 것입니다.

덕담(德談)으로 배우는 한자

1. 맹자 어머니의 훈육담

어느날 맹자(孟子)가 집을 떠나 공부를 하러 갔는데 얼마 지나지 않아서 갑자기 집으로 돌아온 것이다. 맹자 어머니는 그때 베틀에 앉아 정신없이 베를 짜고 있었다. 맹자를 본 어머니는 아무런 표정(表情)도 없이 이렇게 물었다.

"공부를 벌써 끝마쳤느냐?"

"아니오. 어머님을 뵙고 싶어 잠시(暫時) 다녀가려고 왔습니다."

맹자의 어머니는 말없이 옆에 있는 칼을 집어들어 짜고 있던 베를 중간에서 잘라 버렸다. 맹자는 너무 뜻밖의 일에 깜짝 놀라며, 질문(質問)을 했다.

"왜 이러십니까, 어머니?"

"네가 공부를 도중(途中)에 그만둔다면 내가 짜던 베를 다 마치지 못하고 끊어버리는 것과 같다."

　맹자의 어머니는 태연(泰然)히 말했다. 그리고 사람이 배우지 않으면 도둑이 되거나 남의 하인밖에 될 것이 없다고 타일러 다시 보냈다. 그후 맹자는 어머니의 교훈을 가슴에 깊이 간직해서 열심(熱心)히 공부를 했다고 한다. 후세 사람들이 이야기를 듣고 학업(學業)을 중단(中斷)해서는 안 된다는 것을 경계하는 말로 단기지계(斷機之戒) 또는 단기지교(斷機之敎)라고 했다.

활용 한자	
表	겉 표-衣-9
情	뜻 정-心-12
暫	잠깐 잠-日-15
質	바탕 질-貝-15
途	길 도-辶-11
泰	클 태-水-9
然	그러할 연-火-12
熱	뜨거울 열-火-15
業	업 업-木-13
斷	끊을 단-斤-18

2. 재앙이 복이 되는 계기

옛날 중국 북방에 점을 잘 치는 늙은 할아버지가 살고 있었다. 집에서 사육(飼育)하던 말이 달아나 없어졌다. 이웃 주민(住民)들은 그 딱한 사정을 듣고서 위로(慰勞)해 주기 위해 찾아갔었다. 그러나 할아버지는 조금도 걱정하는 기색도 없이 말했다.

"전화위복(轉禍爲福)이란 말이 있듯, 이것이 도리어 복이 될 수도 있으니 걱정할 필요는 없습니다."

과연(果然) 몇 달이 흐른 뒤에 어느날 도망쳤던 말이 다른 좋은 말을 데리고 돌아왔다. 사람들은 곧 축하(祝賀)하러 할아버지를 방문(訪問)했다.

"이것이 또 무슨 화근(火根)이 될지 모르지요."

늙은이는 조금도 기뻐하는 기색(氣色)을 하지 않았다. 그런데 그의 아들이 말을 타다가 낙마(落馬)하여 절름발이가 되고 말았다. 그래서 동네 사람들은 또 다시 할아버지를 위로하러 갔다.

"아니지요. 이것이 또 어떤 복이 될지 누가 알겠습니까?"

할아버지는 그야말로 천하태평(天下太平)이었다. 그후 몇 해가 지나서 전쟁이 터져 마을의 젊은이들은 모두 소집(召集)되어 전쟁터로 나가 거의 모두 전사(戰死)했다. 그러나 할아버지 아들은 불구자(不具者)였으므로 군인 소집을 면하게 되어 싸움터에 나가지를 못해 무사히 살아남아 농사를 짓고 잘 살았다고 한다.

이 일을 두고 후세 사람들이 새옹지마(塞翁之馬)라고 했다. 즉 길흉화복(吉凶禍福)은 변화무쌍하여 예측(豫側)할 수 없다는 말이다. 슬픈 일이 있다고 너무 비탄(悲歎)에 빠지지 말고, 좋은 일이 생겼다고 해서 너무 기뻐하지 말라는 교훈이다.

활용 한자

飼 : 먹일 사-食-14
育 : 기를 육-肉-8
慰 : 위로할 위-心-15
勞 : 일할 로 -力-12
果 : 실과 과-木-8
然 : 그러할 연-火-12
召 : 부를 소-口-5
集 : 모일 집-隹-12
悲 : 슬플 비-心-12
歎 : 탄식할 탄-欠-15＝嘆

3. 고학(苦學)으로 성공한 옛이야기

손강(孫康)은 집안이 몹시 가난해서 기름살 돈이 없었다. 그래서 그는 항상 겨울이 되면 창가에 눈을 쌓아놓고서 그 눈빛으로 글을 읽으며 열심히 공부했다.

그는 젊었을 때부터 청렴결백(清廉潔白)하여 친구와 교제(交際)해도 무턱대고 사귀는 일이 없었다. 나중에는 어사대부(御史大夫)라는 벼슬까지 올라서 백성들에게 좋은 일을 많이 했다.

차윤(車胤)은 진(晉)나라 사람이며, 차윤 또한 집이 빈곤(貧困)해서 역시 기름을 구할 수가 없었다. 그래서 여름이면 비단 주머니에 수십 마리의 반디를 잡아서 그 빛으로 밤을 새우며 공부를 했다. 그래서 마침내 이부상서(吏部尙

書)에까지 올라 입신출세(立身出世)했다. 이런 이야기로 인해 고학(苦學)하는 것을 두고 '형설(螢雪)'이니 '형설지공'이니 말한다.

눈빛과 반딧불의 힘을 빌려 공부해서 얻은 공이란 뜻으로 빈곤과 어려운 역경(逆境)을 딛고 일어서서 성공(成功)하는 것을 형설지공(螢雪之功)이라고 말한다.

활용 한자

淸 : 맑을 청-水-11

廉 : 청렴 렴-广-13

潔 : 깨끗할 결-水-15

白 : 흰 백-白-5

交 : 사귈 교-亠-6

際 : 사이 제-阜-14

貧 : 가난할 빈-貝-11

困 : 곤할 곤-口-7

螢 : 개똥벌레 형-虫-16

雪 : 눈 설-雨-8

4. 두터운 사귐과 참된 우정

　중국 제(齊)나라 때 관중(管仲)과 포숙(鮑叔)은 어릴 때부터 친한 친구로서 두 사람은 무엇을 하든 같이 행동(行動)을 했는데, 포숙은 관중의 뛰어난 재능(才能)에 항상 탄복(嘆服)했다. 관중은 집안이 빈곤했기 때문에 자주 포숙을 속였다. 그러나 포숙은 그것을 알면서도 끝까지 우정(友情)을 저버리지 않았다.

　"나는 가난했을 적에 포숙과 함께 장사를 했는데, 이익(利益)을 분배(分配)할 때면 나는 몫을 더 많이 가지곤 했으나, 포숙은 나를 욕심쟁이라고 비난(非難)하지 않았다. 내가 가난한 것을 알고 있었기 때문이다. 또 나는 그의 명성을 올리게 하기 위해 계획(計劃)한 일이 도리어 그를 궁지(窮地)로 빠뜨리는 결과가 되었으나 그는 나를 우매(愚昧)한 자로 취급(取扱)하지 않았다. 나를 낳아준 이는 부모이지만 나를 진정 알아주는 이는 포숙이다."

그래서 관중은 언제나 포숙에게 고마움을 느꼈으며, 언젠가는 꼭 그 은혜에 보답(報答)하겠다고 결심했었다. 세상 사람들은 관중의 현명함과 포숙의 사람을 알아보는 눈이 밝은 것을 다같이 칭찬하고, 이처럼 사이가 좋은 것을 두 사람의 이름 한자씩 취해서 관포지교(管鮑之交)라고 말했다.

활용 한자

才 : 재주 재-才-3

能 : 능할 능-肉-10

友 : 벗 우-又-4

述 : 지을 술 -辶-9

懷 : 품을 회-心-20

愚 : 어리석을 우-心-13

昧 : 어두울 매-日-9

取 : 취할 취-又-8

扱 : 거두어가질 급-手-8

報 : 갚을 보-土-12

5. 사족(蛇足)
(쓸데없는 짓을 하다가 실패함)

　옛날 어떤 부자가 하인들에게 큰잔 가득히 술을 주는데, 이 주인이 말하기를, "여러 사람이 마시면 만족(滿足)하게 마실 수가 없다. 그래서 시합(試合)을 하겠는데 땅에 뱀을 그려, 제일 먼저 신속(迅速)히 그린 사람이 혼자서 모두 마시기로 하자."하고 하인들에게 말했다. 그래서 일제히 그리기 시작했는데, 좀 있으니, 한 사람이 "내가 제일 먼저 그렸다."하고 술잔을 집어들더니 "다리까지도 그릴 수 있지." 하면서 그리기 시작했다. 다리를 다 그렸을 때, 그 다음으로 뱀을 그린 사람이 그 술잔을 빼앗아 마시면서 "뱀에게 무슨 다리가 있나, 자넨 지금 다리를 그렸는데 이것

은 뱀이 아니지."하고 말했다고 한다. 결국(結局) 뱀에 있
지도 않는 다리를 그려 술을 마시지 못했다. 이후로 쓸데
없는 일을 한다든지, 필요 이상의 것을 하는 행동을 두고
'사족(蛇足)'이라는 말이 생겼다고 한다.

활용 한자

滿 : 찰 만-水-14
足 : 족할 족-足-7
試 : 시험할 시 言-13
合 : 합할 합-口-6
迅 : 빠를 신-辶-7
速 : 빠를 속-辶-11
結 : 맺을 결-糸-12
局 : 판 국-尸-7
蛇 : 뱀 사-虫-11
足 : 발 족-足-7

6. 화룡점정 (畫龍點睛)

　남북조시대의 양(梁)나라 사람 장승요는 유명한 화가였다. 어느날, 장승요는 절에서 용을 그려달라는 부탁(付託)을 받고 절의 벽에다 두 마리의 용을 그렸다. 그 그림은 강한 생명력(生命力)을 지니고 있어 이것을 보고 감탄(感嘆)하지 않는자가 없었다. 그런데 이상하게도 용의 눈동자가 그려져 있지 않았다. 사람들이 그 사유(事由)를 묻자 그는 이렇게 대답(對答)했다.

　"눈동자를 그려 넣으면 용은 벽에서 하늘로 날아가 버릴 거요."

　거짓말이다. 그럴 수가 있겠는가! 그의 말을 아무도 믿으려하지 않았다. 그래서 할 수 없이 그는 한마리 용에 눈동자를 그려넣기로 결심(決心)했다. 흠뻑 먹물을 먹은 붓이 용의 눈에 내려졌다. 그러자 갑자기 벽속에서 뇌광(雷光)이 빛나고 요란스런 뇌성(雷聲)이 울리더니 비늘을 번쩍이며 용이 벽에서 튀어나와 푸른 하늘로 날아가 버렸다. 그리고 벽에는 눈동자를 그려넣지 않은 용이 한 마리만이 남아 있었다고 한다. 정말 신기(神技)에 가까운 일이다.

활용 한자

付 : 부탁할 부-人-5
託 : 부탁할 탁-言-10
感 : 느낄 감-心-13
嘆 : 탄식할 탄-口-14
對 : 대할 대-寸-14
答 : 대답할 답-竹-12
決 : 정할 결-水-8
心 : 마음 심-心-4
雷 : 우레 뢰-雨-13
聲 : 소리 성-耳-17

7. 고려장(高麗葬)
(고구려 때 늙은이나 쇠약한 사람을 산중에 내버려 두었다가, 죽은 후 장사지내던 일)

옛날에 나이 일흔이 넘고 늙고 병든 사람을 구덩이에 버려 두었다가 죽을 때까지 기다려 장례(葬禮)지내는 풍습(風習)이 있었다고 한다. 여기에 얽힌 이야기이다. 70이 된 노인(老人)을 옛적부터 내려온 풍습대로 아들이 지게에 지고 가서 산중(山中)에 지게와 함께 버리고 돌아오려 할 때, 노인의 손자가, 버렸던 지게를 다시 가져온 것이었다. 아버지가 의아스러워 그 까닭을 물은 즉, 아들은 태연(泰然)스럽게 이렇게 대답하였다.

"이 다음에 아버지가 70이 되면 내가 이 지게로 아버지를 할아버지처럼 짊어다 버려야 되잖아요."

　　아무런 거리낌없이 하는 아들의 말을 듣고서 아버지는 깊이 반성(反省)하게 되었다. 그래서 다시 늙은 아버지를 지게에 지고 집으로 돌아와 지성(至誠)으로 봉양(奉養)하였다. 이 소문이 온나라에 퍼져 그후로는 늙은 노인을 산에다 버리는 풍습이 없어졌다고 한다.

葬 : 장사지낼 장-艸-12
禮 : 예도 례-示-18
習 : 익힐 습-羽-11
老 : 늙을 로-老-6
反 : 돌이킬 반-又-4
省 : 살필 성-目-9
至 : 이를 지-至-6
誠 : 정성 성-言-14
奉 : 받들 봉-大-8
養 : 기를 양-食-15

8. 금덩어리의 교훈

고려 공민왕 때 일이다. 사이좋은 형제(兄弟)가 살고 있었는데 어느 날 그들은 같이 길을 걸어가다가 황금(黃金) 두 덩어리를 주웠다. 한강(漢江)을 건너가게 되어 두 형제는 나룻배를 타고 강을 건너게 되었다. 배가 강 중간(中間)에 이르렀을 무렵이었다. 동생은 갑자기 금덩어리를 강물속으로 던져버렸다. 형이 깜짝 놀라며, "어째서 버리느냐?"고 물었다. 동생은 수치(羞恥)스러운 표정(表情)으로 말했다.

"저는 평소(平素) 형님을 무척 존경(尊敬)했는데 금덩어리를 주워 한 개를 나눠드리고 나니, 갑자기 '형님이 안 계셨더라면' 하는 나쁜 욕심(慾心)이 싹트려고 합니다. 그것을 보면 황금이 꼭 좋은 물건은 아니라는 생각이 들어

강물에 던졌습니다.”

'동생의 말이 진실(眞實)이구나!'

형 역시 금덩어리를 동생처럼 강물에 던져버렸다. 형제간의 우애가 얼마나 중요한 것인지 비유(比喩)를 들어 이야기한 것이다. 재물(財物)은 있다가도 없어지고, 없다가도 생기는 법이니 너무 지나치게 욕심을 가지면 안 된다는 것이다.

활용 한자

黃 : 누를 황-黃-12
漢 : 한수 한-水-14
間 : 틈 간-門-12
表 : 겉 표-衣-10
平 : 평평할 평-干-5
素 : 흴 소-糸-10
眞 : 참 진-目-10
實 : 열매 실-宀-14
比 : 견줄 비-比-5
財 : 재물 재-貝-10

9. 업보(業報) I

　허적(許積 1610~1680)은 숙종 때에 영의정(領議政)을 지냈던 사람으로 나라에 공적(功績)이 많았다. 그는 젊었을때 몹시 빈곤(貧困)하여, 친척이나 친구가 찾아와도 식사도 변변하게 대접(待接)하지 못할 형편(形便)이었다. 그 후 벼슬이 높아지자 일가친척과 이웃에게 많는 은혜(恩惠)를 베풀었다.

　그후 아들 허견(許堅)이 반란을 꾀하다 발각(發覺)된 사건이 일어났다. 허견은 아버지의 직위를 이용(利用)하여 경거망동(輕擧妄動)하였는데, 숙종이 병치레가 많고 아직 세자가 없는 것을 기회로 복선군을 임금에 즉위시키려 한 사건이었다. 이 사실을 뒤늦게 안 허적에게 어떤 이가 자결(自決)을 권하였다. 그러자 허적이가 이렇게 대답하였다.

"내가 못된 아들 때문에 죄를 입게 되었으니, 죽어야 마
땅하나, 임금의 명을 받기 전에 스스로 죽는다는 것은 임
금을 공경(恭敬)하지 않는 처사이다."하며 지나간 과거(過
去)이야기를 들려주었다.

활용 한자

功 : 공 공-力-5
積 : 쌓을 적-禾-16
貧 : 가난할 빈-貝-11
困 : 곤할 곤-口-7
形 : 형사 형-彡-7
便 : 편할 편-人-9
輕 : 가벼울 경-車-14
擧 : 들 거-手-18
妄 : 망령될 망-女-7
動 : 움직일 동-力-11

1◦. 업보(業報) Ⅱ

　허적이 벼슬자리에 있을 때의 일이다. 길에서 어떤 평민
이 자기 신분(身分)에 맞지 않은 사치(奢侈)스러운 옷을
입고 있기에 벌을 주었다. 그랬더니 그 사람의 아내가 찾
아와 마구 욕설을 퍼붓기에 또 매를 때렸다.
　결국 그들 부부(夫婦)는 매를 못이겨 사망(死亡)하고 말
았다. 그리고나서 아들 견을 낳던 날 밤, 어떤 백발(白髮)
노인이 꿈에 나타나 말하기를,
　"그대는 전에 한 젊은 부부를 살인(殺人)한 것을 기억(記
憶)하시오?"
　"나는 그 사람의 아버지되는 사람인데, 잘못해서 법을 어
겼으면 그의 부모를 불러 자식을 가르치게 해야지 죽여야
되겠습니까? 하늘이 당신에게 그 업보를 갚기 위해 못된

아들 하나를 낳게하여 그대 집안을 망하게 할 것이오."라
고 하였다.

　"이제 그 노인의 말대로 우리 집안이 망하게 되었으니
누구를 원망(怨望)하랴?"

　그리고 입궐(入闕)하여 죄를 기다렸다. 허적은 이 사건을
전혀 몰랐고, 또 나라에 공적이 많다하여 처음에는 귀향
만 보내기로 했으나, 반대파의 끈질긴 주장으로 숙종도 할
수 없이 사약(賜藥)을 내려서 죽고 말았다. 참으로 업보
(業報)란 무서운 것이다.

<table>
<tr><td>奢</td><td>: 사치할 사-大-12</td></tr>
<tr><td>侈</td><td>: 사치할 치-人-8</td></tr>
<tr><td>髮</td><td>: 머리털 발-髟-8</td></tr>
<tr><td>殺</td><td>: 죽일 살-殳-11</td></tr>
<tr><td>記</td><td>: 적을 기-言-10</td></tr>
<tr><td>憶</td><td>: 생각할 억-心-17</td></tr>
<tr><td>怨</td><td>: 원망할 원-心-9</td></tr>
<tr><td>望</td><td>: 바랄 망-月-11</td></tr>
<tr><td>賜</td><td>: 둘 사-貝-15</td></tr>
<tr><td>藥</td><td>: 약 약-艸-18</td></tr>
</table>

활용 한자

11. 조강지처(糟糠之妻)

(술지게미와 쌀겨를 같이먹던 아내;

곧 가난할때 고생을 같이 겪었던 아내)

　신라 문무왕(文武王) 때 강수(强首)라는 사람이 있었다. 그가 한창 젊었을 때 대장장이집 딸과 부모의 승낙(承諾) 없이 몰래 부부생활을 해왔는데, 금슬(琴瑟)이 좋아 정답게 살았다. 그런데 부모는 나중에 이러한 사실을 알고 용모(容貌)와 품행(品行)으로 소문이 난 처녀를 중매(仲媒)하여 아내로 맞게 하려하니, 강수가 거절(拒絶)하였다. 그러자 아버지가 대노하며 말하였다.

　"나는 온 나라에 유명한 사람인데, 미천(微賤)한 사람을 며느리로 삼으면, 부끄럽지 않겠느냐?"

　강수는 굴복(屈伏)하지 않고 절을 하면서 말했다.

　"빈곤하고 미천함은 수치라고 할 수 없고, 부끄러워할 이

유가 없습니다. 옛사람들 말에, '조강지처는 버려서는 안되고, 빈곤했을 때의 사귐은 잊어서는 안 된다'고 하였습니다."

"제 아내는 동거(同居)한 지도 몇 해나 되었으며, 차마 버릴 수 없습니다. 만약 버리고 다른 여자와 결혼(結婚)하면 반드시 재앙(災殃)이 있을 것입니다."라고 말하니, 그의 부모는 다시는 이 일을 입에 내지 않았다.

琴 : 거문고 금-玉-13
瑟 : 큰거문고 슬-玉-14
承 : 받들 승-手-8
諾 : 대답할 락-言-15
容 : 얼굴 용-宀-10
貌 : 얼굴 모-豸-14
拒 : 막을 거-手-9
絶 : 끊을 절-糸-12
微 : 작을 미-彳-13
賤 : 천할 천-貝-15

12. 북풍(北風)과 태양(太陽)

　어느날 북풍과 태양이 실랑이를 하고 있었습니다. "내가 훨씬 강하지" "뭘 내가 더 강하지." 이와 같이 둘은 좀처럼 지려고 하지 않았습니다. 그 때 나그네가 저쪽에서 걸어왔습니다. 나그네가 정장(正裝)을 하고·있는 것을 보고 둘은 외쳤습니다. "어때, 저 녀석을 누가 먼저 옷을 벗게하는지 경쟁(競爭)하지 않을래?" "그래, 옷을 벗기는 쪽이 힘이 세고 강한 것으로 하자." 그래서 우선 먼저 북풍이 하기로 했습니다. "나는 구름 뒤에 숨어서 보고 있을게." 태양이 자취를 감추자, 북풍이 얼음처럼 차가운 바람을 불어 일으켰습니다. 휘잉~ 휘잉~ 그러나 차가운 바람이 강해지면 강해질수록 나그네는 옷을 빼앗기지 않으려고 못을 움츠렸습니다. 결국 북풍은 어이없이 체념(諦念)하고 말았습니다. 다음은 태양차례입니다. 태양은 서서히 구름 위에서 모습을 나타냈습니다. 그리고 따뜻한 햇빛을 나그네에게 던졌습니다. "이거 신기(神奇)하다. 이번엔 아주 기분좋은 날씨가 됐군." 나그네는 땀을 닦으면서 차례차례 옷을 벗어 버렸습니다. "내가 졌다." 북풍이 부끄러운듯이 말했다고 합니다.

활용 한자

太 : 클 태-大-4
陽 : 볕 양-阜-12
正 : 바른 정-止-5
張 : 꾸밀 장-衣-14
競 : 다툴 경-立-20
爭 : 다툴 쟁-爪-8
諦 : 단념할 체-言-16
念 : 생각 념-心-8
神 : 귀신 신-示-10
奇 : 기이할 기-大-8

13. 입 조심

석우로(昔于老)는 신라시대 사람인데, 왜적(倭賊)이 군사를 이끌고 침입(侵入)하자 불을 이용하여 적을 쳐부숴 멸망하게 한 공을 세웠다. 그러나 그는 항상 입이 가벼워 신중하지 못했다.

첨해왕 때에 왜국의 사신 갈나고(葛那古)가 왔는데 석우로가 그를 접대하는 일을 맡게 되었다. 석우로가 갈나고와 환담(歡談)을 나누다 농담삼아, "조만간 당신나라 임금을 우리나라의 노예로 만들고 왕비(王妃)는 또 가정부로 삼을 것이오." 하고 말하며 웃었다.

갈나고로부터 이 말을 전해들은 왜국의 임금은 몹시 노하여 신라를 침범(侵犯)하였다. 갑작스럽게 당한 일이라 미처 대비를 하지 못했던 왕은 피난(避亂)하였다. "지금

이런 전쟁을 겪는 것은 제가 말을 잘못하여 일어난 것이므로 제가 책임(責任)을 지겠습니다." 하고 단신(單身)으로 왜군 진지(陣地)에 찾아가서 말했다.

　"지난밤 말은 농담이었는데. 어찌 이 말을 믿고 군사를 일으켜서야 되겠습니까?"

　그러나 왜군은 화를 풀지 못하고 끝내 석우로를 잡아 나무를 쌓아 그 위에 올려놓고 불태워 죽이고는 돌아갔다. 석우로는 많은 공적을 쌓았으나, 입이 가벼워서 뜻밖의 죽음을 당하고 말았던 것이다.

侵 : 침범할 침-人-9
入 : 들 입-入-2
歡 : 기뻐할 환-欠-22
談 : 말씀 담-言-15
避 : 피할 피-辶-17
亂 : 어지러울 란-乙-14
單 : 홑 단-口-12
身 : 몸 신-身-7
陣 : 진칠 진-阜-10
地 : 땅 지-土-6

14. 불제자가 된 도둑

　　옛날 도둑들이 산에 숨어있다가 왕래(往來)하는 사람들의 주머니를 털고 재물을 빼앗곤 했다. 부근(附近)에 절이 있어 늙은 스님이 계셨는데, 스님은 도둑들이 나올 때마다 산에 올라 소리내어 꾸짖었다.

　　"너희들은 어찌 남의 재물을 빼앗아 욕심을 채우려 하느냐?"

　　도둑들은 화가 나서 절로 몰려와 스님을 죽이겠다고 칼로 위협(威脅)하였다.

　　"불경(佛經)만 외우는 너희들이 말하는 부처의 진리(眞理)는 어디 있느냐? 우리에게 보여 보아라." 스님은 겁도 내지않고 태연하게 대답했다.

　　"불법은 중생(衆生)의 가슴속에 있느니라." "거짓말 말라. 우리들 도둑에게 불법이 있을 리 없다. 어디 너의 가슴에는 있는지 들여다보자." 그러자 스님은 미소(微笑)지으며 말했다.

"누에에서 비단실이 나온다고 누에의 입을 자르면 비단실이 보인다더냐? 꽃이 예쁘다고 줄기를 자르면 꽃을 볼 수 있다더냐? 그것이 밖으로 드러날 때 비로소 비단실이 되고, 꽃이 되느니라."

이 말씀에 감동(感動)한 도둑은 칼을 떨구고 무릎을 끓고서 잘못을 간절(懇切)히 빌었다. 그리고 참회(懺悔)의 눈물을 흘리면서 불제자가 되었다고 한다.

활용 한자

威 : 위엄 위-女-9
脅 : 위협할 협-肉-10
佛 : 부처 불-人-7
經 : 불경 경-糸-13
眞 : 참 진-目-10
理 : 다스릴 리-玉-12
衆 : 무리 중-血-12
生 : 날 생-生-5
懇 : 정성 간-心-17
動 : 움직일 동-力-11

15. 맹모삼천지교(孟母三遷之敎)

맹자(孟子)는 어린 시절에 부친을 여의고 어머니 슬하
(膝下)에서 성장(成長)했다. '맹모삼천지교'로 유명한 맹자
의 어머니는 아버지의 몫까지 다해서 엄격(嚴格)한 교육으
로 맹자를 훌륭한 성인(成人)으로 키워냈다. 그럼에도, 맹
자는 '사람은 어진 부형이 있음을 즐거워한다'고 아버지의
존재를 늘 그리워했다. 맹자의 어머니가 맹자를 교육시키
기 위해 세번이나 이사(移徙)했다는 이야기는 다음과 같다.

맹자 어머니가 처음 이사를 했는데, 공동묘지(共同墓地)
근처였다. 어린 맹자는 놀이도 상여를 메고가는 흉내만 내
는 것이었다. '여기는 자식을 기를 만한 곳이 못되는구나'
이런 생각을 한 맹자 어머니는 곧 시장 근처로 이사했다.

그러자 맹자는 장사하는 흉내를 내며 놀았다. 맹자의 어

머니는 여러 가지로 궁리(窮理)한 끝에 학교부근으로 이사했다. 그러자 맹자는 학생들이 공부하는 모습과 예의(禮儀)를 갖춰 인사하고 행동하는 광경(光景)을 흉내내며 노는 것이었다.

　그후 학교 근처에 자리를 잡고 오랫동안 살았다고 한다.

孟 : 맏 맹-子-5
膝 : 무릎 슬-肉-11
成 : 이룰 성-戈-3
長 : 길 장-長-0
聖 : 성스러울 성-耳-7
移 : 옮길 이-禾-6
窮 : 다할 궁-穴-10
儀 : 거동 의-亻-13
光 : 빛 광-儿-4
景 : 볕 경-日-8

한글세대가 꼭 알아야할 고사성어

*시험에 잘 나오는 것으로써 조선일보, 동아일보, 중앙일보, 한국일보, 한겨레 등에서 발췌한 고사성어이다.

- 街談巷說 (가담항설) : 항간에 떠도는 근거가 없는 소문. *道聽塗說(도청도설)
- 苛斂誅求 (가렴주구) : 세금을 가혹하게 물리고, 강제로 재물을 빼앗음. *惑世誣民(혹세무민)
- 刻骨難忘 (각골난망) : 은혜를 뼈에 사무치도록 잊지 아니함. *白骨難忘(백골난망)
- 刻舟求劍 (각주구검) : 미련하고 융통성이 없음을 비유하는 말.
- 肝膽相照 (간담상조) : 서로 격 없이 아주 친하게 지냄을 비유하는 말.
- 甘言利說 (감언이설) : 달콤한 말로 유혹하는 말. *朝三暮四(조삼모사)
- 甘呑苦吐 (감탄고토) : "달면 삼키고 쓰면 뱉는다"처럼 시류를 비유한 말.
- 居安思危 (거안사위) : 편안할 때 위태로움에 대비해 둠을 나타냄.
- 車載斗量 (거재두량) : 물건이나 인재가 널리 흔함.
- 乾坤一擲 (건곤일척) : 운명을 걸고 한판 승부를 겨루는 것.
- 隔靴搔癢 (격화소양) : 성이 차지 않음을 비유한 말.
- 牽强附會 (견강부회) : 이치에 닿지 않은 말을 억지로 끌어다 붙임.
- 見蚊拔劍 (견문발검) : 하찮은 일에 너무 크게 덤비는 것을 말함.
- 傾國之色 (경국지색) : 나라를 위태롭게 할 빼어난 여인을 지칭함. *丹脣皓齒(단순호치)
- 鷄卵有骨 (계란유골) : 공교롭게도 일이 방해됨을 비유한 말.
- 股肱之臣 (고굉지신) : 믿을 만한 신하를 이르는 말.
- 孤軍奮鬪 (고군분투) : 혼자 여러 명을 상대함.
- 膏粱珍味 (고량진미) : 온갖 맛있는 음식을 지칭하는 말. *山海珍味(산해진미)
- 孤立無援 (고립무원) : 홀로 외톨이가 되어 의지할 데가 없음. *四顧無親(사고무친)
- 鼓腹擊壤 (고복격양) : 태평성대한 시대를 이르는 말.
- 姑息之計 (고식지계) : 당장 편한 것만 택하는 계책.
- 曲學阿世 (곡학아세) : 정도를 벗어난 학문으로 사람들에 아첨함.
- 管鮑之交 (관포지교) : 두터운 우정을 지닌 친구 사이. *刎頸之交(문경지교)
- 矯角殺牛 (교각살우) : 흠을 고치려다 일을 그르침을 비유한 말.
- 口尙乳臭 (구상유취) : 말과 하는 짓이 어림을 뜻함.
- 九牛一毛 (구우일모) : 많은 것에서 극히 적은 수를 지칭하는 말.
- 群鷄一鶴 (군계일학) : 무리 중에 가장 뛰어난 인물을 이르는 말.
- 捲土重來 (권토중래) : 다시 세력을 회복하여 쳐들어옴을 뜻함.
- 近墨者黑 (근묵자흑) : 나쁜 사람과 사귀면 물들기 쉽다는 뜻.
- 錦上添花 (금상첨화) : 좋은 일에 또 좋은 일이 더함. ↔雪上加霜(설상가상)
- 錦衣夜行 (금의야행) : 아무런 보람이 없는 행동을 이르는 말.
- 南柯一夢 (남가일몽) : 꿈과 같이 헛된 한때의 부귀영화.
- 囊中之錐 (낭중지추) : 뛰어난 사람은 숨어 있어도 쉽게 드러난다는 뜻.
- 盧生之夢 (노생지몽) : 인생과 영화의 덧없음을 비유한 말. ＝邯鄲之夢(한단지몽)
- 累卵之危 (누란지위) : 몹시 위태로운 형국에 처해 있음을 나타내는 말. *百尺竿頭(백척간두)
- 斷機之戒 (단기지계) : 학문은 중도에 그만두면 아무 소용이 없다는 뜻. *斷機之敎(단기지교)
- 堂狗風月 (당구풍월) : 서당개도 3년이면 풍월을 읊조림을 비유한 말.
- 同價紅裳 (동가홍상) : 같은 값이면 좋은 것을 택한다는 말.

제2부

이야기 꺼리로 배우는 사사 한자

1. 56경기 연속안타 '불멸(不滅)'의 신화(神話)

신화(神話)를 남기고 타계(他界)한 조디마지오, 미녀와 장미, 낭만을 사랑했던 전설(傳說)의 강타자 조 디마지오, 죽음도 그를 미워하지 못하고 여든이 넘은 그를 또 한번 테스트한 사람, 그는 자신의 트레이드마크로 남은 56경기 (競技) 연속안타(41년)의 대기록과 함께 이제 영원(永遠) 한 전설로 남았다. 앞으로도 깨기 힘든 기록(記錄)으로 평 가받는 연속안타 행진은 대공황(大恐慌)을 막 끝낸 미국국 민들 전체의 희망(希望)이었고 멈추지 않는 심장박동과도 같았다.

디마지오는 54년 인기절정(人氣絶頂)의 미녀배우 마릴린 먼로와 결혼, 최고의 부러움을 한몸에 받기도 했다. 디마지 오는 62년 먼로가 죽은 이후에도 그녀의 무덤에 꾸준히 장미꽃을 보내면서 변하지 않는 사랑을 표시(表示)했다. 그러나 그는 한번도 먼로와의 사생활에 관해 입을 열지 않았다. 디마지오는 메이저리그 현역기간 중 2차대전에 참전(參戰)하기 위해 자원입대(自願入隊)를 선택(選擇)한 용기 있는 국민이었다. 사람들은 그의 사랑과 정열(情熱), 그리고 용기(勇氣)에 경의(敬意)를 표했다.

활용 한자

- 不滅(불멸) 사라져 없어지지 않음, 멸망하지 않음
- 他界(디게) 귀신의 죽음을 이름
- 傳說(전설) 예로부터전해 내려오는 이야기, 소문
- 競技(경기) 운동 경기의 준말
- 記錄(기록) 숫자로 나타내어 대비할 수 있는
  일의 가장 높은 수준
- 絶頂(절정) 사물의 정점(頂點)
- 選擇(선택) 골라서 뽑음
- 情熱(정열) 뜨거운 감정

2. 전신마비가 된 '슈퍼맨'

크리스토퍼 리브(46).

현재 휠체어와 호흡기에 의지(依支)한 채 어깨 아래를 전혀 쓰지 못하는 리브는 미 ABS방송의 영화 '이창(裏窓)'에 주인공으로 출연(出演)했다.

이 영화에서 리브는 자동차 사고(事故)로 전신마비(全身痲痺)가 된 건축설계사 제이슨 켐프 역할(役割)을 맡아 오직 얼굴표정(表情)으로 모든 연기(演技)를 소화(消化)해 냈다.

'이창'은 54년 앨프리드 히치콕 감독(監督)이 만들어 전세계적으로 크게 성공(成功)한 심리극(心理劇)을 같은 제목으로 리메이크한 작품이다.

무료함을 달래는 주인공(主人公)이 아파트에서 자기방 뒤창문(裏窓)으로 건너편 건물을 바라보다 살해사건(殺害事件)을 목격(目擊)하면서 벌어지는 사건을 엮은 것이다. 주인공은 피해자의 남편이 범인(犯人)이라는 심증(心證)을 갖고 자기의 애인과 친구인 형사에게 말하지만 믿어주지 않는다. 이를 알아챈 범인이 전신불구로 꼼짝하지 못하는 주인공 리브를 향해 한걸음씩 다가서는 내용이다.

활용 한자

- 痲痺(미비) 신체가 저리어 감각을 잃는 일
- 依支(의지) 기댐
- 役割(역할) 소임, 구실, 따위를 맡은 일
- 表情(표정) 마음 속에 지닌 감정이 얼굴이나 외모에 나타남
- 目擊(목격) 자기 눈으로 직접 봄
- 心證(심증) 마음에 받는 인상(印象)

3. 윤동주 詩를 읽는 日本人들

　윤동주(尹東柱)는 조국의 광복(光復)을 반년 앞둔 45년 2월 16일 日本 후쿠오가 형무소에서 서른도 안된 젊은 나이에 바람처럼 쓰러져 갔다.

　해마다 윤동주의 기일(忌日)인　2월 16일에는 회원들이 형무소의 옛터에 모여 조촐한 위령제(慰靈祭)를 지낸다. 日本人들 중에는 윤동주 시에 공감(共感)하고 너무나 짧았던 그의 삶에 가슴 아파하는 사람들이 많다는 사실에 놀랐다.

　'하늘과 바람과 별과 시'를 반추(反芻)하는 사람들이 있다는 것은 참으로 놀라운 일이다. 사람들의 작은 모임을 통해 후쿠오카에서 규슈로, 그리고 일본 전체로 퍼져 나가고 있다. 한일친선단체(韓日親善團體)가 많은데 그중에서

도 '윤동주의 시를 읽는 모임'은 유독 눈길을 끈다.

 94년 11월 한국에서 10여년간 한국문학을 연구하고 귀국한 니시오카 겐지 교수가 회원(會員) 3명과 함께 시작한 이 모임은 현재 회원이 자꾸자꾸 늘어만 가고 있다. 대학교수, 신문기자(新聞記者), 시인(詩人), 학생 등 다양(多樣)한 직업(職業)을 가진 회원들이 매달 한번씩 모여 윤동주 시의 의미(意味)를 깊게 파고든다.

 발표자(發表者)로 지정(指定)된 두 사람이 똑같은 시를 읽고 자기 나름대로의 감상(鑑賞)과 해석(解釋)을 발표하면 다른 회원들이 코멘트를 하고 니시오카교수가 마무리 평석을 하는 식으로 진행(進行)된다.

활용 한자

- 忌日(기일) 사람이 죽은 날
- 慰靈祭(위령제) 죽은 혼령을 위로하는 제사
- 反芻(반추) 거듭 생각하여 음미하는 일
- 多樣(다양) 갖가지 모양
- 指定(지정) 어찌어찌하라고 가리켜 정함
- 鑑賞(감상) 예술 작품의 가치를 음미하고 이행함
- 解釋(해석) 설명, 해설
- 進行(진행) 일을 치러감

4. 최고(最高)의 축구스타는 펠레

　지구촌(地球村)을 열광(熱狂)시켜 온 월드컵은 그동안 숱한 화제를 뿌리며, 수 많은 축구영웅(英雄)들을 배출(輩出)해 왔다. 역대 월드컵의 최고 스타로는 '축구 황제(皇帝)'로 불리는 브라질의 펠레를 꼽는데 이론(異論)이 없다. 브라질의 한 소도시에서 불우(不遇)한 환경속에 어린 시절을 보낸 펠레는 브라질이 월드컵에서 3회 우승(優勝)해 줄리메컵을 영원히 소유(所有)하게 한 장본인(張本人)이다.

　17세의 어린 나이로 출전한 58년 칠레, 70년 멕시코 대회에서도 신기(神奇)에 가까운 개인기를 구사(驅使), 세계 축구팬을 사로잡았다. 월드컵 이후 펠레는 74년부터 3년간 미국의 뉴욕코스모스팀에서 선수생활의 말년을 보내고, 은

퇴(隱退)한 뒤 축구해설가, 친선대사를 거쳐 브라질 체육 부장관을 역임(歷任)하기도 했다.

또한 펠레에 버금가는 인물로 평가받고 있는 독일의 베켄바워는 유일하게 선수와 감독으로서 월드컵에서 우승하는 기록(記錄)을 세웠다.

활용 한자

- 排出(배출) 밖으로 내보냄
- 異論(이론) 남과 다른 생각과 의견
- 不遇(불우) 좋지 못한 환경, 불행
- 張本人(장본인) 어떤 일을 하거나 일으킨 사람
- 神奇(신기) 신묘하고 기이함
- 驅使(구사) 자유 자재로 부리어 씀
- 隱退(은퇴) 물러나 한가하게 삶
- 歷任(역임) 여러 벼슬을 차례로 지냄

5. 국민가수 故 김정구 선생

「두만강 푸른 물에 / 노젓는 뱃사공 / 흘러간 그 옛날에 내님을 싣고 / 떠나간 그 배는 / 어데로 갔소…….」

이 노래를 60년이나 불렀던 김정구선생님은 미국에서 6년간 노인성 치매와의 투병 끝에 향년 84세로 조용히 눈을 감았다.

김씨는 어려운 가정형편(家庭形便)으로 중학진학도 포기(抛棄)하고 신문배달(新聞配達)·점원생활(店員生活) 등 고생을 하다가 교회에서 부르는 그의 찬송가(讚頌歌)실력을 눈여겨 본 도쿄유학생의 추천(推薦)으로 가수생활을 시작했다. 그는 2년 뒤 작곡가 이시우(李時雨)씨가 한국과 만주의 국경에서 독립군인 남편을 잃고 우는 여인을 보고 지어준 '눈물 젖은 두만강'을 취입(吹入)하면서 이난영·

고복수 등과 어깨를 나란히 하는 스타로 떠오른다.

　그는 일흔을 넘긴 87년 40여일간의 미국순회공연을 거뜬히 마치고 야간무대(夜間舞坮)에도 매일 2~3곳씩 설 만큼 왕성(旺盛)한 활동력(活動力)을 보였다. 하지만 세월의 파도(波濤)는 결국 김씨의 노구(老軀)를 덮치고 말았다.

활용 한자

- 哀歡(애환) 슬픔과 기쁨
- 風靡(풍미) 어떤 사조나 사회적 현상 등이 널리
  세상을 휩쓸거나 또는 휩쓸게 함
- 抛棄(포기) 자기의 권리를 버리고 행사하지 아니함
- 讚頌(찬송) 덕을 기림
- 推薦(추천) 사람을 천거함
- 旺盛(왕성) 사물의 성함
- 波濤(파도) 센 물결
- 老軀(노구) 늙은 몸

6. 할머니 꽃뱀단

　99년 9월 14일 과천경찰서는 농촌(農村)의 홀할아버지들에게 접근(接近)하여 성관계를 갖고 이를 미끼로 8천 2백만원 가량의 금품을 뜯어온 50~70대 할머니 꽃뱀공갈단(恐喝團)을 긴급(緊急)체포했다. 할머니 꽃뱀들은 농촌에서 혼자 사는 노인(老人)들을 골라 성관계를 맺은 뒤 이를 미끼로 금품을 뜯어왔으며, 요구(要求)를 들어주지 않으면 혼인빙자(婚姻憑藉) 간음혐의(嫌疑)로 고소(告訴)하겠다고 협박(脅迫)한 것으로 밝혀졌다.

　농촌의 할아버지들을 노리는 할머니 꽃뱀단의 실태(實態)를 재조명해 본다. 6년전 부인을 저 세상을 떠나보낸 후 외로운 생활을 하고 있던 박씨(74세)노인이 지 ○○(53세)를 알게 된 것은 1년 전의 일이다. 노인을 대상(對象)으로 하는 행사(行事)에 갔다가 우연히 안면을 익히게 됐다. 그리고 동거생활을 했다. 여자가 빚이 있다고해서 1800만원도 건네주었다.

그러나 얼마 지나서 그녀들의 정체(正體)가 드러내기 시작했다. 같이 산다고는 하나 집을 비우는 일이 더 많았다. 며칠동안을 안들어오는 경우도 많았다. 그때마다 변명(辯明)을 둘러대 그러려니 했는데 점점 이상함을 느끼기 시작했다. 결국 알고 보니 그녀들은 시골에서 혼자 사는 노인들을 상대로 한 꽃뱀이란 사실이 경찰(警察)에 의해 드러났다.

그녀들은 박노인에게 접근했던 방식으로 다른 시골 노인들에게 접근하여 돈을 갈취한 것으로 밝혀졌다. 꽃뱀이라고 하면 흔히 젊고 화려(華麗)한 여인을 생각하는 이들에게 할머니 꽃뱀 사기단은 나이를 가리지 않는다는 사실을 알려준 사건으로 기록될 것으로 보여진다.

- 恐喝團(공갈단) 무섭게 으르고 위협하는 무리
- 緊急(긴급) 일이 아주 긴하고 급함
- 憑藉(빙자) 내세워서 핑계함
- 嫌疑(혐의) 범죄를 저지른 일이 있으리라는 의심
- 脅迫(협박) 으르면서 몹시 위협함
- 辯明(변명) 잘못이 아님을 사리로 따져 밝힘
- 華麗(화려) 빛나고 아름다움

7. '소사' 그는 누구인가?

　도미니카 구두닦이 소년은 25센트를 받고 길거리에서 구두를 닦았던 도미니카의 가난한 소년이었다. 홀어머니 밑에서 자신을 포함(包含)한 일곱명의 형제(5남 2녀)가 두칸 방에서 웅크리고 잠을 자야했던 기억(記憶)은 소사의 '아메리칸 드림'을 앞당겼다.

　86년, 1백 77cm · 68Kg의 깡마른 체격(體格)이었던 소사는 운동을 시작하면서 규칙적(規則的)인 식사로 지금의 다부진 채격을 갖추게 되었다.

　소사의 성장과정(成長過程)은 순탄(順坦)한 가정에서 자라 명문대학을 나오고 올림픽대표로 활약(活躍)하는 등 엘리트 코스를 밟은 맥과이어와는 정반대(正反對)이다. 맥과이어가 '꿈'을 쫓았다면 소사는 어머니와 형제의 끼니를 위해 방망이를 휘둘렀다.

　계약금(契約金) 3천 5백달러짜리 헐값 선수에서 올해 연봉만 8백만달러(약 1백 4억원)를 받는 거부(巨富)로 변신(變身)한 그는 도미니카 병원에 앰뷸런스를 기증(寄贈)하고 고향 학교의 운영비(運營費)를 대는 등 자선사업(慈善事業)에도 열심이다.

활용 한자

· 大成(대성) 크게 싱공함
· 包含(포함) 그 속에 들어 있음
· 過程(과정) 일이 되어가는 경로.
· 順坦(순탄) 길이 평탄 함
· 活躍(활약) 힘차게 활동함
· 變身(변신) 신분이 변함
· 寄贈(기증) 물품을 거저 제공함
· 慈善(자선) 불쌍히 여겨 은혜를 베풂

8. 올림픽 2연패(連覇) 얼음판의 '드림팀'

여자 3천m 계주(繼走) 2연패의 주역인 전이경은 국제올림픽위원회(IOC) 여성위원을 꿈꾸는 쇼트트랙 큰 언니, 한국빙상 사상 최초로 지난 95년부터 지난해까지 세계쇼트트랙선수권대회를 3연패한 베테랑이다.

안상미는 9세 때인 88년도 스케이트를 시작, 스타의 대열(隊列)에 올라섰다.

94년 태극마크를 단 그는 1m 60cm·42kg의 가냘픈 체력(體力)을 지녔지만 근성(根性)만큼은 누구에게도 뒤지지 않는다.

원혜경은 1m 71cm·53kg으로 여자대표선수 중 가장 좋은 체력을 지닌 선수, 96년 세계주니어선수권대회 종합(綜合) 1위, 97세계선수권대회 종합 3위를 차지하는 등 발전(發展)을 거듭하고 있다.

　김윤미는 13세의 여중생으로 출전, 올림픽 최연소(最年少) 참가자(參加者)로 등록(登錄)됐다. 당시 계주에서 금메달을 따내 올림픽 최연소 금매달리스트로 기네스북에 올랐다. 1m 61㎝·48㎏의 잘 다듬어진 체격, 코너에서의 유연성(柔軟性)은 최고라는 평(評)을 받고 있다.

활용 한자

- 連覇(연패) 잇달아 우승함
- 名實相符(명실상부) 실상이 이름과 어긋나지 않음, 소문과 실적이 서로 맞음
- 隊列(대열) 같은 정도에 늘어선 행렬
- 根性(근성) 사람의 타고난 기상(氣象)
- 發展(발전) 널리 퍼짐 ; 번영함
- 登錄(등록) 장부에 기재함
- 柔軟性(유연성) 부드럽고 연한 성격 또는 체질

9. 검정고시(檢定考試)
그 화제의 주인공

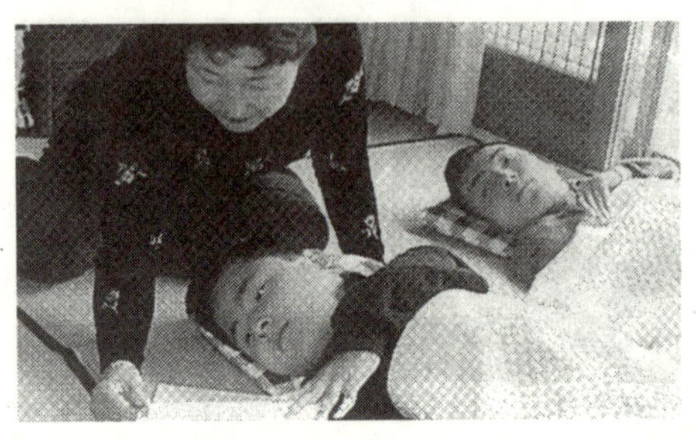

　장욱·장훈 중증(重症)장애인 형제가 6일 발표된 98년 제 1회 고입 검정고시에서 나란히 전국 수석(首席)과 3등을 차지했다. 인간승리의 주인공은 장욱(張旭·23·경남 김해시 한림면 장방리)·장훈(張薰·21) 형제, 형은 1백점 만점에 평균 98점을, 동생은 97점을 각각 받았다.

　형제(兄弟)는 뼈가 제대로 발육(發育)되지 않는 골형성 부전증장애(障碍)를 갖고 태어났다. 온몸의 뼈가 매우 약해서 주로 누워서 생활하고 옆에서 도와줘야 겨우 앉을 수 있다.

　학교 문턱도 밟아볼 수 없었던 이들이 본격적(本格的)으로 검정고시를 준비(準備)한 것은 95년부터, 부모인 장수근(長壽根·52·군무원), 엄양순(嚴良順·49)씨 부부가 따로 공부를 가르쳐주지 않았는데도 '척척 박사(博士)'인 이

들의 영특함을 알아채고 권유(勸誘)한 것이다. 이들은 대
학에 진학(進學)해 형은 영문학을, 동생은 컴퓨터를 배우
고 싶다고 포부(抱負)를 밝혔다.

· 重症(중증) 매우 무시운 병세
· 首席(수석) 맨 윗자리, 또는 그 자리에 있는 사람
· 障碍(장애) 거리껴서 거치적거림
· 本格的(본격적) 근본이 되는 격식을 갖춤
· 勸誘(권유) 권하고 이끎
· 進學(진학) 상급학교에 들어감, 학문의 길에 나아감
· 抱負(포부) 품고 있는 계획이나 의지

10. 한국은 왠 고스톱 공화국(共和國)

화투는 日本에서 처음 개발(開發)된 것으로 알려져 있다. 화투(花鬪)가 언제 우리나라에 들어왔는지는 여러 가지 설이 엇갈리고 있다. 19세기 쓰시마섬의 상인들이 가지고 들어왔을 것이라는 설이 우세(優勢)하지만 임진왜란(壬辰倭亂) 때 들어왔다는 설도 있다.

화투놀이가 본격적으로 전파(傳播)된 것은 일제 식민지(日帝植民地)시대이다. 일본이 한국인들을 자신들의 놀이 문화로 다스리기 위해 정책적(政策的)으로 퍼뜨린 것으로 지적되고 있다. 따라서 화투는 일제시대 식민지 잔재(殘滓)라는 지적(指摘)의 소리가 높기도 하다.

고스톱은 지난 50년대 일본에서 개발된 것으로 추정(推定)된다. 여러 사람이 오랜동안 실제 놀이를 통해 일정한 형태를 갖춘 공동창작품(共同創作品)이라는 시각이 지배적

(支配的)이다. '고(Go!)', '스톱(Stop!)'이라는 영어가 사용(使用)된 것으로 미루어 미군이 일본에 진주(進駐)하면서부터 생겨난 것으로 추측되고 있다.

고스톱은 종전 다른 어떤 화투놀이보다도 스릴을 만끽(滿喫)할 수 있다. 도박(賭博)은 마약이나 알콜중독보다도 치료하기 어렵다는 말이 있듯이 우리 사회의 고스톱병은 심각(深刻)한 지경이다. 가정과 사회와 국가를 좀먹는 것이 도박이다.

활용 한자

- 花鬪(화투) 모두 48장으로 된 노름제구의 한 가지
- 開發(개발) 개척하여 발전시킴
- 傳播(전파) 전하여 널리 퍼뜨리거나 퍼짐
- 殘滓(잔재) 남은 찌꺼기
- 指摘(지적) 손가락질하여 가리킴
- 進駐(진주) 군대가 나아가 주둔함
- 滿喫(만끽) 욕망을 충분히 만족시킴
- 賭博(도박) 노름

11. 주니치 日本시리즈 진출(進出)

'한국인 삼총사'가 이끄는 주니치 드래건스가 日本프로 야구 센트럴리그 우승을 차지, 지난 88년 이후 11년만에 일본시리즈에 진출(進出)했다.

주니치는 9월 30일 도쿄진구구장에서 벌어진 야쿠르트스 왈로스와의 경기에서 5-4로 승리(勝利), 시즌 79승 51패로 이날 요코하마 베어스타즈에게 1-2로 패한 요미우리 자이언츠(73승 58패)와 6.5게임차로 앞서 남은 경기(競技)에 상관없이 우승을 결정(決定)지었다. 中日은 이날 6회까지 3-4로 뒤졌으나 7회와 8회 1점씩 뽑아 5-4로 전세를 뒤집은 뒤 이와세-오치아이-이상훈-선동열로 이어지는 구원투수진을 총출동시키며, 짜릿한 우승 축배(祝杯)를 들었다.

　9회말 2사후 등판(登板)한 선동열은 팀의 우승시즌 1승 27세이브 2패를 기록했다. 주니치는 이미 퍼시픽리그 우승을 결정지은 다이에 호크스와 99년 10월 23일 후쿠오카원정을 시작으로 7전 4선승제로 일본프로야구 정상을 가렸으나 결국 패하고 말았다. 왕정치 감독이 이끄는 다이에는 주니치와 마찬가지로 탄탄한 구원투수진(救援投手陣)을 갖추고 있어 일본시리즈에서 타격전(打擊戰)보다는 투수전으로 전개(展開)될 것으로 전망되었던 팀이었다.

　최근 호시노 감독은 일본인들이 뽑은 최고의 명사로서 일본인들에게 존경과 찬사를 한몸에 받고 있다.

활용 한자

- 祝杯(축배) 축하하는 뜻을 나타내기 위하여 마시는 술, 또는 그 술잔
- 登板(등판) 야구에서 투수가 마운드에 서는 일
- 瞬間(순간) 눈 깜짝할 사이, 극히 짧은 동안
- 追加(추가) 나중에 더하여 보탬
- 救援(구원) 곤란을 면하도록 도와줌
- 展開(전개) 퍼져 벌어짐
- 打擊戰 (타격전) 야구에서 볼을 치는 싸움

12. 20세기 마지막 퍼스트레이디

고르바초프 구소련 대통령 부인 라이사 여사(女史)가 99. 9. 20. 독일 대학 병원에서 백혈병(白血病)으로 숨졌다. 향년(享年) 67세, 세련(洗練)되고 지적인 풍모(風貌)를 지녔던 라이사는 소련이 페레스트로이카(개혁[改革])와 글라스노스트(개방[開放])정책을 통해 격변(激變)하던 80년대 후반 서방세계에 소련의 변모(變貌)를 상징했던 인물이었다.

남편이 권력의 정상에 이르기까지 공산관료조직의 병폐(病弊)를 뼈저리게 체험했던 그녀는 누구보다 강력하게 개혁·개방정책을 지지했다. 고르바초프는 7월에 아내가 백혈병 치료(治療)를 위해 독일로 옮겨온 이후 매일 병상(病床)을 지키며 "치료가 끝나면 바닷가 작은 집에서 여생(餘

生)을 보내자."고 약속(約束)했다. 라이사는 결혼(結婚) 46
주년 기념일을 닷새 앞두고 남편의 약속을 뒤로 하고 세상
을 떠났다.

　고르바초프는 51년 모스크바대학 철학부 학생 라이사에
게 반해 53년 결혼했다. 그후 라이사는 철학박사 학위를
취득(取得)했으며, 78년 이후 모교 강단에 섰다. 85년 고
르바초프가 소련공산당 서기장이 되자, 대학을 떠났으며,
이듬해 소련문화기금 회장에 취임(就任)한 것을 시작으로
활발한 사회활동을 했다.

활용 한자

- 洗練(세련) 우아하고 고상하게 하는 일
- 風貌(풍모) 용모, 풍채
- 激變(격변) 심하게 변함
- 變貌(변모) 모양이 달라짐
- 象徵(상징) 유사성이 있는 구체적 사물을 끌어내어
　　　　　　연상(聯想)하게 하는 일
- 病弊(병폐) 병통과 폐단
- 取得(취득) 자격증을 얻게 됨
- 就任(취임) 임무(任務)에 나아감

13. 명예 정선 군민이 된 日本 고교 교장

　　강원도 정선아리랑을 한국인보다 더 사랑하는 日本의 한 고교 교장 호소다 사나에(細田早苗)는 78년부터 매년 3학년생을 한국으로 수학여행(修學旅行)을 보내고 있다. 올 봄(1999년)까지 21년간 8,121명의 학생이 한국을 다녀갔다. 몇 년 전부터는 정선을 수학여행코스에 넣도록 했다.

　　"한국을 대표(代表)하는 민요(民謠)는 아리랑이고, 아리랑중에서도 가장 역사(歷史)가 길다는 정선아리랑을 가르쳐 주고 싶습니다."

　　그가 한국을 처음 여행한 것은 20여년 전, 정선을 20차례 이상 찾았는데 그럴수록 정선 아리랑 가락에 빠졌다.

　　지난해에는 한국의 한 여행사(旅行社)로부터 '방한(訪韓) 100회' 기념(記念) 선물(膳物)로 장구를 받았다. 그는 "두 나라의 문화차이(文化差異)를 한번의 여행으로 이해

(理解)하기는 어렵겠지만 서로의 마음을 열 수 있는 계기
(契機)가 될 것”이라고 강조(强調)했다.

교장실과 학교 곳곳에는 한국의 달력, 탈, 도자기(陶磁
器), 활 등이 가득했다. 학교 현관(玄關)에는 한국어로 쓴
‘사랑과 봉사’라는 교훈(校訓)이 걸려 있을 정도이다.

· 魅了(매료) 완전히 호리거나 홀림
· 名譽(명예) ① 사랑
　　　　　　② 이름높은 평판
· 記念(기념) 뜻 깊은 일에 대하여 잊지 아니하고
　　　　회상함
· 膳物(선물) 선사하는 물건
· 契機(계기) 사물의 동기(動機)
· 强調(강조) 어떤 일에 대하여 특히 힘주어 말함

14. 걷기운동의 방법과 효과(效果)

　하루 1시간 적당(適當), 성인병(成人病) 걱정 '끝'!
'걷기'는 가장 손쉬운 건강(健康)운동으로 꼽힌다. 특히 가장 안전(安全)한 운동이면서 성인병(成人病) 예방(豫防)과 비만(肥滿) 및 노화방지(老化防止) 등에 큰 효과가 있는 것으로 확인(確認)돼 지구촌에서 점차 확산(擴散)되고 있다.
　노령자와 심장질환자도 무리없이 할 수 있는 운동으로 선호도가 높은데다 특히 하루 1만보를 걸으면 약 6㎞, 최적의 운동량은 체력과 나이에 따라 다르지만 숨이 약간 차고 땀이 날 정도로 하루 1시간씩 일주일에 6일 가량 속보식(速步式) 걷기운동을 하는 것이 가장 적당한 것으로 알려져 있다.

　아프리카 원주민(原住民)들이 집단 이주(移住)하던 것에서 유래된 이 걷기운동은 순위나 속도 경쟁(競爭)이 아닌 자연(自然)을 즐기고 자유롭게 걸으며, 몸과 정신의 건강을 도모(圖謀)하는 것이다.

활용 한자

- 豫防(예방) 탈이 나기 전에 미리 방비함
- 確認(확인) 화실하게 인정함
- 擴散(확산) 퍼져 흩어짐
- 原住民(원주민) 본디부터 살고 있는 사람
- 移住(이주) 딴 곳으로 옮겨 삶
- 競爭(경쟁) 서로 우위에 서려고 다툼
- 圖謀(도모) 꾀함 또는 계략

15. 제1회 '심청(沈淸) 효행상' 대상(大賞)

앞 못보는 할머니와 아버지를 극진(極盡)히 모시고 있는 소녀가장(少女家長) 구현주(具賢珠·14·대구 수성여중 2년양)이 '현대판 심청'으로 뽑혔다.

구양은 첫돌을 맞기도 전에 어머니가 집을 나가는 바람에 할머니(79세)와 아버지(55세)의 품에서 자랐다. 구양이 태어났을 때 할머니는 이미 앞을 못보는 상태(狀態)였고, 아버지는 구양이 다섯 살이 됐을 때 역시 시력(視力)을 잃고 말았다.

그러나 구양은 고난속에서도 웃음을 잃지 않았다. 할머니, 아버지와 함께 아침 저녁으로 산책(散策)을 하고 1주일에 한번씩 빠짐없이 목욕도 시켜드린다.

동사무소(洞事務所)에서 주는 생계보조비(生計補助費)로 어렵게 살림을 꾸려가면서도 학교 성적(成績)은 상위권을 유지(維持)하고 있다. 구양은 특히 서예와 글짓기에 남다른 재능(才能)을 보여 대구시 학생 서예실기대회(98년 6월)와 제 7회 청소년을 위한 한글 백일장(99년 5월)에서 잇따라 입선(入選)하기도 했다. 구양은 심청효행대상 상금(賞金)으로 1000만원을 받게 되었다.

활용 한자

- 極盡(극진) 힘이나 마음을 다함
- 視力(시력) 눈으로 물체를 볼 수 있는 힘
- 散策(산책) 이리저리 거닒＝산보(散步)
- 補助費(보조비) 보태고 도움을 주는 돈
- 維持(유지) 지탱하여 감, 부지해 감
- 才能(재능) 재주와 능력
- 入選(입선) 출품한 작품이 심사의 표준권 내에 듦
- 賞金(상금) 상으로 주는 금액

16. 엘비스 잠든 '그레이스랜드'

　미국 남부의 뜨거운 햇살과 울창한 수풀로 뒤덮인 테네시주 멤피스시에는 미국인들의 마음속 '궁전(宮殿)'이 있다. 유럽인들과 달리 왕실을 갖지 못한 미국인들에게 어쩌면 존F 케네디와 엘비스 프레슬리는 20세기 또 다른 '왕'이였는지도 모른다. 케네디에게 백악관이라는 궁전이 있었다면 엘비스에게는 그레이스랜드가 있다.

　엘비스가 숨진 지 20여년이 지났건만 그레이스랜드를 찾는 팬들의 열기(熱氣)는 그칠줄 모르고 있다. 하루 1500~3000명, 매년(每年) 100만명이 '로큰롤의 왕'의 성지(聖地) 순례(巡禮)에 나서고 있다.

　이 때문에 그레이스랜드 앞에는 5분에 한번씩 출발(出發)

하는 투어버스를 타기 위해 다섯 살짜리 어린이부터 70대 노인들까지 남녀노소를 불문(不問)하고 길게 줄을 서고 있다. 그 속에서 유럽인, 중국인, 일본인 심지어 중동사람들까지 만나는 것은 어려운 일이 아니다. 마치 백악관처럼 흰 대리석 기둥이 늘어선 지상 2층, 지하 1층의 엘비스의 대저택(大邸宅)은 그가 약물중독으로 숨진 채 발견된 2층을 제외(除外)하고 일반에게 생전 그대로의 모습으로 공개(公開)되고 있다.

활용 한자

- 熱氣(열기) 분발하는 기세, 뜨거운 기운
- 每年(매년) 해 마다
- 巡禮(순례) 성지, 영장(靈長) 등을 두루 참배하는 일
- 不問(불문) 묻지 않음, 밝히지 않고 덮어둠
- 邸宅(저택) 집, 큰 집
- 除外(제외) 범위 밖에 두어 빼어 놓음
- 公開(공개) 대중에게 개방함

17. 어머니 위로 여행길에
참변(慘變)

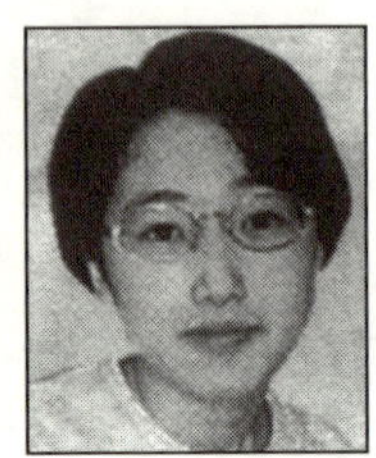

"암으로 세상을 떠난 부친을 뒷바라지하느라 고생해 온 모친을 위해 자매(姉妹)가 위로여행(慰勞旅行)을 준비하더 니…"

변씨 자매의 아버지가 암선고를 받은 것은 지난 3월 어머 니 조씨는 "불행한 일은 결코 없다."고 가족들을 격려(激勵)하면서 밤낮없이 남편을 뒷바라지 했다. 결혼해 경기도 의왕시에 살면서 삼성출판사에 다니던 여미씨도 자신이 팀 장으로 추진(推進)해 오던 단행본 발간작업에 매진(邁進) 하면서 틈틈이 아버지의 병구완을 도왔다.

그러나 4월말 남편이 끝내 세상을 등지자 조(趙)씨는 충 격(衝擊)을 이기지 못하고 자리에 몸져눕고 말았다. 자매 는 어머니를 설득(說得)해 만국으로의 여행을 떠났고, 결국 세 사람은 꽘에서 비행기 추락사고로 아버지와 남편 곁으로 가버린 것이다. 변(邊)씨가 다니던 출판사 동료들은 "단행본이 출판(出判)됐을 때 무척 좋아했는데 서점에 나오는 것도 못보고 세상을 떠나버렸다."며 안타까워 했다.

활용 한자

- 慘變(참변) 참혹한 변고
- 激勵(격려) 분발하도록 마음을 북돋워 줌
- 推進(추진) 진척되도록 밀고 나아감
- 邁進(매진) 힘써 나아감
- 衝擊(충격) 마음에 심한 타격을 받는 일
- 說得(설득) 알아듣도록 깨우쳐 말함
- 出版(출판) 서적이 인쇄되어 세상에 나옴

18. 수천억 巨富일가 첫 외길
비극(悲劇)

　수천억대 재력가가 일가족을 데리고 평생(平生) 첫 해외 나들이에 나섰다가 이번 괌 사고(事故)로 모두 목숨을 잃어 주위(周圍)를 안타깝게 하고 있다.

　인천시 남구 주안동 제일상호신용금고 회장 이성철(68)씨는 황해도에서 월남한 뒤 여러 사업체를 설립해 수천억원대의 재산(財産)을 모은 갑부(甲富). 李씨는 그동안 단 한 차례도 해외여행을 하지 않았는데 "효도관광을 겸해 휴가(休暇)를 괌에서 보내자."는 외아들의 제의(提議)에 따라 비행기에 탔다가 모두 변을 당했다. 李씨는 이번 여행 때 외아들 내외와 손자, 시집간 딸과 외손자 2명을 데리고 갔는데 사위인 金모(대학병원 의사)씨는 병원 일이 바빠 함께 해외여행에 나서지 못했던 것으로 알려졌다.

　이성철(李聖澈) 회장의 1천억원대가 훨씬 넘는 재산의 상속(相續)문제가 법정으로 비화(飛火)됐다. 사고 당시 李회

장과 직계가족 7명 모두가 희생돼 재산 상속권자가 사위
냐?, 李회장의 형제들이냐?를 놓고 논란(論難)을 빚었다.
형제측은 대리인을 통해, 형제 7명과 사위 金씨등 8명 동
률(同率)배분으로 협상을 가졌으나 사위측이 거부(拒否)한
것으로 알려졌다.

  사위 金씨는 전재산을 상속받아서 불우이웃을 위한 자선
병원(慈善病院)과 장학재단(獎學財團)설립하는 등 사회에
환원하겠다는 뜻을 밝혔다. 재판에서 결국은 사위인 金씨
가 전재산을 상속받게 되었다.

활용 한자

- 甲富(갑부) 첫째 가는 큰 부자
- 提議(제의) 의제(議題)를 세출함
- 飛火(비화) 튀는 불똥, 일이 크게 번져가는 것
- 論難(논란← 논난) 비난함, 결점을 공격함
- 同率(동률) 같은 율, 같은 비례
- 拒否(거부) 승낙하지 않고 물리침
- 慈善(자선) 불쌍히 여겨 은혜를 베풂

19. 9년 단짝 두 여의사도 함께 사망(死亡)

이번 사고로 9년동안 절친한 친구였던 서울대병원여의사 남혜원(28·흉부외과)씨와 유서윤(27·치료방사선과) 씨가 함께 숨진 것으로 알려지자 서울대병원 동료(同僚)들은 "끝내 죽음까지 함께 한다."며 슬픔을 감추지 못했다.

南씨 등은 지난 4일 함께 휴가원(休暇願)을 내 1주일 간의 여정(旅程)으로 사고비행기에 올랐다가 참변을 당했는데, 이들은 89년 서울대 의대에 진학한 뒤 9년간 단 한번도 떨어진 적이 없는 단짝이었다. 이들은 95년 졸업과 동시에 나란히 서울대병원 인턴으로 뽑힌 뒤 서로를 격려(激勵), 그 어렵다는 인턴, 레지던트 생활을 우수하게 치르고 있었다.

서울대의대 사상 첫 여자흉부외과 전문의를 꿈꾸던 南씨는 10년전 아버지가 돌아가신 뒤 가정을 이끌어가는 어머니를 즐겁게 해주던 효녀(孝女)여서 가족들은 말문을 잊은 채 슬픔에 젖어 있다.

　같은 비행기에 광주(光州)국회의원 신기하(辛基夏)의원을 비롯한 지구당 관계자 21명이 한꺼번에 변을 당한 국민회의 광주(光州)동구지구당 사무실에는 7일 저녁부터 설치(設置)된 합동분향소(焚香所)에는 많은 사람이 찾아와 애도(哀悼)의 묵념(默念)을 올렸다.

활용 한자

- 同僚(동료) 같은 직장에서 지위가 비슷한 사람, 친구
- 旅程(여정) 여행노성(路程)
- 設置(설치) 베풀어 둠
- 焚香(분향) 향을 피움
- 哀悼(애도) 사람의 죽음을 슬퍼함
- 默念(묵념) ① 묵묵히 생각함
　　　　　　② 마음속으로 빎

20. 새마을 노래 다시부른 '대통령의 딸'

부친의 후광(後光)에 힘입어 예상(豫想)밖 대승(大勝). 중년(46세)이 되도록 박근혜(朴槿惠) 당선자는 돌아가신 아버지·어머니의 삶을 대신 살아왔다. 98년 4월 대구 달성 보궐선거에서 그녀는 아버지·어머니의 사진 피켓을 흔들고, 새마을 노래를 불러가면서 보선(補選)에 승리(勝利)했다.

그녀가 본격적인 은둔(隱遁)생활에 들어간 것은 90년 육영재단 운영을 둘러싸고 동생 서영(書永)씨와 불화(不和)를 빚으면서 부터이다. 퍼스트레이디 역할(役割)을 시작할 무렵 그녀를 도왔던 최태민(崔太敏·94년사망) 목사의 역할에 동생들이 이의를 제기(提起)하면서 시작된 게 요인(要因)이 되었다. 언니는 동생에게 재단 운영을 맡기고 칩거(蟄居)생활에 들어갔다. 동생과의 대면을 피하느라 朴대통령 추도식(追悼式)에 조차 참석하지 않았다. 그 사이 마음붙일 곳이 없는 막내 지만(志晚)씨는 마약 중독자가 됐다. 그런 근혜씨를 다시 바깥 세상으로 불러낸 것도 아버지였다. 지난해 15대 대선 당시 경제위기가 닥치면서 '박정희 신드롬'이 일어났고 이회창(李會昌) 한나라당 후보측은 朴전 대통령의 그림자인 근혜씨를 지원 유세(遊說)에 끌어들인 것이다. 당선이 되자 근혜씨는 "아버지의 모습이 떠올라 목이 멘 적이 한 두번이 아니다."며 눈시울을 붉혔다.

활용 한자

- 隱遁(은둔) 세상을 피해 숨음
- 提起(제기) 어떤 의견을 내이놓음
- 葛藤(갈등) 마음에 얽힌 번뇌
- 要因(요인) 중요한 원인
- 蟄居(칩거) 집에 틀어박힘
- 追悼(추도) 죽은 후에 그 사람을 사모하여 애도(哀悼)함
- 遊說(유세) 사방으로 돌아다니며 자기의 의견을 설명함

21. 임진왜란 후손들 400년을 건너뛴 악수(握手)

　임진왜란 당시 맞서 싸웠던 조선과 일본 장수의 후손들이 한자리에 모여 '화해(和解)의 악수'를 나눴다. 한일 무장(武將) 후손 친선회(親善會)는 임진왜란 종전 400주년을 맞아 99. 10. 21일 당시 양국 무장의 후손들이 만나 화해하는 자리를 마련했다.

　이날 행사(行事)에는 행주대첩의 명장 권율(權慄)장군의 12대손인 영철(寧哲·71)씨와 이순신(李瞬臣)장군의 15대손 재엽(載燁·29)씨 등 50여명이 참석(參席)했다. 또 일본에서는 당시 조선파견군(派遣軍)총사령관이었던 우키다 히데오미(宇喜多秀·59)의 후손 등 16명이 참석했다. 권씨는 기념사에서 "400년 전 조상들은 서로 총칼을 맞대고 싸울

수밖에 없었지만 우리 후손들은 묵은 구원(舊怨)을 말끔히 씻고 한일 우호(友好)관계의 초석(礎石)이 됐으면 한다.”고 말했다. 또 우키다는 “조상들이 풀지 못한 응어리를 풀 수 있도록 초대(招待)해 줘 고맙다.”며 “우리가 두 나라 사이의 ‘우정의 다리’가 되자.”고 다짐했다. 이번 행사는 사학자인 조중화(趙重華·78)씨의 적극적(積極的)인 주선(周旋)으로 이뤄졌다.

활용 한자

- 和解(화해) 싸움을 그만두고 불화(不和)를 품
- 親善(친선) 서로 친히여 사이가 좋음
- 派遣軍(파견군) 사명을 띠워 보내는 군대
- 舊怨(구원) 오래된 원한
- 友好(우호) 친구간에 우애가 있음
- 礎石(초석) 불러서 대접함
- 周旋(주선) 일이 잘 되도록 이리 저리 힘을 써서
  변통해 주는 일

22. 故장준하 씨 금관문화 훈장 추서(追敍)

  월간 '사상계(思想界)' 발행인이었던 고(故)장준하(1915~1975)씨에게 금관문화훈장이 추서(追敍)되었다. 고인의 공로를 인정(認定)해 훈장(1급)을 추서키로 했다.

  평북 선천 출신(出身)인 고인(故人)은 53년 부산피난 시절에 무일푼(無一文)으로 '사상계'를 창간(創刊)해 잡지문화에 새 지평(地平)을 열었으며 62년 한국인으로는 최초(最初)로 막사이사이상 언론부문상을 수상(受賞)하기도 했다.

  광복군(光復軍) 출신의 고인은 66년 대통령 명예훼손(名譽毀損) 혐의(嫌疑)로 구속(拘束)됐고, 74년에는 긴급조치(緊扱措置)위반(違反)으로 15년형을 선고받았다가 형집행정지로 가석방(假釋放)되는 등 반독재투쟁을 주도했다.

고인은 특히 75년 개헌청원 100만인 서명운동본부 이름으로 '박정희 대통령에게 보내는 공개(公開)서한(書翰)'을 발표하는 등 민주회복(回復)을 위해 헌신(獻身)하다가 그 해 8월 등산길에서 의문(疑問)의 추락사고(墜落事故)로 타계(他界)했다.

활용 한자

- 追敍(추서) 죽은 후 훈장을 내림
- 毁損(훼손) 체면을 손상함
- 嫌疑(혐의) 범죄를 저지른 일이 있으리라는 의심
- 書翰(서한) 편지＝서간(書簡)
- 獻身(헌신) 신명을 바쳐 진력(盡力)함
- 墜落(추락) 높은 데서 떨어짐
- 他界(타계) 귀인의 죽음을 이름

23. 女性의 영원한 매력(魅力)

　아름다운 꽃도 멀리서 보아 아름답다고 느끼는 것이지 이것을 바로 눈앞에 바짝 대고 볼 때에는 현기증(眩氣症)만 난다. 이렇게 볼 때에 결국 매력(魅力)이란 거리와 착각(錯覺)에 근거를 두고 생겨나는 모양이다. 마찬가지로 여성의 미나 매력이란 것도 일정한 거리(距離)가 있을 때에만 느끼는 것이다.

　첫째로는, 생활의 거리가 필요해진다. 같은 은행에서 근무(勤務)하는 남성은 종일 돈만 세고 있는 여행원에게서보다는 생활과 거리가 먼 꽃파는 아가씨에게서 더 매력을 느끼는 경우와 마찬가지이다. 왕자는 귀족의 딸에게서보다 농부의 딸에게서 여성의 존재를 발견(發見)하기도 한다. 둘째는, 성격(性格)의 거리가 문제된다. 온순한 남성이 표범 같은 여성에게서 매력을 발견하는 경우, 셋째는, 지성(知性)의 거리감이다. 무식(無識)한 남성은 여성의 용모(容貌)에서 보다는 여성이 풍기는 지성에서 더 매력을 느끼는 법이다.

　생김새가 불란서 인형같이 아름답고 정숙(貞淑)한 아내를 가진 남성이, 목하바람을 피운다기에 알아보니 연애(戀愛)의 대상은 절구통 같은 여성이더란 애기도 가끔 듣는다. 그러므로 매력이란 것은 아름다움에서만 오는 것은 아닌 모양이다.

　지성의 미는 타고난 것이 아니라, 독서(讀書)에서 연마(研磨)되는 법이다. 다행히 요새는 독서의 계절, 책 읽는 여성은 언제나 아름다워 보인답니다.

활용 한자

・眩氣症(현기증) 눈이 아찔하며 어지러운 기운
・錯覺(착각) 외계의 사물을 잘못 지각(知覺)하는 일
・知性(지성) 사고(思考) 하는 힘
・容貌(용모) 얼굴 모습
・貞淑(정숙) 여자로서 행실이 곧고 마음씨가 고움
・研磨(연마) 학문, 기술을 익히고 닦음

24. 다이애나 참사의
경위(經緯)

　다이애나는 97년 8월 31일 애인 도디의 부친이 소유한 호텔에서 도디와 함께 한 저녁식사는 밤 12시를 넘겨서까지 계속(繼續)됐다.

　식사를 마치고 다이애나는 승용차에 올라탔다. 승용차가 호텔을 출발하면서부터 대기(待機)하고 있던 사진 기자들(일명 파파라치)이 달려들었다. 찰거머리처럼 따라붙으며 셔터를 눌러대는 사진기자들을 피하기 위해 다이애나 일행이 탄 승용차 운전사는 엑셀레이터를 계속 밟았다. 호텔을 떠난 지 약 5~6분 후. 알마교 광장밑을 통과(通過)하는 알마교 지하차도에 들어서면서도 과속(過速)으로 질주(疾走)를 계속했다. 과속상태에서 터널에 진입한 승용차는 터널 벽과의 충돌(衝突) 피하기 위해 지하차도 중간에서 차도를 떠받치고 있는 콘크리트 기둥을 그대로 들이받고 앞으로 미끄러져 갔다. 타이어 자국으로 볼 때 시속(時速) 1백 60km의 속도로 질주중이었을 것으로 프랑스경찰은 추정(推定)하고 있다. 현장에 도착한 경찰은 현장에서 사진기자 7명을 체포(逮捕)했고, 이들이 탄 오토바이도 압류(押留)했다. 차는 그야말로 휴지조각처럼 변했고 거의 절반 크기로 줄어든 상태, 사고 당시 다이애나는 전신골절(全身骨折)과 찰과상으로 심하게 피를 흘리고 있었던 것으로 알려지고 있다. 응급(應急)으로 회생(回生)조치를 취하면서 앰뷸런스에 실려 다이애나가 파리 13구에 위치한 병원에 도착(到着)한 시간은 오전 2시 40분쯤, 사고가 난지 거의 두시간이 지나서였다.

활용 한자

- 慘事(참사) 참옥하거나 비참한 일
- 經緯(경위) 일의 전말
- 疾走(질주) 빨리 달림
- 衝突(충돌) 서로 부딪침
- 推定(추정) 추측하여 결정함
- 逮捕(체포) 죄인을 잡음
- 押留(압류) 사인 (私人)의처분을 국가가 권력으로
  금하는 일

25. 나는 새도 떨어뜨린 차지철의 유가족들은?

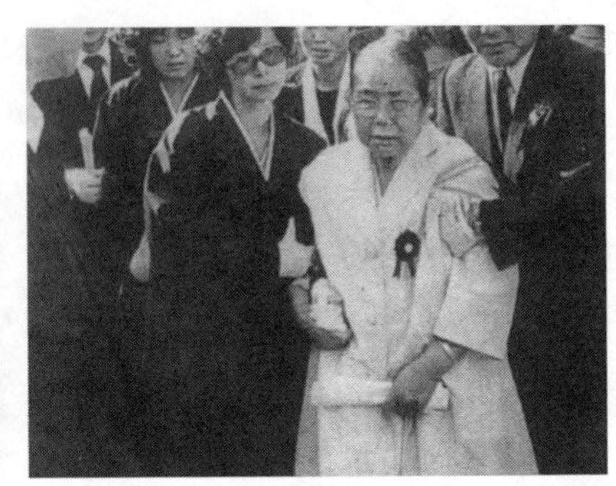

朴대통령 다음 가는 권력가 차지철실장이 김재규중앙정보부장이 쏜 총에 사망한 후 91년 5월 세간의 눈총을 피해 유가족들은 미국으로 이민(移民)을 갔고, 차지철실장 어머니는 홀로 잠실에 있는 작은 아파트에서 살았다. 차실장과 친분(親分)이 있는 이가 홀로 있는 할머니를 보살폈다. 치매 증세가 심해져서 영락교회 한경직목사가 주선(周旋)해 무연고(無緣故) 무의탁(無依託) 노인을 위해 교회에서 운영(運營)하는 이곳으로 보냈던 것이다. 김할머니를 찾는 이는 그리 많지 않았다. 2년전 미국에 사는 딸이 한번 들렀고 외손녀가 두 번 다녀간 것이 가족 면회(面會)로는 전부였다고 한다. "따님이 찾아왔을 때 할머니가 딸을 안고 많이 우셨어요. 치매는 자꾸 심해져도 가족에 대한 기억은 생생한 것 같아요. 충격적(衝擊的)인 그 사건과 최근 일은 기억(記憶) 못해도 옛날 일은 곧잘 기억해 내시곤 해요. 한번은 박정희 대통령애기를 꺼냈더니 '개가 우리집에 와서 국밥 먹고 갔어' 하시더라구요." 취재(取材)를 끝내고 할머니에게 작별을 고해도 꼭 잡은 손을 좀처럼 놓으려고 하지 않았다. 여전히 누구인지, 왜 왔는지 모르는 채였다. 할머니 곁을 떠나며 아마도 할머니가 또렷한 의식(意識)을 갖고 있었다면 이런 식의 인터뷰는 필시 불가능(不可能)했을 거라는 생각을 했다. 충격적인 사건으로 떠나보낸 아들을, 그것도 인간적으로 좋지 못한 평가(評價)를 받고 있는 아들을 다시 세상 사람들에게 기억시키고 싶지 않았을 것이 틀림없기 때문이다.

활용 한자

- 周旋(주선) 일이 잘 되도록 이리저리 힘을 써서 변통해 주는일
- 依託(의탁) 의지하여 맡김
- 癡呆(치매) 멍청이, 천치, 바보
- 取材(취재) 어떤 사물에서 작품이나 기사의 재료 또는 제재(題材)
- 意識(의식) 마음에 인식함
- 評價(평가) 가치나 수준 따위를 평정함

26. 日本 핵무장 가능성
시사(示唆)

키신저 전 미국무장관은 21일 "일본은 핵무장(核武裝)을 할 가능성(可能性)이 있으며, 이럴 경우 아시아 전체에 타격(打擊)이 될 수 있다."고 말했다. 전국 경제인연합회의 해외자문단 자격(資格)으로 이날 개막한 '99 서울경제포럼'에 참석한 키신저씨는 "일본의 핵무장은 고려(考慮)하고 싶지도 않은 일이지만 가능성은 충분하다."며 이같이 말했다.

70년대 초 미·중(美中) 수교(修交)에 결정적 역할을 했던 키신저 전장관은 또 동북아시아에서의 중국의 역할에 대해 "중국이 계속 발전(發展)하면 강대국(强大國)이 되겠지만 그 과정은 '고속도로'처럼 순탄(順坦)하지는 않을 것이며, 상당한 시일이 필요(必要)할 것."이라고 다소 부정적인 견해(見解)를 나타냈다.

  또 최근의 대우사태와 관련, "김우중회장과는 30년간 우정(友情)을 쌓아왔다."고 전제(前提)하고 "김회장이 이런 상황(狀況)에 처해서 대단히 슬프지만 30년간 그가 한국경제에 기여(寄與)한 많은 역할은 인정(認定)해야 할 것."이라고 평가(評價)했다. 한국경제의 위기는 자본의 자유로운 흐름 때문에 야기된 게 아니다."고 말하고 "외국기업이 한국에 투자(投資)하게 되면 한국 기업이 된 것이나 다름없으며, 단지 단기 투자자본에 대해서는 어느 정도 제어(制御)가 필요하다."고 주장(主張)했다.

활용 한자

- 順坦(순탄) 길이 평탄함
- 見解(견해) 의견과 해석
- 前提(전제) 어떠한 사물을 먼저 내세움
- 寄與(기여) ① 보내어 줌, ② 이바지함
- 評價(평가) 가치나 수준 따위를 평정함
- 制御(제어) 억눌려서 억제함
- 主張(주장) 자기의 의견을 내세움

27. 2차대전 전범(戰犯) 공판직전 극비출국(極秘出國)

　98년 4월 프랑스 법원에서 반인류범죄(犯罪)로 10년형을 선고(宣告)받은 프랑스 전범 모리스 파퐁(89)이 항소심 공판(公判)을 하루 앞둔 20일 비밀리(秘密裏)에 출국한 것으로 밝혀져 큰 파문(波紋)이 일고 있다.

　1주일 전 파퐁은 건강상의 이유로 재판(裁判) 전날밤을 구치소(拘置所)에서 보내지 않도록 해줄 것을 요청(要請)했으나 재판부는 이를 거절(拒絶)했다. 파퐁의 변호인단은 성명을 통해 파퐁이 "명예를 지키기 위해 망명(亡命)했다."며 "파퐁은 그에 대한 부당행위가 바로 잡힐 때까지 프랑스로 돌아오지 않을 것이다."이라고 말했다.

　파퐁은 2차대전 당시 독일의 괴뢰정권이었던 비시정권의 브르도지역 치안책임자(治安責任者)로 일하면서 1560명의 유태인을 나치 강제수용소로 보내는데 앞장섰다.

　그는 81년 희생자 가족들에 의해 고발(告發)됐으며, 16년 간의 지루한 법적 공방(攻防) 끝에 96년 9월 재판 회부결정이 내려졌다. 프랑스 법무장관은 "파퐁이 재판을 피해 잠적(潛跡)한 것은 경악(驚愕)스러운 일."이라며 보르도 검찰청 검사들에게 파퐁의 소재를 추적해 체포할 것을 지시했다.

활용 한자

- 極秘(극비) 절대적인 비밀
- 宣告(선고) 재판관이 법정에서 판결을 공포히는 일
- 波紋(파문) 어떤 일의 영향
- 告發(고발) 죄를 들추어 내어 고소함
- 攻防(공방) 공격과 방어
- 潛跡(잠적) 종적을 아주 감추어 버림
- 驚愕(경악) 몹시 놀람

28. 女 배구 21년만에 세계 3위 입상(入賞)

　한국여자배구가 일본을 꺾고 21년만에 세계 3위에 올랐다. 한국은 1997년 8월 31일 일본 고베에서 벌어진 97그랑프리 세계여자배구선수권 4강 결승(決勝)리그 마지막 경기(競技)에서 홈팀 일본에 3-1(10-15, 15-7, 15-2, 15-5)로 역전승(逆轉勝), 대 일본전 16연승(連勝)을 이어가며 러시아, 쿠바에 이어 3위를 차지했다. 한국여자배구가 세계대회에서 3위에 오른 것은 지난 76년 몬트리올 올림픽 동메달 이후 21년만의 일이다.

　한국은 일본의 단신(短身) 오가케(1m 73cm)에게 연속(連續)블로킹과 서브득점(得點)을 허용하여 수비(守備)가 흔들려 1세트를 15-10으로 내주며 불안(不安)하게 출발(出發)했다. 이 때 교체(交替)해 들어간 세터 강미선과, 레프트 정은선(흥국생명)이 한국을 위기(危機)에서 건져냈다. 한국은 2세트에서도 초반 5-1까지 끌려갔으나 이후 정은선의 강타(强打)와 블로킹이 계속해서 일본코트를 유린했고, 구민정(한일합섬)의 강타까지 가세(加勢), 15-7로 역전승하며 안정(安靜)을 되찾았다. 이후는 한국의 일반적인 페이스, 강미선과 정은선의 블로킹이 잇따라 성공(成功)하며 연속 13득점하더니 15-2로 간단(簡單)히 끝냈다. 마지막 4세트는 부담(負擔)을 던 장신 센터 장소연의 블로킹이 가세하고 구민정의 레프트 강타가 터지면서 15-5로 마무리했다.

활용 한자

- 逆轉勝(역전승) 처음에는 패했으나 나중에는 반대로 이기는 것
- 連勝(연승) 잇달아 승리함
- 交替(교체) 갈마듦
- 危機(위기) 위험한 고비
- 强打(강타) 강하게 때림
- 加勢(가세) 힘을 보태거나 거듦, 원조함
- 負擔(부담) 어떤 일을 맡음

29. 한국계 아라이議員
자살(自殺)

　검찰의 체포를 몇 시간 앞두고 自殺한 한국계 아라이 쇼케이(50·자민당)의원은 지난주부터 사면초가(四面楚歌)에 빠졌다. 인맥(人脈)과 조직(組織)이 우선되는 일본사회에서 완전히 외톨이가 된 그는 98년 2월 19일 죽음을 택했다.
　도쿄지검 특수부는 닛코증권의 차명계좌에서 일임 매매로 4천 90만엔의 부당이익(不當利益)을 올렸다는 구체적인 증거(證據)를 들이밀며 구속(拘束), 수사(搜査)를 위해 한발 한발 다가오고 있었다. 야당의원들은 국회발언에서 의원직을 사퇴(辭退)하라고 몰아붙였고 자민당조차 탈당을 요구했다. 아라이는 "아직 유죄(有罪)가 확정되지 않았다."고 버텼으나 침묵(沈默)을 지켜오던 증권사 간부들이 검찰조사에서 "아라이가 일임매매를 통해 꼭 이익(利益)을 내달라고 요구(要求)했다."고 잇따라 진술(陳述)하면서 결정타를 맞았다. 아라이는 지난달 국회 청문회에서 "나는 어렸을 적부터 한국계라는 서러움을 받아왔으며 이번 사건도 한국계에 대한 이지메."라고 주장했다. 그가 마지막까지 버티다 목숨을 끊은 것은 항의성 자살이라는 게 일본사회의 분석(分析)이다. 아라이는 도쿄대 경제학부를 졸업한 수재(秀才)였지만 1년동안 신일본제철에 들어가 용광로 앞에서 육체노동을 자원(自願), 이색적인 사회출발을 시작했다.

활용 한자

- 四面楚歌(사면초가) 도움을 청할만한 길이 모두 끊겨 혼자 고립된 처지를 말함
- 辭退(사퇴) 어떤 일을 그만두고 물러남
- 人脈(인맥) 둘레에 자기와 관계가 있는 사람들
- 有罪(유죄) 죄가 있음
- 分析(분석) 나눠서 가름
- 秀才(수재) 재능, 학문이 뛰어난 사람
- 自願(자원) 자기 스스로 원함

30. 세상을 빛낸 얼굴들
작고(作故)

ⓐ 상명대 초대총장 방정복(方貞福)여사

상명대 총장이 99년 9월 23일 지병(持病)으로 별세(別世)했다. 향년(享年) 74세 상명대 설립자(設立者) 배상명(裵祥明)여사의 장녀인 方총장은 26년 서울에서 출생, 이화여대 가정학과를 졸업하고 미국 조지프대에서 명예박사학위를 받았다. 77년 상명여대 교육학 교수로 부임. 87년 상명대 초대 총장을 거쳐 96년 3월부터 지금까지 4, 5대 총장을 연임해 왔다.

ⓑ 소설 '빙점(氷點)'의 작가 미우라 아야코 女史

우리나라에까지 알려진 일본의 작가 미우라 아야코여사가 99년 10월 12일 일본홋카이도 아사히카와시 자택에서 지병으로 타계(他界)했다. 향년 77세 최근 직장암과 파킨슨병으로 고생하면서도 남편에게 구술하는 방법으로 창작(創作)활동을 계속해 왔다. 98년 6월 아사히카와 시내에 '미우라 아야코 기념 문학관'이 개관됐다.

ⓒ 20억 장학금을 한양대에 기탁한 김치덕 할머니

　2남 1녀의 자식들을 모두 지병과 사고로 먼저 떠나 보내고 간암을 앓고 있는 김치덕(金致德, 74)여사. 그녀는 남편을 여의고 홀로 40년동안 식당과 목욕탕(沐浴湯) 등을 운영하며 모은 서울 강동구 성내동 2백 40평의 대지(시가 20억여원)를 한양대에 기탁(寄託)했다. 金씨가 재산(財産)을 한양대에 전달(傳達)한 것은 큰아들 시백씨가 이 대학을 졸업했기 때문으로 알려졌다.

활용 한자

- 持病(지병) 오랫동안 낫지 않고 계속 앓고 있는 만성병
- 享年(향년) 한 평생 누린 나이
- 他界(타계) 다른 세계로 감, 귀인의 죽음을 이름
- 創作(창작) 생각해 내어 처음 만듦
- 寄託(기탁) 부탁하여 맡기어 둠 = 委託(위탁)
- 傳達(전달) 전하여 이르게 함

31. 大統領 고향의 생가(生家)

　96. 2. 25 대통령 취임식(就任式)을 앞두고 김대중(金大中) 당선자의 고향(故鄕)인 전남 신안군 하의도가 국내외 언론사 취재진들로 북적거리고 있다.

　최근 미국 뉴스위크사 2명과 네덜란드 한델스발트사 기자들이 다녀간데 이어 하의면에는 일본NHK 등 외국 언론사의 취재협조(取材協助) 요청(要請)이 잇따르고 있다. 국내 방송사들도 취재 경쟁(競爭)에 들어가 인천방송이 지난 17일부터 金당선자 생가 터와 친·인척들을 취재하는 등 취재진의 발길이 이어지고 있다. 한편 하의도에서는 취임식에 초청(招請)받은 金당선자 친구인 박홍수(朴弘洙, 74)씨와 조카 김홍선(金弘先, 34)씨 등 주민 50여명이 상경(上京)채비를 하고 있다. 또 취임식날 주민들은 대대적인 축하(祝賀)잔치를 벌이기 위해 19일 이장, 부녀회장단이 준비(準備)모임을 갖기로 하는 등 축제 분위기(雰圍氣)가 서서히 달아 오르고 있다.

반면, 김영삼(金泳三)대통령의 생가가 있는 경남 거제시 장목면 외포리의 한 주민(住民)은 지난 5년에 대한 불평(不平)을 털어놓았다. 金대통령 취임 후 "흙담장 한 곳도 고치지 말라."는 청와대 지시(指示)가 떨어져 '대통령이 태어난 마을이라고 해서 특혜(特惠)가 있을 수 없다.'는 金대통령의 '칼국수 정신'이 오히려 이곳의 발전(發展)을 가로막는 장애(障碍)로 작용했기 때문이다. 金대통령생가를 찾는 발길도 뜸해져 96년 23만 7백 61명이던 것이 지난해 12만 8천 9백 17명으로 부쩍 줄었다. 대선(大選) 직후 생가 입구에 있던 기념품, 특산품 가게 두 곳이 문을 닫아 버릴만큼 요즈음은 찾는 사람들이 거의 없다.

활용 한자

- 協助(협조) 힘을 다해 서로 도움
- 要請(요청) 요긴하게 청함, 요구(要求)함
- 競爭(경쟁) 서로 우위에 서려고 다툼
- 招請(초청) 청하여 부름
- 雰圍氣(분위기) 개인의 주변 상황
- 指示(지시) ① 가리켜 보임 ② 가리켜 시킴
- 特惠(특혜) 특별한 혜택

32. 교포 女대학원생, 옛애인에 피살(被殺)

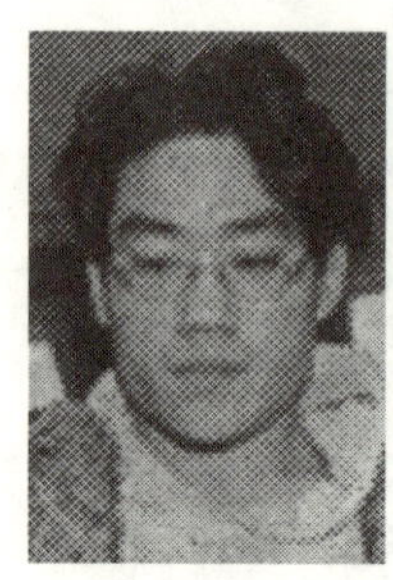

뉴욕 컬럼비아대 법과 대학원 3년생인 한인 교포(僑胞) 여학생 홍혜승(26)씨가 98. 3. 20. 밤 대학소유 아파트 자취방(自炊房)에서 날카로운 흉기에 목이 반쯤 잘린 채 숨져 있는 것을 남자 친구인 李모씨가 발견(發見)했다. 경찰은 23일 홍씨의 옛애인 에드먼드 고(23)씨를 유력(有力)한 범행 용의자(容疑者)로 체포(逮捕) 2급살인 혐의로 기소(起訴)했다.

경찰은 홍씨가 살해된 시각으로 추정(推定)되는 18일 밤 고씨가 홍씨의 아파트로 들어가는 것을 봤다는 목격자(目擊者)를 확보(確保)하고 있다고 밝혔다. 고씨는 4개월전 뉴저지에서 2명의 여자와 공모(共謀), 한 때 사귀다 헤어진 또 다른 여자친구 金모씨를 승용차로 유인(誘引)해 문구용 칼로 얼굴을 그은 혐의로 체포됐다. 2만 5천달러의 보석금(保釋金)을 내고 풀려난 상태(狀態)라고 경찰은 밝했다. 또한 고씨는 국내 기업(企業)회장 외손자라고 한다.

 피살된 홍씨는 고교시절 교내신문사와 합창단에서 활동했으며 컬럼비아대에서도 각종(各種) 세미나와 학생활동에 적극 참여(參與)하는 등 활발한 성격으로 알려졌다. 무역업(貿易業)을 하는 홍씨 부모는 현재 버지니아주에 살고 있다.

활용 한자

- 自炊(자취) 자기 스스로 식사를 만드는 것
- 容疑者(용의자) 범죄의 혐의를 받고 있는 사람
- 逮捕(체포) 죄인을 잡음
- 誘引(유인) 꾀어냄
- 保釋金(보석금) 보석을 청구한 피고인의 편에서 내는 보증금
- 參與(참여) 참가하여 관계함
- 各種(각종) 여러 가지 종류

33. 조계사 또 유혈극(流血劇) 재현(再現)

　정화(淨化)회의 침입 시도(試圖), 총무원과 집단 충돌(衝突)이 발발하였다. 조계종 총무원장의 직무대행(職務代行)으로 선임됐던 정화개혁회의 도견스님측 관계자들이 총무원 건물을 접수(接受)하기 위해 1999 10월 12일 조계사 진입을 시도하는 과정(過程)에서 현 집행부(執行部)와 유혈 충돌이 발생했다.

　양측의 충돌이 벌어지면서 조계사 앞 우정국로 등 일대 도로가 오후까지 큰 혼잡을 빚었다. 총무원 진입에 실패(失敗)한 정화개혁회의 측은 "경찰이 폭력을 휘두른 총무원측을 보호(保護)해주는 등 일반적으로 상대방편을 들었다."면서 "앞으로 총무원을 접수하기 위해 가능한 모든 수단(手段)을 동원하겠다."고 밝혔다. 총무원측도 이날 오후 2시 승려(僧侶)와 신도(信徒) 7000여명이 참석한 가운데 '불교자주권수호(守護)를 위한 총궐기(總蹶起)대회'를 열고 사법부와 정부를 비난(非難)했다.

　대한 불교 조계종 중앙총회는 12일 오후 144회 임시중앙 총회를 열고 총무원장 권한(權限) 대행으로 원택(圓澤)총무원장을 선출했다. 총회는 총무원장이 없을 때에는 총회에서 권한대행을 선출(選出)할 수 있다는 내용의 종법에 의거(依據)해 총무원장 권한대행을 선출했다고 밝혔다.

활용 한자

· 試圖(시도) 무엇을 실현해 보려고 계획하거나 행동함
· 執行(집행) 직무를 실제로 행함
· 僧侶(승려) 중들, 스님들
· 蹶起(궐기) 분발하여 일어남＝奮起(분기)
· 非難(비난) 남의 잘못이나 흠따위를 책잡아서 나쁘게 말함
· 權限(권한) 법률상 행위를 할 수 있는 기능의 범위
· 選出(선출) 뽑아냄
· 依據(의거) 근거로 삼음

34. 물 먹은 공군 전투기
추락(墜落)

연료(燃料)에 섞인 물 때문에 공군기가 추락(1999. 9. 9) 했다는 사실은 이 사고(事故)가 명백한 인재(人災)였음을 확인(確認)해 준 것이다. 공군은 이같은 원시적인 사고를 미연(未然)에 방지(防止)할 수 있었음에도 어처구니 없는 관리부실로 국민의 세금으로 양성(養成)된 조종사의 생명과 50억원대의 공군기를 날렸다.

16전투비행단의 유류저장탱크는 81년 완공해 그동안 문제없이 사용되어 왔기 때문에 사고원인은 '부실공사' 측면보다 공군의 유류공급시스템의 결함(缺陷)에 있다고 볼 수 있다. 공군은 유류저장탱크는 탱크의 밑바닥에서부터 유류를 빼내도록 설계되어 있어 물 등 이물질이 들어가면 비중(比重)이 높은 물이 가라앉아 이물질이 먼저 주유될 수 밖에 없었다고 설명했다. 하지만 공군은 이같은 사고 가능성에 주목(注目)하지 않았다. 주유대와 주유차량에 설치(設置)된 여과기는 소모품(消耗品)으로써 적절한 기간마다 교체(交替)하고 점검해야 하는데도 이를 소홀히 했다.

그러나 공군관계자는 "전투비행단장 인사는 대통령 보고 사항"이라며 "사고원인은 밝혀졌지만 관련자들에 대한 군 검찰의 조사가 끝나면 일괄(一括) 보고하고 인사조치할 예정(豫定)이었다."고 밝혔다.

활용 한자

- 墜落(추락) 높은 데서 떨어짐
- 未然(미연) 아직 그렇게 되지 않음
- 缺陷(결함) 흠이 있어 불완전함
- 比重(비중) 어떠한 물체의 무게와 이와 같은 부피
  의 섭씨 4도의 물무게와의 비(比)
- 一括(일괄) 한데 묶음
- 豫定(예정) 일에 앞서 작정함

35. 오페라계 거목 金慈璟씨 별세(別世)

 99년 11월 9일 별세(別世)한 김자경(金慈璟)은 해방후(解放後) 한국 오페라의 산 증인이자 영원한 프리마돈나였다. 그의 삶 또한 한편의 오페라처럼 드라마틱했다. 지난해 8월 서울 여의도 '한강사랑음악회' 갈채(喝采)속에 등장한 그는 노래를 부르던 중 호흡이 가빠 노래를 중단(中斷)했다. 힘없이 무대를 내려온 그는 즉시 앓아누웠다. '노래를 잃은 카나리아'가 급속히 삶을 소진(消盡)시켜가는 과정의 시작이었다. '김자경 예술학교'의 설립(設立)을 보지 못한 채 긴 '인생 오페라'의 막을 내리고 무대 뒤로 퇴장했다. 1917년 개성에서 태어난 김씨는 유년시절 노래에 소질을 발휘(發揮), 동아일보에 음악신동으로 소개(紹介)되기도 했다. 이화여대 피아노과에 입학했지만, 음악 전부문에 재능(才能)을 발휘해 성악과 졸업자격가지 따낸 그는 결국 48년 '춘희' 공연(公演)으로 한국 최초의 프리마돈나가 되면서 한국오페라 역사와 끊지 못할 인연(因緣)을 맺었다.

　화가인 남편 심형구(沈亨求)화백과의 로맨스도 유명한 일화(逸話)이다. 심씨는 본처와 별거중이던 사실을 숨긴 채 김씨와 결혼했지만 최상의 외조(外助)로 그의 음악활동을 뒷받침했다.

　그는 62년 남편이 낚시질하다가 심방마비로 작고했으나, 그후 남편은 오씨 성을 따서 '오씨성오페라'라고 말하며 오페라 발전에 온갖 열정(熱情)을 바쳤다.

활용 한자

- 喝采(갈채) 칭찬하거나 환영하여 큰 소리로 열렬히 외침
- 消盡(소진) 모조리 타 버림
- 發揮(발휘) 재능이나 역량 등을 떨쳐 드러냄
- 因緣(인연) 연줄, 연고
- 逸話(일화) 숨은 이야기, 에피소드
- 熱情(열정) 열중하는 마음＝情熱(정열)

36. 인재가 부른 인천화재 참사(慘事)

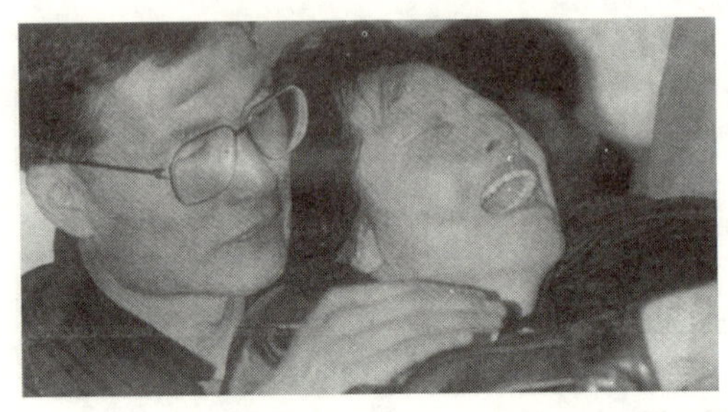

　최악의 사상자를 낸 인천 호프집 화재참사(火災慘事)의 현장인 중구 인현동 호프집 상가는 31일 검게 그을린 채 흉물스러운 모습으로 '아비규환(阿鼻叫喚)의 대참사'를 보여주고 있었다.

　이번 참사에서 가장 많은 사망자가 난 인천여상의 3학년생 10명은 친구들의 취업과 생일축하파티에 참석했다가 전원사망해서 주위를 더욱 안타깝게 했다. 호프집 참사가 발생한 30일 인천지역 82개 고교중 13개 학교에서 축제(祝祭)가 개최됐던 것으로 인천시 교육청 조사결과 밝혀졌다. 축제와는 관계없이 토요일을 맞아 이 업소에서 희생된 학생들은 소속학교가 무려 34개에 이른다.

　주변 상인들은 이 업소의 주인은 이 일대에 10여개의 업소를 소유(所有)한 재력가 정모씨라고 주장해 관심을 모았다. 이들에 따르면 정씨는 외제 승용차를 타고 다니며 명목상의 사장을 내세운 뒤 당국을 끼고 불법영업을 해왔다. 구청장, 경찰서장, 국회의원, 많은 공무원들에게 뇌물(賂物)을 제공했다고 며칠 후 자수했다. 화재 원인은 학생들 불장난이 원인이었다고 밝혀졌다.

- 火災(화재) 불로 인한 재앙
- 慘事(참사) 참혹한 일, 비참한 사건
- 阿鼻叫喚(아비규환) 뜻밖의 변으로 여러 사람이 몹시 비참한 지경에 빠졌을 때 그 고통에서 헤어 나려고 악을 쓰며 소리를 지르는 모양을 말함
- 祝祭(축제) 경사를 치하하는 제사
- 所有(소유) 자기 것으로 가짐
- 賂物(뇌물) 사욕을 채우기 위하여 몰래 보내는 금품

37. '고문경관' 李根安 11년만에 자수(自首)

　11년 동안 종적(踪迹)을 감췄던 '고문 기술자' 이근안(李根安・61・당시경감)이 99. 10. 28일 성남지청에 자수(自首)했다. 이씨는 "해외로 도피(逃避)한 사실은 없고 국내에만 있었다."며 "그동안 집 골방에서 숨어지냈다."고 진술(陳述)한 것으로 알려졌다.

　이씨는 85년 9월 4일부터 26일까지 당시 치안본부 남영동분실에서 학생운동 배후 조종자(操縱者)를 대라며, 김근태위원에게 10차례에 걸쳐 물고문과 전기고문(電氣拷問)등을 가한 혐의로 김의원에 의해 검찰에 고소됐다. 이씨는 또 79년 남민련, 80년 반제동맹사건 등 많은 사건 관련자들에 의해서도 고소(告訴)됐다. 공소시효가 2013년까지 연장됐으며 해외로 도피하지 않았을 경우 공소시효는 99. 8. 15로 만료됐다. 한편 이씨와 함께 근무했던 경기도경 전현직 경찰관 8명중 6명이 21일 가혹행위죄 등을 적용받아 징역 1~2년의 실형을 선고(宣告)받았다.

활용 한자

- 踪迹(종적) 뒤에 드러난 형적
- 逃避(도피) 도주하여 피함
- 陳述(진술) 구두로 자세히 말함
- 操縱(조종) 마음대로 부리어 복종하게 함
- 拷問(고문) 피의자의 신체에 고통을 주어 자백을 강요하여 신문함
- 宣告(선고) 재판의 판결을 공표함

38. "돈 벌려는 사람 변호사 되지 마라."

　일본의 원로법조인 나카보 고헤이(70)씨가 변호사(辯護士)들의 행태를 통렬(痛烈)히 비판하며, '변호사 개혁(改革)'을 주장하고 나섰다.

　'문예춘추' 기고문에서 "변호사들은 법률사무 독점 등 자신들의 특권에 어울리는 역할을 하고 있는가?"라고 되묻고 "입으로만 인권을 외치면서도 속으로는 돈버는 데만 관심 있는 변호사가 많다."고 개탄(慨嘆)했다. 그는 "사법개혁의 입구는 변호사 개혁"이라며, "다른 사람의 불행을 취급하는 변호사가 돈벌이에 신경을 써서는 안되며, 수임료는 의뢰인으로부터 받은 감사의 표시로 생각해야 한다."고 강조했다. 그는 변호사 개혁방안으로 업무능력 등 변호사 개인별 정보 공개와 국선변호인이나 법률상담 등 공익활동 의 무화를 제안(提案)했다.

 또 공인의 마음가짐이 없는 사람은 처음부터 선발(選拔)하지 말아야 한다고 주장했다. 그는 돈이 있어도 갚지 않은 악덕기업이나 폭력단의 은닉(隱匿)재산을 철저히 추적해 일약 국민적 영웅으로 떠올랐다. 민주당이 총리로 모시겠다며 끈질기게 영입하려 했으나 그는 "회사도 나이들면 그만두는데 어떻게 한 나라의 총리를…"이라며 거절(拒絕)했다. 그를 다룬 '나카보 영웅전'은 베스트 셀러가 됐다.

활용 한자

· 辯護士(변호사) 법률적으로 유리하도록 도와주는 사람
· 痛烈(통렬) 몹시 사납고 세차다
· 改革(개혁) 새롭게 뜯어 고침
· 提案(제안) 의안을 내어 놓음
· 選拔(선발) 여러 가운데서 뽑아서 추려냄
· 隱匿(은닉) 숨기어 감춤

39. 美國강도 수배전단에 링컨 초상화(肖像畫)

　링컨 용모(容貌)를 빼닮은 범인(犯人)잡으려고, 고민 끝에 링컨의 사진 실어 화제가 되었다. 미국 동부 버지니아 일대에 미국의 16대 대통령 에이브러햄링컨의 초상화(肖像畫)가 담긴 범인 수배전단(手配傳單)이 나붙어 논란을 불러 일으키고 있다.

　현상금(懸賞金)은 1000달러, 1999. 11. 8일 AP 통신에 따르면 4월부터 식당과 주유소(注油所)에서 10여건의 강도(強盜)를 저지르고 도피중인 범인의 용모가 링컨을 빼닮아 경찰이 우뚝 선 코, 검은 구레나룻까지 링컨을 닮았다는 것이다. 게다가 범인은 항상 검은 롱코트와 실크모자를 쓰고 다녀 목격자(目擊者)들도 '링컨의 복사판(複寫板)'이라고 입을 모았다고 한다. 실제로 7월초 한 주유소의 감시카

메라에 잡힌 범인의 모습이 링컨과 너무나 비슷해 경찰을
깜짝 놀라게 만들었다. 그러나 시민들은 "미국에서 가장
존경(尊敬)받는 대통령에 대한 모욕(侮辱)"이라며 경찰을
비난(非難)하고 있다. 경찰은 "현재로서는 다른 방법이 없
다."며 수사진행에 따라 새로운 범인 몽타주를 배포(配布)
하겠다."고 밝혔다.

활용 한자

- 容貌(용모) 얼굴 모습
- 懸賞(현상) 상금을 길어 칮는 일
- 目擊者(목격자) 자기 눈으로 직접 본 사람
- 侮辱(모욕) 업신여기고 욕을 보임
- 非難(비난) 남의 잘못이나 흠 따위를 책잡아서 나
    쁘게 말함
- 配布(배포) 널리 배부함

40. 외국인 절대 사절(謝絶)

"외국인은 다른 곳에서 노세요."

도쿄(東京) 신주쿠(神宿)에는 유흥업소가 가득하다. 종업원이 들어가려는 손님에게 말을 건다. 일본어가 조금이라도 이상하다 싶으면 영어로 재퍼니스 온리(Japanese Only)라며 입구를 가로막는다.

일본인만 입장(入場)된다는 것이다. 건너편 골목의 업소들도 비슷한 분위기(雰圍氣)다. '외국인 사절(謝絶)'이다. 이유를 물어보니, 일본어가 서툴어 요금 시비(是非)가 생긴다는 것과 일본 손님들이 싫어한다는 것이다. 그리고는 "외국인 상대로 장사하는 업소도 많으니 그런 데나 가보라."고 덧붙인다. 홋카이도의 항구도시 오타루에는 일본인 전용(專用) 대중탕(大衆湯)이 몇 곳 있다. 가끔 러시아 선원들이 탕안에서 술을 마시거나 왁자지껄하게 떠들어댄다고 업주(業主)들이 외국인 출입을 금지(禁止)시켰다고 한다.

그러다 보니 외국 관광객이나 일본인과 결혼해 정착(定着)한 외국인들이 차별(差別)이라고 항의(抗議)해 요즘 이 지역 언론에다도 보도되고 있다. 그 뿐만 아니라 한 보석가게에서 외국인이라는 이유만으로 쫓겨난 브라질 여성이 법원에 제소(提訴)해 1백 50만엔(1,700만원)의 위자료(慰藉料)를 받았다.

일본은 국제적으로 인종차별철폐조약에 가입해 있으며 외국인 출입금지는 인종차별에 해당(該當)하므로 보석가게는 손해배상(損害賠償)을 하라는 것이 법원의 결정(決定)이다.

활용 한자

> ·謝絶(사절) 요구를 받아 들이지 않고 물리침
> ·是非(시비) 옳으니 그르니 하고 다투는 일
> ·定着(정착) 달라붙어 떠나지 않음
> ·抗議(항의) 반대의 의견을 주장함
> ·提訴(제소) 소송을 일으킴
> ·慰藉料(위자료) 위로하여 도와주는 뜻으로
> 　　　주는 돈

41. '뇌졸중' 초기증상과 응급처치 요령

① 목 아래을 받치고 쭉 편 자세로 편안히 눕힌다

② 구토에 대비해 얼굴을 옆으로 누인다

③ 증상이 심할 땐 의사의 지시에 따라 혈압강하제 투여

뇌졸중(腦卒中)의 가장 큰 원인(原因)은 고혈압(高血壓), 혈관(血管)벽이 높은 혈압 때문에 터지는 것이다. 이 경우 신호(信號)가 거의 없다가 갑자기 열이나므로 혈압이 높은 사람은 정기적(定期的)으로 검진(檢診)을 받고 혈압관리를 해야 뇌졸중을 막을 수 있다.

이런 증상이 있을 때는 종합병원으로 가야 한다

- 한쪽 눈이 감기거나 앞이 잘 안 보이는 경우
- 사물이 둘로 보일 경우
- 걸음걸이가 이상해지거나 팔다리에 힘이 갑자기 없어 지는 경우
- 갑자기 말이 어둔해지는 증상을 되풀이할 경우
- 두통이 가라앉지 않거나 첫 경험(經驗)하는 심한 두통 이 올 경우

① 화장실이나 목욕탕 같은 곳에서 쓰러지면 환자를 안전하게 눕힐 수 있는 실내로 옮긴다. 옮길 때에는

머리와 목 아래를 단단한 것으로 받치고 똑바로 뻗은 상태로 운반한다. 목이 앞으로 수그러지지 않도록 주의할 것.

② 구토에 대비해 얼굴을 옆쪽으로 돌려주고 구토를 했을때는 손을 넣어 입안을 깨끗이 해준다. 소변을 못 가릴 것에 대비(對備)하여 허리 밑에 비닐을 깐다.

③ 119 구급대(救急隊)가 올 때까지 병원 응급실의 당직의를 찾아 환자의 증상을 얘기하고 응급(應急)처리에 대한 도움을 청한다. 혈압을 재서 140/90이상이면 의사의 지시에 따라 혀 밑에서 녹여 흡수되는 혈압강하제를 쓴다.

활용 한자

- 信號(신호) 미리 약속한 방법으로 어떤 일을 알리는 것
- 檢診(검진) 병이 있나 없나를 검사하기 위한 진찰
- 狀態(상태) 현재의 모양이나 형편
- 對備(대비) 무엇에 대응 할 준비
- 救急(구급) 위급한 것을 구원함
- 應急(응급) 급한 대로 우선 처리함

42. 뇌졸중 예방

한방에선 죽순이나 대나무즙이 좋다고 한다. 한방에선 뇌줄중을 중풍(中風)으로 부른다. '바람 맞았다'는 뜻인데 이때 바람은 급격(急激)한 변화가 몰아친다는 뜻이다.

중풍으로 갑자기 쓰러졌을 때 '응급치료'는 한방 치료가 재활 및 회복기의 치료(治療)에 대해서는 자신감(自信感)을 보인다. 한방에선 '위기'를 넘긴 중풍 환자가 오면 우선 대소변을 잘 보게하는 약을 처방(處方)하고 침과 뜸 등을 놓으며 물리치료도 한다. 환자가 오랫동안 누워있어 욕창이 생길 우려가 크므로 2시간마다 자세를 바꿔준다. 마비가 어느 정도 풀리면 당뇨, 고혈압 등 원인이 되는 병을 처방한다.

뇌졸중이 우려(憂慮)되는 사람은 집에서 죽순(竹筍)이나 대나무즙을 먹는 것이 좋다. 이때 대나무즙은 대나무 속 마디에 구멍을 뚫은 다음 대나무를 뜨거운 불 근처에 대어 흘러내리는 액체(液體)를 받는다. 또 하루 3~5분 동안 태양, 백회, 풍지혈을 차례로 가볍게 눌러주면 대뇌동맥의 흐름이 원활(圓滑)해 진다. 한편 고혈압성으로 쓰러졌을 경우 손가락 끝을 따서 피를 내는 것은 위험(危險)한 민간요법이다. 그러한 경우에는 혈압이 갑자기 올라가 치명적(致命的)이 될 수도 있다.

활용 한자

- 急激(급격) 급하고 격렬함
- 優先(우선) 다른 것보다 앞섬
- 憂慮(우려) 근심하거나 걱정함
- 竹筍(죽순) 대나무의 땅속줄기에서 돋아나는 싹
- 液體(액체) 물·기름 따위
- 圓滑(원활) 일이 아무 거침이 없음

43. 침팬지와 사랑 40년, 말도 통하는 '정글북' 박사

광활한 아프리카 대륙 탄자니아 국립공원.

동이 틀 무렵인 오전 7시 제인 구돌(65세·여)박사가 나타나자 수십마리의 침팬지가 소리를 지르며 반갑게 맞는다. 구돌은 그들과 손을 잡거나 새끼들을 안아주며 자연(自然)스럽게 인사를 건넨다. 구돌 박사가 이곳 침팬지와 생활(生活)한지 40년째 이젠 침팬지 가족이 된 그녀는 우거진 풀숲을 헤치다 온 몸에 상처(傷處)를 입기는 다반사(茶飯事), 점심식사는 침팬지들의 주식(主食)인 나무열매로써 입에 댈 수도 없을 만큼 시고 설익은 열매도 많다. 그러나 침팬지들과 친밀(親密)해지기 위해서 이들과 함께 식사를 할 수밖에 없다.

서쪽으로 해가 넘어가면 침팬지들은 자신들의 휴식처(休息處)로 돌아간다. 갖고 있던 나무 열매를 건네주자 고맙다는 표시로 고개를 위로 쳐들고 이를 내밀며 "우 ～" 소리를 낸다.

영국에서 태어난 그녀가 처음 야생동물(野生動物)에 관심(觀心)을 갖게 된 것은 네살 때 아버지로부터 침팬지 인형을 선물(膳物)받으면서부터이다. 그후 '타잔', '정글북' 등 TV시리즈를 보며 아프리카 생활의 꿈을 키우던 그녀는 26세가 되던 60년, 탕가니카 호수(湖水)유역에 정착(定着)해 본격적으로 야생 침팬지 연구를 시작했다. 최근 탄

자니아 정부는 자국 국민이 아닌 사람으로는 최초로 구돌 박사에게 '킬리만자로 메달'을 수여(授與)하여 그녀의 연구 업적(業績)을 기렸다.

· 傷處(상처) 다친 곳이나 부위
· 茶飯事(다반사) 예사로운 일, 아주 쉬운 일
· 親密(친밀) 가깝게 친하여 사이가 밀접함
· 休息處(휴식처) 편히 쉬는 장소
· 膳物(선물) 선사하는 물건
· 授與(수여) 증서·상장·상품·선물 따위를 줌

44. 日本 땅에 우리의 선조인 고마 신사(神社)!!

　일본 사이타마(埼玉)현 히다카(日高)시 이곳에는 한국사
람에게 각별한 느낌을 주는 신사(神社)가 하나 있다.　1천
3백여년 전 고구려가 망하자 일본으로 망명(亡命)한 고구
려 왕족 약광(若光)을 모신 곳이 고마(高麗) 신사이다. 일
본에서 유일하게 고구려의 흔적(痕跡)이 남아있는 곳이다.
이 신사를 지키는 '궁사(宮司)'이자 약광의 59대 직계손이
라는 올해 73세의 고마스미 옹이 조상 대대로 높은 긍지
(矜持)를 갖고 있다며 말문을 열었다.

　"일본에 건너온 1천 8백여명의 고구려인들은 자신들이 고
구려에서 누리던 지위를 그대로 인정받는 등 일본인들로
부터 후한 대접을 받았습니다. 지금까지 남은 지명에서도
느껴지듯 고마(高麗)라는 명칭(名稱)에는 '존경'의 의미가

들어있는 것이지요."

 고마옹은 이 신사를 참배(參拜)하면 출세한다는 속설이 일본인들 사이에 널리 퍼져 있다고 귀띔했다. "이곳을 참배한 뒤 총리대신이 된 사람이 6명입니다. 그 외에도 사법부·최고재판소·중의원의장, 회사 사장 등 크게 된 사람은 부지기수죠." 고마옹은 "많은 한국 관광객들이 이곳을 찾아 고구려의 숨결을 느꼈으면 한다."며 머지않아 자신의 뒤를 이어 궁사가 될 늦둥이 아들 고마 후미야쓰(高麗文康·33)의 손을 꼭 쥐었다.

활용 한자

- 亡命(망명) 지기 나라에 못 있을 사정이 생겨 남의 나라로 몸을 피하여 옮김
- 痕跡(흔적) 남은 자취. 뒤에 남은 자국
- 矜持(긍지) 자신하는 바가 있어 자랑하는 일
- 名稱(명칭) 부르는 이름 칭호
- 參拜(참배) 신이나 부처에게 배례함

45. 박세리 '22살의 동상'
논란(論難)

　충남 공주시가 1억 8천여만원의 예산을 들여 프로골퍼 朴세리(22)선수의 동상을 세운 사실이 알려지자 이에 대한 논란(論難)이 뜨겁다.

　공주시는 99년 11월 1일 시내 웅진동 공주문예회관 앞 광장에 朴선수를 위한 '한국 투혼(鬪魂)21' 행사을 가지면서 朴선수의 동상을 세웠다. 하지만 박선수의 동상 건립(建立)소식이 통신(通信)에 오르자 많은 사람들이 "朴선수가 IMF때 국민에게 힘을 주기도 했지만 동상을 세우기에는 너무 이르다."고 비판(批判)했다. 또 다른 사람들은 "한국인 스타임을 인정(認定)하지만 반갑지 않은 소식(消息)"이라고 말했다.

"예산 낭비(浪費)", "국제적 망신" 등의 '비난성' 메일이 잇따랐다. 심지어 "김일성이 생전에 동상을 세웠다고 '산 자의 동상 건립은 공산국가에나 있는 일'이라고 할 때는 언제였느냐?"는 등 공주 시정(市政)을 비꼬는 글들이 줄을 이었다. 이같은 비난 여론(輿論)이 들끓자 공주시는 "박세리 조형물은 개인의 업적을 기리기 위해 만들어진 것이 아니다."며 "공주를 찾는 관광객들에게 볼거리를 제공(提供)하기 위한 것."이라고 해명(解明)했다.

활용 한자

- 鬪魂(투혼) 정신을 다 쏟아서 싸움
- 批判(비판) 옳고 그름을 가리어 결정함
- 認定(인정) 그런 줄로 알아 줌
- 浪費(낭비) 헛되이 함부로 씀
- 輿論(여론) 개인이나 사회에 대한 여러 사람들의
  공통된 견해
- 提供(제공) 갖다 대어 이바지함

46. 총격으로 사망한 윤원준씨 추모(追慕)

  99년 7월초 인종혐오범의 총격에 목숨을 잃은 미국 인디애나대 유학생 유원준(27세)씨 집을 11일 인디애나주 부지사가 위로방문(慰勞訪問)한데 이어 美 전역의 시민들이 기부(寄附)한 추모금까지 전달(傳達)된 사실이 뒤늦게 알려졌다.

  원준씨의 아버지 윤신호(尹新晧·67)씨는 이 돈은 미국내에서 "우리 사회의 인종문제 때문에 외국유학생이 숨진 사실을 기억(記憶)하자."는 분위기가 확산되면서 미국 전역에서 십시일반(十匙一飯)으로 모아진 돈이며, 슈퍼마켓 등 일반상점에서 원준씨를 위한 모금(募金)함이 마련되는 등 많은 미국인들이 원준씨의 죽음을 기억하며 모금에 동참(同參)했다.

  윤씨는 "이 돈은 액수와 상관없이 원준이의혼이 담긴 소중한 것"이라며 "원준이가 국내에서 다녔던 항공대와 협의

(協議)해 장학기금을 설립(設立)할 계획"이라고 밝혔다.
"미국인들의 온정(溫情)이 이렇게까지 클줄은 몰랐습니다.
하늘에서 지켜보는 원준이도 고마워할 것입니다."라며 울
먹였다.

- 寄附(기부) 어떤 일에 보조의 목적으로 자기 재산
   을 내어줌
- 傳達(전달) 차례차례로 전하여 알림
- 記憶(기억) 잊지 않고 외어둠
- 十匙一飯(십시일반) 열 술이면 한 사람분의 먹을
   분량이 된다는 뜻으로 여러 사람이 힘을 합하
   면 한사람을 구제하기는 쉽다는 말
- 募金(모금) 기부금을 모음
- 同參(동참) 같이 참가함

47. 세계경영 김우중씨 '뜬 구름(浮雲)'

젊은 패기(覇氣)로 한동안 세상 사람들을 놀라게 했던 김우중(金宇中)씨가 자신을 믿고 따르던 대우(大宇)가족에게 '뜬 구름이 되어 살렵니다'는 고별(告別)편지를 뛰웠다. 징검다리 건너가는 한 스님에게 "어딜 바삐 가십니까?"고 묻자 돌아보지 않고 지팡이로 흘러가는 뜬 구름을 가리키고 가더라는 옛 시조를 생각하게 한다.

뒤돌아보면 뜬구름처럼 살아온 그의 일생이기도 하다. 창업(創業)이래 30여년 동안 1000만Km 지구를 250번 돌거리를 하늘에 떠 있었으니 말이다. 그 분주(奔走)한 행차마다 가죽가방 하나 들리지 않은 적이 없었으며, 그의 가방을 자타가 "꿈가방"이라 불렀다. 그의 꿈이 그속에 차곡차곡 담겨져 있었기 때문이다. '지내온 세월에는 장래를 지향(指向)하는 꿈이 그림자처럼 따라왔는데 이제 그 꿈은 날개 꺾인 새가 되었다'고 고별인사에서 그 꿈의 좌절(挫折)을 실토(實吐)했다.

‘세상에서 가장 부지런하고 바쁜 세일즈맨’으로 전설을 남긴 그다. 밤에는 주로 차나 비행기 속에서 지내도록 스케줄을 잡고 사무실이나 현장에서 샌드위치로 요기하는 것으로 시간을 벌었다. 골프채 한번 잡아보지 않았으니 세상 멋없게도 산 분이다. 하지만 성실(誠實)하고 부지런하다는 점에서는 누구에게나 모범(模範)을 보여준 분이었다.

활용 한자

· 覇氣(패기) 정복한 사람이 가지는 의기
· 告別(고별) 작별을 고함, 이별을 알림
· 創業(창업) 사업의 기초를 세움
· 奔走(분주) 바쁘게 돌아다님
· 指向(지향) 목표로 정한 방향
· 挫折(좌절) 마음과 기운이 꺾임

48. 日本주부 '한국여자 비판' 책 펴내

[40세·미국·여행자]

"모 여대에서 나오는 여성들을 보고 화장(化粧)이 너무짙어 모두 매춘부(賣春婦)인가하고 생각했다." '일본여자가 쓴 한국여자 비판(批判)'[현대문학펴냄] 한국인과 결혼해 15년째 한국에 살고 있는 한 일본 여성은 한국주재 일본인 170명과 그밖의 한국주재 외국인 31명과의 인터뷰를 바탕으로 외국인에 비친 한국여성의 모습을 신랄(辛辣)하게 꼬집었다.

한국 여자가 다른 능력으로 인정(認定)받기 힘들기 때문에 지나치게 외모에 신경을 쓴다는 것이다.

1위 … 화장이 너무 짙다.

2위 … 외국인들 사이에는 "한국 아줌마들은 무서우니까 남의 차를 받게 되면 아줌마 차 말고 아저씨 차를 받으라"는 말도 있다.

3위 … 2세에 대한 기대(期待)가 지나치다.

4위 … 친구를 소중히 여긴다.

5위 … 성형 미인이 많다. "일본에서 쌍꺼풀 수술이나 코 높이는 수술을 받는 것은 가수나 탤런트, 혹은 물장사하는 사람들 뿐"이라고 덧붙였다.

6위 … 아이들을 응석받이로 키운다.

7위 … 경쟁심(競爭心)이 강해 남의 집 승용차의 차종류나 부부간의 섹스횟수까지 비교하려든다고 꼬집었다.

8위 … 성에 대해 개방적(開放的)이라며 '한국아줌마들은 야하다'라고 비판하였다.

활용 한자

- 賣春婦(매춘부) 보수를 받고 아무 남자와 같이 자는 여자
- 辛辣(신랄) 수단과 방법이 가혹하고 매움
- 期待(기대) 예기하여 바람
- 競爭心(경쟁심) 같은 목적으로 서로 다투는 마음
- 開放(개방) 숨김이 없음

49. 1999년은 세계에서 '韓國女性의 해'

ⓐ 女역도 김순희 사상 첫 '金메달'

"엄마, 아빠 저 금메달 땄어요" 한국여자 역도 간판인 김순희(22·경남대)의 부모는 전화를 받고 눈물을 펑펑 흘렸다. 넉넉지 못한 집안형편 때문에 좋아하는 고기 반찬도 자주 해먹이지 못한 딸이 금메달을 따는 쾌거(快擧)를 이룩했기 때문이다. 아버지 김씨는 건강이 좋지 않아 집에서 누워 있으며, 어머니 안관숙(43)씨는 자동차부품 공장에서 일하는 등 어려운 셋방살이를 하고 있다. 김순희는 99년 11월 27일 그리스 아테네에서 열린 세계여자 역도 선수권 대회에서 열린 대회 75Kg용상에서 금메달을 획득(獲得)했다.

ⓑ 18세 여고생이 세계 최고 그래픽 디자이너

제 35회 국제 기능(技能)올림픽에서 금메달을 수상(受賞)한 대전 전자고교 3학년 김선영(18).

金양은 99년 11월 17일 캐나다 몬트리올에서 세계 33 개국 선수들과 3일간의 열전(熱戰)을 벌인 끝에 금메달 수상이 확정(確定)되었다.

유일(唯一)한 고교생 수상자에 최연소자, 그것도 기능 올림픽 사상 처음 도입(導入)된 그래픽 디자인부분 세계 정상이어서 감격(感激)은 배가되었다. 金양이 처음부터 디자인에 소질(素質)을 나타냈던 것은 아니다. 경제적으로 무척 어려운 상황(狀況)에서 성장한 金양의 학교성적은 바닥권을 맴돌았고 앞날에 대한 희망(希望)도 불투명한 학생이었다.

활용 한자

- 快擧(쾌거) 시원스럽게 거사함
- 獲得(획득) 손에 넣음, 잡아 가짐
- 受賞(수상) 상을 받음
- 確定(확정) 확실하게 정해짐
- 素質(소질) 어떤 일에 적합한 성질

50. 잘못된 교육열이 빚은 사건으로 日本열도 경악(驚愕)

　이웃 2살배기를 죽인 30대 비정의 여인 1999년 11월 25일 일본 전국은 충격(衝激)에 휩싸였다. 행방불명(行方不明)됐던 2살배기 여자 아이가 피살체로 발견됐다. 범인(犯人)은 이웃에 사는 30대 주부, 딸의 유치원(幼稚園)입학을 둘러싼 질투(嫉妬)와 경쟁심리가 범행동기였다.

　東京, 분쿄구에사는 30대 회사원의 딸 하루나(2)가 오빠(5)를 데리러 가는 어머니를 따라 집근처 유치원에 갔다가 사라진 것은 22일 오전, 경찰은 공개 수사에 나섰다. 이틀 만인 25일 밤, 범인 야마다 미쓰코(35)가 자수(自首) 했다. 승려인 남편이 눈물로 설득(說得)한 결과였다.

　범인은 유치원 근처에 있는 화장실로 데려가 하루나의 머플러로 목을 졸라 살해(殺害)했다. 시체는 가방에 넣어 시즈오카(靜岡)현 친정집 뒷뜰에 묻었다. 문제의 하루나는 집 근처 국립대학 유치원에 합격(合格)했으나 범인의 딸은 떨어졌다. 추첨이어서 운이 작용한다. 그러나 범인인 야마다는 견딜 수 없었다. 그녀는 "부모끼리의 갈등(葛藤)은 말로 표현할 수 없다."고 경찰에서 말했다.

 일본에서는 대학부속유치원에 들어가면 부속 초중고교를 거쳐 대학까지 쉽게 진학한다. 이른바 '일관교육(一貫敎育), 그래서 자녀를 명문대 부속유치원에 입학시키려는 엄마들의 경쟁이 극심하다. 그것이 2살배기 여아를 죽게 했던 것이다.

활용 한자

· 驚愕(경악) 몹시 놀램
· 衝擊(충격) 마음에 심한 타격을 받는 일
· 嫉妬(질투) 시새움, 우월한 사람을 미워함
· 搜査(수사) 찾아 조사함
· 說得(설득) 알아듣도록 말함
· 葛藤(갈등) 마음에 얽힌 번뇌, 또는 분규

한글세대가 꼭 알아야할 고사성어

*시험에 잘 나오는 것으로써 조선일보, 동아일보, 중앙일보, 한국일보, 한겨레 등에서 발췌한 고사성어이다.

- 同床異夢 (동상이몽) : 같은 처지에 다른 속셈을 지님을 비유하는 말. *吳越同舟(오월동주)
- 晩時之歎 (만시지탄) : 때나 기회를 놓친 뒤의 탄식.
- 望雲之情 (망운지정) : 자식이 부모를 그리워하는 마음. ⇔倚閭之望(의려지망)
- 麥秀之嘆 (맥수지탄) : 고국의 멸망을 한탄함.
- 明若觀火 (명약관화) : 불 보듯 분명함을 이름.
- 命在頃刻 (명재경각) : 목숨이 곧 끊어질 지경에 이름. *人名在天(인명재천)
- 目不識丁 (목불식정) : ㄱ자도 모를 만큼 무식하다는 뜻.
- 目不忍見 (목불인견) : 눈뜨고 차마 볼 수 없음을 이르는 말.
- 沐雨櫛風 (목우즐풍) : 긴 세월을 객지에서 떠돌며, 갖은 고생을 함. *櫛風沐雨(즐풍목우)
- 刎頸之交 (문경지교) : 친한 사이의 친구를 뜻함. *金蘭之交(금란지교), 水魚之交(수어지교)
- 門前成市 (문전성시) : 부자가 되어 방문객이 끊이지 않음을 이름.
- 拔本塞源 (발본색원) : 폐단의 근원을 아주 뽑아서 없애버림.
- 傍若無人 (방약무인) : 언어나 행동이 오만하고 방자함을 뜻하는 말.
- 附和雷同 (부화뇌동) : 남의 말이나 행동에 동조함을 비유한 말.
- 不問曲直 (불문곡직) : 옳고 그름을 따지지 않음.
- 髀肉之嘆 (비육지탄) : 성공하지 못하고 세월만 보냄을 한탄하는 말.
- 四面楚歌 (사면초가) : 사방으로 적에게 포위되어 고립된 경우를 이름.
- 沙上樓閣 (사상누각) : 모래 위에 집을 세우는 것처럼 실현불가능한 일. *空中樓閣(공중누각)
- 三顧草廬 (삼고초려) : 어떤 일을 도모하기 위해 온갖 노력을 기울임.
- 桑田碧海 (상전벽해) : 세상일이 몹시 심하게 변함을 이르는 말.
- 塞翁之馬 (새옹지마) : 길흉화복을 쉽게 예측할 수 없음을 이르는 말.
- 雪上加霜 (설상가상) : 불행이 엎친 데 덮침을 이름. ⇔錦上添花
- 首邱初心 (수구초심) : 고향을 그리워하는 마음.
- 漱石枕流 (수석침류) : 억지변명을 할 경우를 비유하는 말.
- 脣亡齒寒 (순망치한) : 하나가 없으면 다른 편도 온전하지 못함을 비유함.
- 身言書判 (신언서판) : 관리를 등용함에 있어 신수, 말씨, 문필, 판단력 따위를 중시함.
- 身土不二 (신토불이) : 사람은 흙과 떨어질 수 없듯 우리 것이 좋다는 뜻.
- 我田引水 (아전인수) : 자신의 이로움만을 취하는 행위.
- 羊頭狗肉 (양두구육) : 겉으론 그럴듯하나 실상은 그렇지 못함.
- 漁父之利 (어부지리) : 제 3자가 이득을 취하는 것을 지칭.
- 言中有骨 (언중유골) : 예사로운 말속에 깊은 속뜻이 숨어 있음.
- 緣木求魚 (연목구어) : 전혀 불가능한 일을 도모하려는 행위.
- 煙霞痼疾 (연하고질) : 자연을 몹시 그리워함을 이르는 말. *泉石膏肓(천석고황)
- 榮枯盛衰 (영고성쇠) : 세상의 성하고 쇠함이 서로 뒤바뀌는 현상.
- 五里霧中 (오리무중) : 어떤 일에 대하여 전혀 알 길이 없음을 비유한 말.
- 烏飛梨落 (오비이락) : 우연하게 남의 의심을 받게 됨을 지칭하는 말.
- 吳越同舟 (오월동주) : 원수사이에 공교롭게도 같은 처지에 놓임.
- 臥薪嘗膽 (와신상담) : 목적을 이루기 위해 괴로움을 참고 견딤. *切齒腐心(절치부심)

제3부

바로바로 활용하는 필수 한자

한글세대가 꼭 알아야할 고사성어

*시험에 잘 나오는 것으로써 조선일보, 동아일보, 중앙일보, 한국일보, 한겨레 등에서 발췌한 고사성어이다.

- 街談巷說 (가담항설) : 항간에 떠도는 근거가 없는 소문. *道聽塗說(도청도설)
- 苛斂誅求 (가렴주구) : 세금을 가혹하게 물리고, 강제로 재물을 빼앗음. *惑世誣民(혹세무민)
- 刻骨難忘 (각골난망) : 은혜를 뼈에 사무치도록 잊지 아니함. *白骨難忘(백골난망)
- 刻舟求劍 (각주구검) : 미련하고 융통성이 없음을 비유하는 말.
- 肝膽相照 (간담상조) : 서로 격 없이 아주 친하게 지냄을 비유하는 말.
- 甘言利說 (감언이설) : 달콤한 말로 유혹하는 말. *朝三暮四(조삼모사)
- 甘呑苦吐 (감탄고토) : "달면 삼키고 쓰면 뱉는다"처럼 시류를 비유한 말.
- 居安思危 (거안사위) : 편안할 때 위태로움에 대비해 둠을 나타냄.
- 車載斗量 (거재두량) : 물건이나 인재가 널리 흔함.
- 乾坤一擲 (건곤일척) : 운명을 걸고 한판 승부를 겨루는 것.
- 隔靴搔癢 (격화소양) : 성이 차지 않음을 비유한 말.
- 牽強附會 (견강부회) : 이치에 닿지 않은 말을 억지로 끌어다 붙임.
- 見蚊拔劍 (견문발검) : 하찮은 일에 너무 크게 덤비는 것을 말함.
- 傾國之色 (경국지색) : 나라를 위태롭게 할 빼어난 여인을 지칭함. *丹脣皓齒(단순호치)
- 鷄卵有骨 (계란유골) : 공교롭게도 일이 방해됨을 비유한 말.
- 股肱之臣 (고굉지신) : 믿을 만한 신하를 이르는 말.
- 孤軍奮鬪 (고군분투) : 혼자 여러 명을 상대함.
- 膏粱珍味 (고량진미) : 온갖 맛있는 음식을 지칭하는 말. *山海珍味(산해진미)
- 孤立無援 (고립무원) : 홀로 외톨이가 되어 의지할 데가 없음. *四顧無親(사고무친)
- 鼓腹擊壤 (고복격양) : 태평성대한 시대를 이르는 말.
- 姑息之計 (고식지계) : 당장 편한 것만 택하는 계책.
- 曲學阿世 (곡학아세) : 정도를 벗어난 학문으로 사람들에 아첨함.
- 管鮑之交 (관포지교) : 두터운 우정을 지닌 친구 사이. *刎頸之交(문경지교)
- 矯角殺牛 (교각살우) : 흠을 고치려다 일을 그르침을 비유한 말.
- 口尙乳臭 (구상유취) : 말과 하는 짓이 어림을 뜻함.
- 九牛一毛 (구우일모) : 많은 것에서 극히 적은 수를 지칭하는 말.
- 群鷄一鶴 (군계일학) : 무리 중에 가장 뛰어난 인물을 이르는 말.
- 捲土重來 (권토중래) : 다시 세력을 회복하여 쳐들어옴을 뜻함.
- 近墨者黑 (근묵자흑) : 나쁜 사람과 사귀면 물들기 쉽다는 뜻.
- 錦上添花 (금상첨화) : 좋은 일에 또 좋은 일이 더함. ↔雪上加霜(설상가상)
- 錦衣夜行 (금의야행) : 아무런 보람이 없는 행동을 이르는 말.
- 南柯一夢 (남가일몽) : 꿈과 같이 헛된 한때의 부귀영화.
- 囊中之錐 (낭중지추) : 뛰어난 사람은 숨어 있어도 쉽게 드러난다는 뜻.
- 盧生之夢 (노생지몽) : 인생과 영화의 덧없음을 비유한 말. =邯鄲之夢(한단지몽)
- 累卵之危 (누란지위) : 몹시 위태로운 형국에 처해 있음을 나타내는 말. *白尺竿頭(백척간두)
- 斷機之戒 (단기지계) : 학문은 중도에 그만두면 아무 소용이 없다는 뜻. *斷機之敎(단기지교)
- 堂狗風月 (당구풍월) : 서당개도 3년이면 풍월을 읊조림을 비유한 말.
- 同價紅裳 (동가홍상) : 같은 값이면 좋은 것을 택한다는 말.

음훈 집 가
부수 宀   획수 7획

어원 지붕(宀)과 돼지(豕)를 합친 글자. 가축에게 지붕을 씌운 모양, 한지붕 아래 아이들을 키우는 집이라는 뜻.

활용 家寶(가보) 대대로 내려오는 집안의 보물.
家訓(가훈) 조상이 자손에게 남긴 훈계.
家計(가계) 한 집안의 살림살이.
家具(가구) 가정의 일상용구.
家業(가업) 집안의 직업.

음훈 아름다울 가
부수 人   획수 6획

어원 圭는 흙을 쌓아올려 반듯한 삼각형을 이룬 것을 나타내며, 여기에 人(사람)이 붙어서 말쑥한 미인을 나타냄.

활용 佳境(가경) ① 묘미를 느끼는 고비.
            ② 경치가 좋은 곳.
佳人(가인) 아름다운 여자. =美人(미인),
絶世佳人(절세가인)
佳景(가경) 좋은 경치.
佳作(가작) 잘된 작품.
佳話(가화) 아름다운 이야기.

음훈	거리 가
부수	彳
획수	6획

街 街 街 街 □ □ □ □ □

어원 圭는 흙이 깔끔하게 되어있는 것. 여기에 行(길)이 붙어서 집의 부지가 반듯하게 뻗어 있는 길을 나타냄.

활용 街道(가도) 넓고 큰 도로.
街路(가로) 도시의 넓은 길.
街頭(가두) 길거리.
市街(시가) 시내의 길거리.
街路樹(가로수) 길에 심어져 있는 나무.

음훈	옳을 가
부수	口
획수	2획

可 可 可 可 □ □ □ □ □

어원 丁(구부리다)와 口가 합친 글자. '여러가지 상황을 거쳐 일이 겨우 인정되다'의 뜻으로 쓰임.

활용 可決(가결) 의안(議案)을 옳다고 결정함. ⟷否決(부결)
可憐(가련) ① 모양이 어여쁘고 아름다움.
② 신세가 딱하고 가엾음.
可能(가능) 될 수 있거나, 할 수 있음.
可否(가부) 옳은가 그른가의 여부.
可票(가표) 찬성을 나타내는 표.

價 〔음훈〕 값 가
〔부수〕 人   〔획수〕 13획

價 | 價 | 價 | 價 | | | | |

〔어원〕 賈(가)는 襾(덮어가리다)와 貝(돈이나 보물)이 합친
글자로 물품을 매점하는 상인을 뜻함. 여기에 人을 붙
여 서 상인이 붙이는 가격을 나타냄.

〔활용〕 價折(가절) 값을 흥정하거나 깎음.
價値(가치) 사물의 유용성의 정도나 중요성의 정도.
高價(고가) 값이 비쌈.
廉價(염가) 값이 쌈.
評價(평가) 가치나 수준 따위를 평정함.

各 〔음훈〕 각각 각
〔부수〕 口   〔획수〕 3획

各 | 各 | 各 | 各 | | | | |

〔어원〕 夂(사람의 발)와 口(모난 돌)가 합친 글자. 걸어
가는 사람의 발이 돌에 박힌 모양을 나타냄. 단단
해서 박히는 물건 '하나하나 박히는 것, '각각'의
뜻을 나타냄.

〔활용〕 各界(각계) 사회의 각 방면.
各論(각론) 논설문이나 책 등의 각 제목에 대한 논설.
　　　　⟷總論(총론)
各樣(각양) 여러 가지 모양.
各種(각종) 여러 가지 종류. 各地(각지) 여러 지방.

음훈 노래 가
부수 欠 　　　　　 획수 10획

歌 　歌　歌　歌　□　□　□　□

어원 可(소리를 목에서 겹쳐서 내는 것) 두개와 欠(몸을
구부린 모습)을 합친 글자. 몸을 구부리고 목에서 소
리 를 나타냄.

활용 歌舞(가무) 노래하고 춤을 춤 또는 노래와 춤.
歌唱(가창) 노래를 부름. =唱歌(창가)
歌曲(가곡) 노래의 곡.
歌手(가수) 노래를 부르는 사람.
歌姬(가희) 노래를 부르는 여자 가수.

加

음훈 더할 가
부수 力 　　　　　 획수 3획

加 　加　加　加　□　□　□　□

어원 力(힘을 들인 팔)과 口(입)가 합친 글자. 팔 이외에
입도 같이 돕겠다는 뜻.

활용 加減(가감) 더함과 뺌, 늚과 줆.
加鞭(가편) 채찍질하여 걸음을 재촉함.
加速(가속) 속도를 더함.
加入(가입) 단체에 듦.
加害(가해) 남에게 해를 끼침.

음훈 다리 각
부수 肉　　　　획수 7획

脚　脚　脚　脚

어원 却(뒤로 물러나다)과 肉이 합친 글자. '무릎에서
뒤로 구부러진 다리'의 뜻.

활용 脚光(각광) ① 무대 전면 아래쪽에서 비추는 광선.
　　　　　　　② 사회의 주목을 끄는 일.
脚色(각색) 소설 등을 각본이 되게 만드는 일.
健脚(건각) 튼튼한 다리.
失脚(실각) ① 발을 헛디딤.
　　　　　　② 지위를 잃음.
脚線美(각선미) 여성의 다리의 선이 보여주는 아름다움.

음훈 문설주 각
부수 門　　　　획수 6획

閣　閣　閣　閣

어원 各(단단한 물건에 걸려 멎다)과 門이 합친 글자. 열
린 문이 움직이지 않도록 버팀대처럼 눌러 놓는 돌
이나 말뚝. 나중에 문이 닫혀 있는 큰 대문.

활용 閣僚(각료) 내각을 구성하는 각부의 장관.
閣議(각의) 내각의 회의.
閣下(각하) 귀인에 대한 경칭.
內閣(내각) 국가 행정권를 담당하는 최고기관.
組閣(조각) 내각을 조직함.

음훈	깨달을 각
부수	見
획수	13획

覺 覺 覺 覺 □ □ □ □ □

어원 𦥑은 양손과 爻(엇갈리는 표시)과 冖(지붕)로 만들어진 글자로 '엇갈리다' 라는 뜻을 지님. 거기에 見(보다)을 붙여 보거나 듣는 자극이 마음속에서 엇갈려 문득 생각나는 것을 나타냄.

활용 覺書(각서) 약속을 잊지 않기 위하여 기록한 문서.

覺醒(각성) ① 잠에서 깸.

② 잘못을 깨달아 앎.

覺悟(각오) ① 깨달음. ② 마음의 준비.

음훈	방패 간
부수	干
획수	0획

干 干 干 干 □ □ □ □ □

어원 적을 습격하거나 방어하는 두 갈레로 갈라진 막대기를 본뜬 글자.

활용 干戈(간과) ① 창과 방패. ② 병기.

③ 전쟁.

干滿(간만) 밀물과 썰물.

干涉(간섭) 남의 일에 나서서 참견함.

干拓(간척) 바다 따위를 막아 물을 빼고 육지로 만드는 일.

干潟地(간석지) 조수가 드나드는 개펄.

 틈 간
 門　　　　　획수　4획

間 | 間 | 間 | 間 | | | | |

어원　문과 문사이로 달이 내다보이는 모양을 나타내며 '사이', '끼이다', '사이로 들여다 보다' 등의 뜻을 나타냄.

활용　間隔(간격) 떨어짐, 또는 서로 떨어져 있는 거리.
間諜(간첩) 염탐꾼, 스파이.
空間(공간) 빈 곳.
世間(세간) 인간 세상.
人間(인간) 사람.

 볼 간
 目　　　　　획수　4획

看 | 看 | 看 | 看 | | | | |

어원　手와 目을 합친 글자, 손을 눈위에 얹고 잘 보는 것을 나타냄.

활용　看破(간파) 속마음을 알아차림.
看板(간판) 가게 따위에서 상호, 업종 등을 써서 내리는 표지(標識).
看護(간호) 병약자를 돌보아 줌.
看守(간수) 지킴 또는 지키는 사람.
看做(간주) 그렇다고 침.

어원 干은 굵은 막대기를 본뜬 글자이며 幹(나무줄기)의
원래 글자. 거기에 月(肉·몸)을 붙여, 몸의 중심에
서 幹(골자)의 역할을 하고 있는 '간장'을 나타냄.

활용 肝要(간요) 매우 중요함.

肝臟(간장) 간.

五臟(오장) 내장의 총칭.

肝膽(간담) 간과 쓸개.

肝油(간유) 주로 대구의 간장에서 얻은 기름으로 비타민A.

肝腸(간장) 간과 창자.

어원 본자는 簡. 竹(대)과 閒(문구멍으로 달이 보이는 일)
이 합쳐진 글자, 하나씩 사이를 떼고 철한 죽간을 뜻함.

활용 簡潔(간결) 간단하고 요령이 있음.

簡素(간소) 간략하고 소박함.

簡易(간이) 간단하고 쉬움.

簡略(간략) 생략하여 간단함.

簡便(간편) 간단하고 편리함.

음훈 목마를 갈
부수 水　　　　　　**획수** 9획

渴 渴 渴 渴 □ □ □ □

어원 曷은 曰(말하다)과 匃(사람을 가지못하게 막다)로 만 들 어진 글자로, 쉰 목소리를 내어 사람을 세우는 것. 여기에 水(물)가 붙어서 목소리가 쉬듯이 물의 흐름이 메말라 물이 없어지는 것을 나타냄.

활용 渴望(갈망) 목말라 물을 찾듯이 몹시 바람.
渴症(갈증) 목이 말라 물을 마시고 싶은 느낌.
枯渴(고갈) 물이 바짝 마름.
飢渴(기갈) 배고프고 목마름.
解渴(해갈) 목마름을 해소함.

음훈 달 감
부수 甘　　　　　　**획수** 0획

甘 甘 甘 甘 □ □ □ □

어원 입 안에 음식물을 넣고 맛있게 맛을 보고 있는 모습을 나타냄.

활용 甘露(감로) 단이슬. 천하가 태평하면 내린다고 함.
甘受(감수) 달게 받음.
甘雨(감우) 단비. 때에 알맞은 비.
甘言利說(감언이설) 달콤한 말과 이로운 조건을 내세워 꾀는 말.

음훈	느낄 감		
부수	心	획수	획

어원 咸은 口의 위 아래에 선을 그어 좁게 에워싼 구역을 나타내는 부분과 戈(창)을 합친 글자로, 일정한 장소를 구획지어 창으로 지킴을 나타냄. 여기에 心(마음)을 붙여서, 마음이 좁은 테두리에 둘러싸여 어떻게 해야 좋을 지 알 수 없게 됨을 나타냄.

활용 感覺(감각) 느끼어 깨달음.

感激(감격) 감동하여 분발함.

感動(감동) 깊이 느껴 마음이 움직임.

感銘(감명) 깊이 느끼어 길이 일지 않음.

感傷(감상) 슬프게 느끼어 마음 아파함.

음훈	볼 감		
부수	皿	획수	9획

어원 臣(내리깐 눈)과 사람이 아래를 보고 있는 모습과 皿(접시)을 합친 글자. 접시에 물을 담아 그 위에 엎드려 얼굴을 비춰 잘 보는 것을 나타냄.

활용 監督(감독) 감시하여 단속함.

監房(감방) 감옥에서 죄인을 가두어 두는 방.

監修(감수) 책의 서술이나 편집을 감독하는 일.

監獄(감옥) 교도소.

監察(감찰) 주의 깊게 살핌.

음훈 강 강
부수 水　　　획수 3획

어원 工(구멍을 뚫어 관통하다)과 氵(물)을 합친 글자. 육지를 관통하여 흐르는 큰 강을 뜻함.

활용 江村(강촌) 강가의 마을.
江心(강심) 강의 한복판.
江湖(강호) ① 강의 호수. ② 세상. ③ 시골.
江南(강남) 강의 남쪽.

음훈 ① 항복할 항 ② 내릴 강
부수 阝　　　획수 6획

어원 夅은 아래를 향하고 있는 두발. 이것과 阝(쌓아올린 흙)를 합쳐서 높은 곳에서 낮은 곳으로 내려옴을 나타냄.

활용 降伏(항복) 적의 힘에 눌려 굴복함.
降雨(강우) 비가 옴 또는 내린 비.
降等(강등) 등급을 낮춤.
降雪(강설) 눈이 내림, 내린 눈.
降下(강하) 내려감, 떨어짐.

强 强 强 强

어원 虫(둥글게 굽은 벌레)와 弓(견고한 활)을 합친 글자. 단단한 껍질을 뒤집어 쓰고 있는 딱정벌레라는 뜻. 나중에 '단단하고 튼튼함'이라는 뜻으로 쓰이게 됨.

활용 强姦(강간) 강제로 간음(姦淫)함.
强盜(강도) 위협·폭력 등으로 남의 물건을 빼앗는 행위 또는 그런 사람.
强賣(강매) 억지로 판매함.
强調(강조) 두번 세번 역설함.
强化(강화) 튼튼하게 함.

剛 剛 剛 剛

어원 岡은 '단단하고 견고함'의 뜻을 지닌 글자. 여기에 刀(칼)를 붙여서 칼을 만드는 강철처럼 단단함을 나타냄.

활용 剛健(강건) 뜻이 굳세며 굴하지 아니함.
剛直(강직) 마음이 굳세고 곧음.
剛性(강성) 단단한 성질.
至剛(지강) 매우 단단함.
內柔外剛(내유외강) 속은 부드러우나 겉은 강하게 보임.

음훈 고칠 개
부수 攵
획수 3획

改 | 改 | 改 | 改 | | | | |

어원 己(꼬불꼬불 구부러져 일어나는 모양)와 攵(동작을 나타내는 표시)이 합친 글자. 힘을 들여 느슨해진 것을 일으켜 세움을 나타냄.

활용 改過(개과) 잘못을 고침. = 改心(개심)
改名(개명) 이름을 고침.
改悛(개전) 잘못을 뉘우쳐 고침.
改札(개찰) 차표 따위를 조사함.
改革(개혁) 새롭게 뜯어 고침.

음훈 열 개
부수 門
획수 4획

開 | 開 | 開 | 開 | | | | |

어원 똑같은 모양의 문이 좌우에 갖추어져 평등하게 열리는 것을 나타냄.

활용 開墾(개간) 논밭을 일굼.
開發(개발) 개척하여 발전시킴.
開封(개봉) 봉한 것을 엶.
開設(개설) 새로 설치함.
開店(개점) 가게를 엶.

客 客 客 客

어원 宀(지붕)와 各(모시어 머무르게 하다)을 합친 글자.
남의 집에 잠시 머무르는 사람을 나타냄.

활용 客死(객사) 타향이나 여행지에서 죽음.
客員(객원) 어떤 기관에서 빈객(賓客)으로 특별 대
우를 받는 사람.
客席(객석) 손님이 앉는 자리.
客愁(객수) 여행 중에 일어나는 근심.
客地(객지) 제 집을 떠나 임시로 가 있는 곳.

更 更 更 更

어원 옛글자는 丙(양측에 돌출한 모양 두 개가 변한 것)과
동작을 나타내는 표시로 만들어진 글자로 느슨해진 것
을 양쪽에서 강하게 당겨 단단히 조이는 것을 나타냄.

활용 更生(갱생) 다시 살아남. 바람직한 상태로 되돌아감.
更迭(경질) 어떤 직위에 있는 사람을 갈고, 딴 사람을 그
자리에 임용함.
更新(갱신) 다시 새로워 짐.
更張(경장) 해이한 사물을 고쳐 긴장하게 함.
變更(변경) 사물를 고침.

음훈 갈 거
부수 厶   획수 3획

어원 뚜껑이 달려 있고 우묵하게 들어간 그릇을 본뜬 글자. '쑥 들어가다,' '모습을 감추다'의 뜻을 나타냄.

활용 去年(거년) 지난해. = 昨年(작년)
過去(과거) 지나간 것.
去勢(거세) 세력을 제거함.
死去(사거) 죽음, 사망.
撤去(철거) 군대 등을 그 곳에서 거두어 들임.

음훈 클 거
부수 工   획수 2획

어원 손잡이가 달린 工자형의 자를 본뜬 글자. 위의 선과 아래선이 크게 떨어져 있는 데서 거리가 떨어져 있다. '크다'의 뜻을 나타냄.

활용 巨軀(거구) 커다란 몸집.
巨匠(거장) 위대한 예술가나 기술자 또는 학자.
巨商(거상) 큰 상인.
巨額(거액) 큰 액수.
巨漢(거한) 몸집이 유난히 큰 사나이.

居

음훈 있을 거
부수 尸   획수 5획

居 居 居 居

어원 尸(엉덩이)와 古를 합친 글자. 古는 탁하고 받히는 단단한 것으로 단단한 臺(대)에 엉덩이를 얹고 자리 잡음의 뜻.

활용 居留(거류) 남의 나라 영토에 머물러 삶.
居士(거사) 재덕(才德)이 있으나 벼슬하지 아니한 선비.
   *處士(처사).
居住(거주) 살고 있는 주소.
居處(거처) 살고 있는 곳.
蟄居(칩거) 문밖에 나가지 않고 집에만 있는 것.

車

음훈 수레 거
부수 車   획수 0획

車 車 車 車

어원 일륜차를 본뜬 글자.
활용 車輛(차량) 열차 따위의 하나 하나의 찻칸.
車輪(차륜) 수레바퀴.
汽車(기차) 증기의 힘으로 궤도 위를 달리도록 장치한 차.
馬車(마차) 말이 끄는 수레.
下車(하차) 차에서 내림.

  들 거
부수 手  획수 14획

어원 與는 손을 맞추고 힘을 합쳐서 움직임의 뜻. 여기에 手가 붙어서 손을 맞추어 동시에 들어올림을 나타냄.

활용 擧動(거동) 행동하는 짓이나 태도나 몸가짐.
擧手(거수) 손을 들어 경례하는 의식.
巨頭(거두) 중요한 인물.
擧世(거세) 온 세상.
擧族(거족) 민족 모두.

 떨어질 거
부수 足  획수 5획

어원 巨(상하의 선이 크게 벌어진 자)와 足(발)이 합친 글자. 자의 위와 아래의 선 사이에 간격이 있듯이 걸을 때 사이가 벌어지는 것을 나타냄.

활용 距今(거금) 지금으로부터 거슬러 올라가서 어느 때.
距離(거리) 두 물체 사이의 길이.
距骨(거골) 복사뼈.
距爪(거조) 손톱.

음훈	막을 거
부수	手
획수	5획

拒 拒 拒 拒 ☐ ☐ ☐ ☐ ☐

어원 手(손)와 巨(위 아래의 선 사이가 떨어져 있는 큰 자)를 합친 글자. 사이를 두고 가까이 하지 못함을 나타냄.

활용 拒否(거부) 승낙하지 않고 물리침.
拒絶(거절) 거부하고 끊어 버림.
拒逆(거역) 사람의 뜻이나 명령을 거스림.

음훈	세울 건
부수	廴
획수	획

建 建 建 建 ☐ ☐ ☐ ☐ ☐

어원 聿(붓은 손으로 똑바로 세운 모양)과 廴(나아가다)를 합친 글자. 똑바로 서는 것을 나타냄.

활용 建物(건물) 가옥·창고 등의 건축물.
建築(건축) 집·절 따위 건조물을 세움.
建立(건립) 설립함.
建設(건설) 새로 만들어 세움.
建議(건의) 자기 의견을 말함.

음훈 | 것 건
부수 | 人   획수 | 4획

어원 牛와 人(사람)이 합친 글자. 사람이나 소처럼 하나씩 셀 수 있는 것을 나타냄.

활용 件件(건건) 여러 가지 일 모두.
件名(건명) 그 일에 붙인 이름.
事件(사건) 뜻밖에 일어난 변고, 사고.
要件(요건) 긴요한 용건.

음훈 | 튼튼할 건
부수 | 亻   획수 | 9획

어원 建과 人(사람) 이 합친 글자. 建에는 원래 '벌떡 일어서다'의 뜻이 있었으나 나중에 '서다'의 뜻으로만 쓰이게 되었으므로 亻을 붙여서 본다의 뜻을 나타나게 되었음.

활용 健康(건강) 몸의 상태가 순조로움.
健壯(건장) 씩씩하고 굳셈.
健在(건재) 아무 탈없이 잘 있음.
健全(건전) 튼튼하고 온전함.
健鬪(건투) 용감하게 싸움.

어원 仚(두 사람)이 합쳐져서 僉이 되고, 많은 사람을 한데 모으는 것을 가리킴. '정리하다,' '다잡다'의 뜻을 나타냄. 여기에 人(사람)이 붙어서 정연한 태도로 절약하며 사는 것을 말함.

활용 儉素(검소) 사치하지 않고 수수함.
儉約(검약) 절약하여 낭비하지 않음.
勤儉(근검) 부지런하고 검소함.
素儉(소검) 사치하지 않음.
淸儉(청검) 마음이 깨끗하고 검소함.

어원 僉의 원래의 글자는 여러 가지 장식이 달린 두 개의 목걸이를 하나로 정리한 모양, 여기에 木이 붙여서 많은 나무 표찰을 한 곳에 모아 조사하는 것을 나타냄.

활용 檢擧(검거) 사법 경찰관이 범죄인을 관서로 연행하는 일.
檢査(검사) 실상을 조사하여 시비, 우열 등을 판정함.
檢閱(검열) 검사하여 열람함.
檢定(검정) 검사하여 자격의 유무, 조건의 적부 등을 판정함.
檢討(검토) 내용을 검사하면서 따짐.

擊 擊 擊 擊

어원 毄의 옛골은 바퀴의 굴대에 지른 쐐기와 車와 殳(동작을 나타내는 표시)로 만들어진 글자로 바퀴와 굴대에 지른 쐐기가 딱딱 맞부딪침을 뜻함. 여기에 手을붙여서 단단한 물건이 맞부딪침을 나타냄.

활용 擊滅(격멸) 쳐서 멸망시킴.
擊墜(격추) 비행기 따위를 떨어뜨림.
擊沈(격침) 배를 가라 앉힘.
擊退(격퇴) 쳐서 물리침.
擊破(격파) 쳐서 망하게 함.

激 激 激 激

어원 敫은 白(희다)과 放(사방으로 흩어지다)을 합친 글자로 물이 흰 물보라를 치면서 흩어지는 것. 여기에 水(물)가 붙어서 원래의 뜻을 더욱 강조하였음.

활용 激突(격돌) 심하게 부딪침.
激動(격동) 매우 감동함.
激烈(격렬) 매우 맹렬함.
激憤(격분) 매우 분개함.
激讚(격찬) 몹시 칭찬함.

음훈	개 견
부수	犬
획수	0획

犬 犬 犬 犬 ☐ ☐ ☐ ☐ ☐

어원 개를 본뜬 글자.

활용 犬猿(견원) 개와 원숭이. 매우 나쁜 사이의 비유.

狂犬(광견) 미친 개.

軍犬(군견) 전투에 사용하는 개.

鬪犬(투견) 싸움용으로 사육하는 개.

犬馬之勞(견마지로) 남을 위하여 애쓰는 자기 노력의 겸칭.

음훈	볼 견
부수	見
획수	0획

見 見 見 見 ☐ ☐ ☐ ☐ ☐

어원 目(눈)과 人(사람)이 합친 글자. '보다', '보이다'의 뜻.

활용 見積(견적) 어림잡아 한 계산.

見解(견해) 의견과 해석.

見聞(견문) 보고 듣는 것.

見習(견습) 보고 배우는 것.

發見(발견) 처음으로 찾아내는 것.

絹 絹 絹 絹

어원 肙은 口(동그라미표)와 肉(고기 한조각)이 합친 글자로 몸이 둥근 벌레를 뜻함. 여기에 糸를 붙여서 몸을 둥글게 말고 있는 누에에서 뽑는 실을 나타냄.

활용 絹絲(견사) 명주실.
絹本(견본) 서화를 그리는데 쓰는 비단천.
絹織物(견직물) 명주실로 짠 피류의 총칭.
人造絹(인조견) 사람의 힘으로 만든 명주실.

決 決 決 決

어원 夬는 손가락을 구부려 ㄷ모양으로 도려내는 것을 나타냄. 여기에 水(물)이 붙어서 제방이 홍수에 의해 ㄷ모양으로 파여진 것을 이름.

활용 決裂(결렬) ① (회의에서)의견이 맞지 않아 갈라서는 일.
② 쪼개어 나눔.
決死(결사) 죽기를 각오함.
決算(결산) 계산을 마감함.
決選(결선) 마지막으로 겨룸.
決定(결정) 결단하여 작정함.

| 음훈 | 맺을 결 |
| 부수 | 糸 | 획수 6획 |

結 結 結 結 ☐ ☐ ☐ ☐ ☐

어원 吉은 그릇에 뚜껑을 꽉 덮은 모양을 본뜬 글자. 여기에 糸를 붙여서 그릇의 아가리를 끈으로 단단히 묶음을 나타냄.

활용 結果(결과) 원인에 의하여 이루어진 결말.
結局(결국) 마침내, 필경.
結論(결론) 의논의 끝 마무리를 이루는 부분.
結晶(결정) 애써 노력한 끝에 얻은 보람된 결과.
結婚(결혼) 부부 관계를 맺음.

| 음훈 | 깨끗할 결 |
| 부수 | 氵 | 획수 12획 |

潔 潔 潔 潔 ☐ ☐ ☐ ☐ ☐

어원 丯(막대기에 칼자국을 낸 모양으로 '다르다'는 뜻을 지님)과 刀(칼)과 絲(실)를 합친 글자로 쓸데없는 실을 잘라내는 것. 여기에 水(물)가 붙여서 물로 더러움을 없애는 것을 나타냄.

활용 潔白(결백) 마음이 깨끗하여 켕기는 데가 없음.
潔癖(결벽) 유난스럽게 깨끗함을 좋아하는 버릇.
簡潔(간결) 간단하고 깨끗함.
不潔(불결) 더러움.
純潔(순결) 마음에 더러움이 없이 깨끗함.

(음훈) 이지러질 결
(부수) 缶 (획수) 4획

缺 缺 缺 缺

(어원) 夬은 匸이나 凵모양을 손으로 파냄을 나타내는 글자.
여기에 缶를 붙여서 토기가 이지러짐을 나타냄.
(활용) 缺勤(결근) 근무하지 않고 빠짐.
缺航(결항) 정기노선의 배나 항공기가 운항을 거름.
缺格(결격) 필요한 자격을 갖추지 못함.
缺席(결석) 출석하지 아니함.
缺食(결식) 끼니를 거름.

(음훈) 겸할 겸
(부수) 八 (획수) 8획

兼 兼 兼 兼

(어원) 두 개의 벼와 손이 합친 글자. 두 개의 물건을 함께
지님을 나타냄.
(활용) 兼官(겸관) 본디 관직 외에 다른 관직을 겸함.
兼任(겸임) 두가지 이상의 직무를 겸하여 맡아봄.
兼備(겸비) 아울러 갖춤.
兼業(겸업) 본업 외에 겸해서 하는 사업이나 일.
兼用(겸용) 여러가지 함께 씀.

음훈	서울 경
부수	亠
획수	6획

어원 높은 토대 위에 우뚝 솟은 건물이 있는 것을 나타낸
글자.

활용 京鄕(경향) 서울과 시골.
歸京(귀경) 서울로 돌아옴.
在京(재경) 지방에서 올라와 서울에 있는 것.
上京(상경) 서울로 올라옴.
下京(하경) 서울에서 시골로 내려감.

음훈	볕 경
부수	日
획수	8획

어원 日(태양)과 京을 합친 글자. 京은 음을 나타냄.

활용 景觀(경관) ① 경치. ② 특색이 있는 풍경을 가진 일
정한 지역.
景致(경치) 상수, 풍물 등의 아름다운 모습.
景慕(경모) 우러러 사모함.
景色(경색) 경치, 풍치.
光景(광경) 모양.

음훈 가벼울 경
부수 車　　　　**획수** 7획

輕　輕　輕　輕

어원 巠은 베틀의 날실을 팽팽하게 한 모양을 나타낸 글자로 '똑바로'라는 뜻을 지님. 여기에 車를 붙여, 원래는 똑바로 재빨리 달리는 작은 전차였으나 나중에 '몸이 가볍다'라는 뜻이 되었음.

활용 輕蔑(경멸) 업신여김. ＝蔑視(멸시)
輕傷(경상) 가볍게 다침. ↔重傷(중상)
輕率(경솔) 언행이 신중하지 못하고 가벼움.
輕犯(경범) 가벼운 범죄.

음훈 다스릴 경
부수 糸　　　　**획수** 7획

經　經　經　經

어원 巠은 베틀에서 날실을 위에서 아래까지 똑바로 걸친 모양을 나타냄. 여기에 糸를 붙여서 날실이 곧 바로 지나는 길 등을 나타냄.

활용 經過(경과) ① 지냄, 지남. ② 일이 진행되는 과정.
經歷(경력) ① 세월이 지나감. ② 겪어 지내온 일.
經理(경리) 금전의 출납, 물자의 관리 등을 맡아보는 사무.
經營(경영) 사업이나 기업을 경리하고 운영함.
經濟(경제) 나라를 다스려 백성을 구제함.

| 음훈 | 공경할 경 |
| 부수 | 攵 | 획수 | 9획 |

敬　敬　敬　敬

어원 茍은 양의 뿔과 사람과 口(입)의 모양을 본떠서 만들어진 글자. 양의 뿔에 스친 사람이 깜짝 놀라서 몸을 움츠리는 모습을 나타냄. 여기에 攵(동작을 나타내는 표시)이 붙어서 황공해하여 몸을 긴장시키는 것을 뜻함.

활용 敬虔(경건) 공경하는 마음으로 깊이 삼가고 조심함.
敬老(경로) 노인을 공경함.
敬慕(경모) 존경하고 사모함.
敬愛(경애) 존경하고 사랑함.
敬語(경어) 존경하는 뜻을 나타내는 말.

| 음훈 | 경사 경 |
| 부수 | 心 | 획수 | 11획 |

慶　慶　慶　慶

어원 鹿(축하선물을 보내는 사슴)과 心과 攵(다리, 가다)를 합친 글자. 축하 선물을 보내고 마음으로부터 기뻐함을 나타냄.

활용 慶事(경사) 경축할 만한 일, 기쁜 일.
慶弔(경조) 경사와 불행한 일.
慶賀(경하) 경사스러운 일을 치하함.
慶賞(경상) 은상(恩賞)을 내림.
慶祝(경축) 경사를 축하함.

競

음훈 다툴 경
부수 立　　　획수 15획

競｜競｜競｜競

어원 言의 옛 형태 두개와 人(사람) 두개를 합친 글자로, 두 사람이 말다툼으로 승부를 겨루는 것을 나타냄.

활용 競技(경기) 기술이나 능력을 겨룸.
競馬(경마) 말을 타고 달리는 경주에서 우승하는 말을 점치는 내기.
競賣(경매) 여러 원매자 가운데 가장 많은 값을 부른 사람에게 파는 일.
競爭(경쟁) 서로 우위에 서려고 다툼.
競走(경주) 빨리 달리기를 겨루는 육상 경기.

傾

음훈 기울 경
부수 亻　　　획수 11획

傾｜傾｜傾｜傾

어원 頃은 頁(머리)과 匕('化'를 생략한 형태로 '바꾸다'의 뜻)이 합친 글자. 원래는 머리를 똑바로 든 형태에서 비스듬하게 바꾸는 것을 나타냈으나 나중에 '고개를 갸웃하는 사이', '잠깐'의 뜻으로 쓰이게 되었으므로, 人(사람)을 붙여서 본디의 뜻을 나타내게 되었음.

활용 傾國(경국) 국운을 위태롭게 함.
傾注(경주) 열중하여 한가지 일에 마음을 기울임.
傾斜(경사) 비스듬히 기울어짐.
傾聽(경청) 귀를 기울이고 들음.
傾向(경향) 일이 진행되어 가는 추세 및 동향.

| 음훈 | 경계할 경 |
| 부수 | 言 | 획수 | 13획 |

警 警 警 警

어원 敬(바짝 몸을 단단히 죄다) 와 言(말)이 합친 글자. 말로 주의하여 경계시키는 것을 말함.

활용 警戒(경계) ① 타일러 주의하게 함.
② 긴장하여 조심함.
警告(경고) 경계하도록 알림, 주의시킴.
警報(경보) 위험한 일이 발생하였을 때 경계하도록 알리는 일.
警鐘(경종) 비상을 경계하기 위하여 울리는 종.
警護(경호) 경계하고 호위함.

| 음훈 | 셀 계 |
| 부수 | 言 | 획수 | 2획 |

計 計 計 計

어원 言(말)과 十(많은 것을 하나로 모이다)이 합친 글자. 많은 것을 하나로 모아 연결하여 생각하는 것을 나타냄.

활용 計略(계략) 계책과 모략, 꾀.
計算(계산) 수량을 헤아림.
計策(계책) 무엇을 실현하기 위하여 세운 대책.
計量(계량) 분량이나 무게를 잼.
計測(계측) 계산하여 측정함.
計劃(계획) 미리 꾀하여 작정함.

음훈 시내 계
부수 氵　　　　획수 10획

어원 奚는 가는 실을 손으로 잡은 모양을 나타내는 글자로, '가늘고 길다'라는 뜻을 지님. 여기에 水(물)가 붙어서 가늘고 길게 흐르는 강을 나타냄.

활용 溪谷(계곡) 물이 흐르는 산골짜기.
溪流(계류) 산골짜기에 흐르는 시냇물.
深溪(심계) 깊은 계곡.

음훈 닭 계
부수 鳥　　　　획수 10획

어원 奚와 鳥로 만들어진 글자. 奚는 울음 소리를 나타냄.
활용 鷄冠(계관) ① 닭의 볏.
　　　　　　　② 맨드라미.
鷄口(계구) ① 닭의 입.
　　　　　　② 소규모 단체의 장.
鷄卵(계란) 달걀.
鷄肋(계륵) 닭의 갈비뼈. 가치가 없으나 버리기 아까운
　　　　　　 것을 비유하는 말.
鷄晨(계신) 닭이 울어 새벽을 알림.

음훈	맬 계		
부수	亻	획수	7획

係 係 係 係 ☐ ☐ ☐ ☐ ☐

어원 系(이어지다)와 人(사람)이 합친 글자. 사람이 이어지는 것을 나타냄.

활용 係累(계루) 얽어 맴 또는 얽매임.
係員(계원) 관계되는 직원.
關係(관계) 연관이 있음.
係爭物(계쟁물) 분쟁의 목적이 되는 물건 또는 민사 소송 따위의 목적물.

음훈	맺을 계		
부수	大	획수	6획

契 契 契 契 ☐ ☐ ☐ ☐ ☐

어원 뼈나 나무토막에 약속의 증거로써 彡(새김자국)을 칼로 남김을 나타내는 글자. 나중에 大가 아래에 붙은 모양이 됨.

활용 契機(계기) 사물의 동기, 결정하게 되는 전기.
契約(계약) 약정, 약속.
契丹(거란) 동호(東胡)의 종족.

어원 戶(문)과 손과 口가 합친 글자. 닫힌 문을 손으로 여는 것을 뜻함. 또, 문을 열듯이 입을 열고 말을 함을 나타냄.

활용 啓明(계명) ① 새벽.
　　　　　　② 샛별.
啓蒙(계몽) 어린애나 몽매(蒙昧)한 사람을 깨우침.
啓發(계발) 일를 처음으로 일으킴.
啓示(계시) 신이 사람의 마음을 열어 진리를 교시하는 일.
啓閉(계폐) 엶과 닫음. *開閉(개폐)

어원 口(머리) 위에 관 등이 붙은 글자. 제사지내는 조상의 두개골을 본뜬 것. '바싹 마르고 굳어 버린 옛 것'이라는 뜻임.

활용 古宮(고궁) 옛 궁궐.
古都(고도) 옛 도읍.
古來(고래) 예로부터 지금까지.
古物(고물) 오래된 물건.
古本(고본) 오래된 책.

故

음훈 연고 고
부수 攵   획수 5획

故 故 故 故 □ □ □ □ □

어원 古(딱딱해진 두개골)와 攵(동작을 나타내는 표시)이 합친 글자로, 오래된 것을 뜻함. 굳어져 버린 일을 나타냄.

활용 故國(고국) 자기가 태어나 살던 나라.
故人(고인) 죽은 사람.
故情(고정) 전부터 사귀어 온 정의.
故土(고토) 조국, 고향.
故鄕(고향) 옛 고장.

苦

음훈 쓸 고
부수 艸   획수 5획

苦 苦 苦 苦 □ □ □ □ □

어원 古(윤기 없고 단단한 머리뼈)와 艸(풀)를 합친 글자. 입이 단단하게 굳어지는 것처럼 쓴 맛이 나는 풀이라는 뜻.

활용 苦難(고난) 괴로움과 어려움.
苦悶(고민) 괴로워하고 속을 썩임.
苦學(고학) 학비를 자기 힘으로 벌며 고생하여 배움.
刻苦(각고) 고생이 심함.
勞苦(노고) 노동의 괴로움.

음훈 알릴 고
부수 口
획수 4획

告 告 告 告 □ □ □ □ □

어원 쇠뿔에 가로세로로 막대기를 동여매어 사람을 받지
못하게 한 모양을 본뜬 글자. 위험함을 나타내는 것.

활용 告發(고발) 죄를 들추어 내어 고소함.
告白(고백) 숨김 없이 사실대로 솔직하게 말함.
告訴(고소) 사정을 고하여 청원함.
告諭(고유) 말하여 타이름.
告知(고지) 통지함.

음훈 마를 고
부수 木
획수 5획

枯 枯 枯 枯 □ □ □ □ □

어원 古(단단한 머리뼈)와 木을 합친 글자. 메말라서 단
단해진 나무를 뜻함.

활용 枯渴(고갈) 물이 바짝 마름.
枯淡(고담) 욕심이 없고 담담함.
枯葉(고엽) 마른 잎.
枯榮(고영) 성함과 쇠함.
枯卉(고훼) 말라죽은 풀과 나무.

음훈 외로울 고
부수 子   획수 5획

孤 孤 孤 孤

어원 瓜(오이)와 子를 합친 글자. 단, 하나 뒹굴고 있는
둥근 오이 열매처럼 남겨진 외토리의 뜻.

활용 孤軍(고군) 원조가 없는 군대.
孤獨(고독) 홀로 외로움.
孤立(고립) 의지할 곳이 없어 외톨이가 됨.
孤城(고성) 외따로 떨어져 있는 성.
孤兒(고아) 어버이를 잃은 아이.

음훈 돌아볼 고
부수 頁   획수 12획

顧 顧 顧 顧

어원 雇(바로 곁의 틀 속에 에워싸듯이 넣다)와 頁(머리)
이 합친 글자. '멀리 보지 않고, 신변을 뒤돌아 보
다' 라는 뜻을 나타냄.

활용 顧慮(고려) 앞 일을 걱정함.
顧問(고문) 자문에 응하여 의견을 말함 또는 그 직
　　　　　에 있는 사람.
顧忌(고기) 꺼림, 삼감.
顧託(고탁) 임금이 임종할 때 뒷일을 부탁하는 유언.

음훈 굽을 곡

부수 曰　　　　획수 2획

어원 갈고리 모양으로 굽은 자를 본뜬 글자.

활용 曲折(곡절) ① 꼬불꼬불함.
　　　　　　　　② 복잡한 내용.
曲盡(곡진) 마음과 힘을 다함.
曲學(곡학) 사곡(邪曲)한 학문.
名曲(명곡) 이름 나거나 유명한 곡.
曲線美(곡선미) 곡선이 나타내는 미. 여자의 육체가
　　　　　　　 이루는 곡선의 미.

음훈 뼈 골

부수 骨　　　　획수 0획

어원 뼈의 관절을 나타내는 ⺼과 月(肉)이 합친 것. 몸의
관절뼈를 나타냄.

활용 骨格(골격) ① 뼈의 조직.
　　　　　　　　② 뼈대.
骨董(골동) 애완할 만한 옛 세간이나 미술품.
骨盤(골반) 엉덩이 부분을 이루는 커다란 뼈.
骨相(골상) 골격에 나타난 성격이나 운명의 상.
骨折(골절) 뼈가 부서짐.

음훈 공 공
부수 力　　　　획수 3획

功 功 功 功 □ □ □ □ □

어원 工(어려운 세공을 하는 일)과 力(힘)이 합친 글자.
머리를 짜낸 일이나 솜씨의 뜻.

활용 功名(공명) 공훈의 뜻임.
功績(공적) 쌓은 공로.
功過(공과) 공로와 허물.
功效(공효) 공들인 보람.
武功(무공) 싸움에서 공로를 세움.

음훈 빌 공
부수 穴　　　　획수 3획

空 空 空 空 □ □ □ □ □

어원 穴(구멍)과 工(관통하다)을 합친 글자. 관통하여 구
멍을 뚫고 속에 아무 것도 없는 것을 나타냄.

활용 空間(공간) ① 비어 있는 곳.　② 건물의 비워둔 칸.
空氣(공기) ① 대기(大氣).　② 분위기.
空想(공상) 현실을 떠난 사상.
空席(공석) 비어 있는 자리.
空砲(공포) 헛 총.

음훈 함께 공
부수 八　　　　**획수** 4획

어원 艹(물건)과 양손이 합친 글자. 두손으로 받들어 드는 모양. 두손이 함께 작용하는 데서 '함께'의 뜻을 나타냄.

활용 共感(공감) ① 남의 의견이나 주장에 동조함.
② 남과 함께 같은 느낌을 받음.
共同(공동) 두사람 이상의 사람이 일을 함께 함.
共鳴(공명) 남의 의견, 주장 등에 찬성하여 함께 주장함.
共榮(공영) 함께 번영함.
共存(공존) 함께 존재함.

음훈 공변될 공
부수 八　　　　**획수** 2획

어원 口(작게 둘러싸는 표시)와 八(좌우로 나누다)이 합친 글자. 감추고 있는 것을 펴서 공공연하게 모두 보이는 것을 나타냄.

활용 公開(공개) 공중(公衆)에 대하여 개방함.
公告(공고) 널리 세상에 알림.
公共(공공) 사회 일반.
公論(공론) 공적으로 의논함.
公園(공원) 공중의 보건, 휴양, 유랑 등을 위해 신설한 산.

음훈	이바지할 공
부수	人	획수 6획

供｜供｜供｜供｜　｜　｜　｜　｜　

어원 共에는 '두손으로 받들어 들다', '바라다' 라는 뜻도 있었으나, 나중에 '함께, 모두'의 뜻으로만 쓰이게 되어 人(사람)을 붙여서 원래의 뜻을 나타내게 되었음.

활용 供給(공급) (수여)需要에 응하여 물품을 대어줌.
供物(공물) (신불)神佛앞에 바치는 물건.
供養(공양) 음식 시중을 들며 어버이를 봉양함.
提供(제공) 타인에게 물품을 무료로 줌.
佛供(불공) 부처님에게 염불을 함.

음훈	두려울 공
부수	心	획수 6획

恐｜恐｜恐｜恐｜　｜　｜　｜　｜　

어원 巩은 사람이 양손을 내민 모습과 工(구멍을 뚫다)을 합친 글자로, 관통하여 구멍을 뚫음. 여기에 心을 붙여서 마음속이 관통하여 구멍이 뚫린 것처럼 공허한 느낌이 듬을 나타냄.

활용 恐喝(공갈) 무섭게 으르고 위협함.
恐懼(공구) 대단히 무서워함.
恐怖(공포) 두렵고 무서움.
恐慌(공황) 두려워서 허둥지둥함.
恐水病(공수병) 개에게 물리어 감염되는 병. 광견병.

음훈 실과 과
부수 木　　　**획수** 4획

果 | 果 | 果 | 果 | | | | |

어원 나무 위에 둥근 열매가 열려 있는 모습을 본뜬 글자.

활용 果敢(과감) 결단성이 있고 용감함.
果實(과실) 과수에 열리는 열매.
果報(과보) 인과와 응보.
果然(과연) 참으로 그러함.
果汁(과즙) 과실의 즙.

음훈 과정 과
부수 禾　　　**획수** 4획

科 | 科 | 科 | 科 | | | | |

어원 禾(작물)와 斗(되)를 합친 글자. 작물을 달아 검사하여 종류별로 나누는 것을 나타냄.

활용 科擧(과거) 옛날 관리등용을 위해 시행하던 시험.
科學(과학) 천지간의 현상을 개괄하고 부분적으로 계통을 세워 논증하는 학문.
教科(교과) 가르치는 과목.
百科(백과) 모든 학과.
法科(법과) 법률에 관한 과목(科目).

| 음훈 | 자랑할 과 |
| 부수 | 言 | 획수 6획 |

어원 夸는 大과 亏(구부러진 표시)가 합친 글자이며, 크게 구부러진 것을 나타냄. 여기에 言(말)을 붙여 '멀리 돌아가며 말하다'라는 뜻에서 '과장하여 말하다'라는 뜻이 됨.

활용 誇矜(과긍) 자랑함.

誇示(과시) 뽐내어 보임. 실제보다 크게 나타내어 보임.

誇張(과장) 실제보다 지나치게 나타냄.

誇大(과대) 작은 것을 크게 떠벌림.

| 음훈 | 벼슬 관 |
| 부수 | 宀 | 획수 획 |

어원 宀(지붕)과 𠂤(겹겹이 쌓아올린 집 한 체)를 합친 글자. 건물에 많은 사람이 모인 상태로, 주위를 담으로 둘러싼 관청이라는 뜻.

활용 官紀(관기) 관청의 규칙.

官報(관보) 정부에서 발행하는 (일간)日刊.

官費(관비) 정부의 비용.

官營(관영) 정부에서 경영.

觀 음훈 볼 관 부수 見 획수 18획

| 觀 | 觀 | 觀 | 觀 | | | | | |

어원 吅은 입을 모아 말하는 것. 雚은 원래 새의 이름으로 음을 나타냄. 여기에 見(보다)을 붙여 '전체를 맞추고 바라보다'라는 뜻을 나타냄.

활용 觀光(관광) 다른 지방의 풍경을 구경하며 돌아다님.
觀相(관상) 사람의 얼굴을 보고 운명을 판단하는 일.
觀衆(관중) 구경꾼.
觀察(관찰) 자세히 살핌.
觀測(관측) 천문, 기상 등 자연 현상을 관찰하여 측정함.

貫 음훈 꿸 관 부수 貝 획수 4획

| 貫 | 貫 | 貫 | 貫 | | | | | |

어원 두개의 개오지에 구멍을 내어 끈으로 꿴 모양을 본뜬 글자. '관통하다'라는 뜻을 나타냄.

활용 貫祿(관록) 행동에 따른 무게.
貫鄕(관향) 개인의 시조(始祖)가 태어났거나 임금이
　　　　　봉(封)해 준 땅. =本貫(본관)
貫通(관통) 꿰뚫음.
貫徹(관철) 끝까지 뚫어 통하게 함.
一貫(일관) 처음부터 끝까지 밀고 나아감.

慣 慣 慣 慣

어원 貫(일관되어 바뀌지 않다)과 心(마음)을 합친 글자. '언제까지라도 변하지 않고 친숙하다', '익숙해지다' 등의 뜻을 나타냄.

활용 慣例(관례) 관습이 된 전례(前例).
慣習(관습) 습관, 풍습.
慣行(관행) 늘 행함.
習慣(습관) 관습.
慣用句(관용구) 늘 많이 쓰는 어구. 관습적으로 쓰는 어구.

光 光 光 光

어원 사람의 머리 위에 불을 얹고 있는 모양을 나타내는 글자.

활용 光景(광경) 경치, 상태.
光陰(광음) 세월, 시간.
光彩(광채) 찬란한 빛.
光明(광명) 밝은 빛.
光輝(광휘) 빛나는 빛.

음훈	쇳돌 광
부수	金
획수	13획

鑛 鑛 鑛 鑛 ☐ ☐ ☐ ☐ ☐

어원 옛날에는 礦이라 쓰고 노랗게 빛나는 돌을 뜻하였음. 나중에 금속을 포함하는 것을 확실하게 하기 위하여 金을 붙여 黃의 부분도 廣으로 대신하였음.

활용 鑛脈(광맥) 광물의 맥, 광물이 매장된 줄기.
鑛夫(광부) 광산에서 일하는 노동자.
鑛山(광산) 유용한 광물을 채굴하는 곳.
金鑛(금광) 금이 나는 산.
鐵鑛(철광) 철이 나는 산.

음훈	걸 괘
부수	手
획수	8획

掛 掛 掛 掛 ☐ ☐ ☐ ☐ ☐

어원 圭는 八모양으로 흙을 쌓아 올린다는 뜻에서 변하여 八모양으로 매닮을 나타냄. 여기에 卜(점)을 붙인 卦는 점을 침을 뜻함. 다시 手(손)와 합쳐서 八형으로 매달아둠을 나타냄.

활용 掛念(괘념) 마음에 두고 잊지 아니함.
掛圖(괘도) 벽 등에 걸게 되어 있는 학습용 그림.
掛曆(괘력) 벽에 걸게 되어 있는 일력이나 달력.
掛佛(괘불) 그려서 길걸 되어 있는 불상.
掛燈(괘등) 누각, 전각 등의 천장에 매다는 등.

掛	掛	掛	掛					

어원 圣는 又과 土를 합친 글자. 손으로 둥글게 뭉친 흙덩어리라는 뜻. 여기에 心(마음)을 붙여서, '둥근 머리를 쑥 내민 기분 나쁜 물건을 보았을 때의 느낌'이라는 뜻을 나타냄.

활용 怪力(괴력) 기이할 정도로 센 힘.

怪物(괴물) 괴이한 사람이나 동물을 멸시하여 이름.

怪狀(괴상) 기이한 모양.

怪獸(괴수) 괴상한 짐승.

怪漢(괴한) 차림새나 행동이 괴상한 자.

交	交	交	交					

어원 사람이 다리를 X자형으로 꼰 모양으로 본뜬 글자.

활용 交流(교류) 근원이 다른 두 물줄기가 만나서 흐름, 문화, 사상 등의 조류가 서로 통함.

交涉(교섭) 일을 처리하기 위해 상대편과 절충함.

交戰(교전) 서로 맞붙어 싸움.

交際(교제) 서로 사귐.

交通(교통) 서로 오가는 길.

| 음훈 | 가르칠 교 |
| 부수 | 攵 | 획수 | 7획 |

敎 敎 敎 敎 □ □ □ □ □

어원 敎는 孝(섞다)와 子로 만들어진 글자로, 어린이와 지식을 섞는 일, 즉 어른과 어린이 사이에 지식의 주고받음이 행해지는 모양을 나타냄. 여기에 攵(동작을 나타내는 표시)을 붙여서 '가르치다'의 뜻을 나타내었음.

활용 敎權(교권) 교육상 교직자의 권리.

敎授(교수) 대학에서 제자에게 학문을 가르치는 사람.

敎案(교안) 교사가 수업의 목표, 방법 등에 대하여 안을 세운 것.

敎閱(교열) 병사를 훈련, 검열하는 일.

敎鞭(교편) 회초리라는 뜻으로, 교직을 이르는 말.

| 음훈 | 공교할 교 |
| 부수 | 工 | 획수 | 2획 |

巧 巧 巧 巧 □ □ □ □ □

어원 꼬불꼬불한 선이 위에 받힌 모양을 나타내는 글자. 여기에 工을 붙여서, 작게 구부러져 정교한 세공이라는 뜻.

활용 巧妙(교묘) 썩 잘 되고 묘함. ↔ 拙劣(졸렬)

巧言(교언) 실상이 없이 교묘하게 꾸며대는 말.

巧拙(교졸) 교묘함과 졸렬함.

巧智(교지) 교묘하고 민첩한 슬기.

巧態(교태) 아리따운 자태.

음훈	구할 구
부수	水
획수	2획

求 求 求 求 ☐ ☐ ☐ ☐ ☐

어원 머리와 손발이 달린 동물의 모피를 본뜬 글자. 모피를 단단히 죄듯이 하여 몸에 둘러 감는데서 '떨어지지 않도록 수중에 두고 다잡다'는 뜻을 나타냄.

활용 求道(구도) 바른 도리를 물어 구함.
求職(구직) 직업을 구함.
求愛(구애) 사랑을 구함.
求人(구인) 사람을 구함.
求婚(구혼) 혼처를 구함.

음훈	건질 구
부수	攵
획수	7획

救 救 救 救 ☐ ☐ ☐ ☐ ☐

어원 求(단단히 죄다)와 攵(동작을 나타내는 표시)이 합친 글자. 힘껏 말려 위험에 빠지는 것을 막음을 나타냄.

활용 救急(구급) 당장의 위급을 구함.
救助(구조) 어려운 지경에 빠진 사람을 건져줌.
救世(구세) 세상을 구함.
救濟(구제) 어려운 지경에 빠진 사람을 건져줌.
救恤(구휼) 물품을 베풀어 곤궁한 사람을 도와줌.

음훈 갖출 구
부수 八　　　**획수** 6획

具　具　具　具

어원 且(다리가 세개인 둥근 그릇·세발솥)을 줄인 것과 양손이 합친 글자. 음식을 그릇에 채워서 내어 놓는 데서 '갖추다,' '갖춘기구' 등의 뜻을 나타냄.

활용 具備(구비) 빠짐없이 갖춤.

具象(구상) 형체를 갖춤.

具申(구신) 일의 내용을 빠짐없이 아룀.

具載(구재) 자세하게 기재함.

具體(구체) 완전한 신체를 가짐, 또는 전체를 완전하게 갖춤.

음훈 얽을 구
부수 木　　　**획수** 10획

構　構　構　構

어원 冓는 맞은 편과 이쪽이 똑같은 글자. 여기에 木이 붙어서 나무를 잘 짜맞추어 균형이 잘 맞도록 만드는 것을 나타냄.

활용 構內(구내) 주위를 둘러싼 그 안. 관공서나 기업체 같은 큰 건물의 울안.

構圖(구도) 꾀하여 도모함.

構文(구문) 문장을 구성함.

構想(구상) 생각을 엮어놓음.

構成(구성) 사물을 이루어지게 함.

어원 或은 ㅌ(위아래 선으로 구분한 영토)를 戈(창)으로 지킴을 나타냄. 여기에 囗(테두리)를 붙여서 바깥쪽 테두리로 둘러싼 영토를 나타냄.

활용 國境(국경) 국토의 경계.

國是(국시) 나라가 옳다고 여기는 주의와 방침.

國勢(국세) 나라의 세력.

國策(국책) 국가의 정책.

國憲(국헌) 나라의 기본 법도.

어원 尺(자)와 口(입)를 합친 글자. 입에 자를 대어 입을 오무리고 말을 삼가라는 뜻.

활용 局部(국부) ① 전체 가운데 일부분.

② (음부)陰部.

局員(국원) 한 부서의 직원.

局長(국장) 국(局)자가 붙은 부서의 장.

局限(국한) 어떤 부분에만 한정함.

局外者(국외자) 그 일에 관계 없는 사람.

음훈 임금 군
부수 口　　　　　**획수** 4획

君　君　君　君

어원 尹은 손(⺕)에 ／(위아래를 통하게 하는 표시)를 쥔 모양을 본뜬 글자. 위 아래의 균형을 잡은 데서 하늘의 신과 사람을 연결하는 훌륭한 사람을 말함. 여기에 口를 붙여서 모든 사람에게 하늘의 신의 말씀을 전하고 다스리는 사람을 뜻함.

활용 君臨(군림) ① 군주로서 나라를 다스림.
　　　　　　　　② 남을 누르고 세력을 떨침.
君子(군자) 덕이 높은 훌륭한 사람.
君主(군주) 임금.
賢君(현군) 어린 임금.
君師父(군사부) 임금과 스승과 아버지.

음훈 무리 군
부수 羊　　　　　**획수** 7획

群　群　群　群

어원 君(둥글게 모으다)과 羊(양)이 합친 글자. 양이 둥글게 모여 무리를 지음을 나타냄.

활용 群島(군도) 일정한 해역안의 작고 큰 여러 섬.
群雄(군웅) 많은 영웅.
群衆(군중) 많이 모인 여러 사람.
群像(군상) 많은 사람.
群賢(군현) 많은 현인.

屈 屈 屈 屈

어원 尸(몸을 구부린 모습)과 出을 합친 글자. 몸을 구부리고 엉덩이를 뒤로 쑥 내밀면 앞이 움푹 들어가기 때문에 '굽다', '기세가 꺾이다'라는 뜻이 되었음.

활용 屈曲(굴곡) 이리저리 굽고 꺾임.
屈伏(굴복) 끓어 엎드림. 힘이 미치지 못하여 복종함.
屈辱(굴욕) 굴복당하여 치욕을 받음.
屈折(굴절) 휘어져 꺾임.
屈指(굴지) 손가락을 꼽아 셀 만큼 뛰어남.

弓 弓 弓 弓

어원 화살을 쏘는 활을 본뜬 글자.

활용 弓術(궁술) 활쏘는 기술.
弓矢(궁시) 활과 화살.
弓手(궁수) 활 쏘는 사람.
弓腰(궁요) 활처럼 휜 허리.
弓形(궁형) 활처럼 굽은 모양.

음훈 집 궁
부수 宀
획수 7획

어원 宀(지붕)와 두개의 입구(집이 있는 네모난 장소)를 합친 글자. 건물이 안쪽까지 여러개 있는 것을 나타냄.

활용 宮闕(궁궐) 임금이 거취하는 곳.
宮合(궁합) 혼인할 신랑 신부의 사주를 오행에 맞추어 길흉을 점침.
宮城(궁성) 궁궐과 그 주위.
宮中(궁중) 대궐 안.
神宮(신궁) 신을 모신 궁전.

음훈 책 권
부수 卩
획수 5획

어원 釆(흩뿌리다)와 丱(양손)과 卩(무릎을 꿇고 몸을 움츠린 사람)을 합친 글자. 흩어지려고 하는 물건을 양손으로 받아 손안에 둥글게 모음을 나타냄.

활용 卷頭(권두) 책등의 첫머리.
卷尺(권척) 줄자.
卷雲(권운) 새털 구름.
卷煙(권련) 종이로 만든 담배.
捲土重來(권토중래) 한번 패한자가 세력을 회복하여 다시 쳐들어옴을 이름.

음훈	권할 권
부수	力
획수	18획

勸 勸 勸 勸 ☐ ☐ ☐ ☐

어원 雚에는 吅(제각기 말하다)가 포함되어 있음. 여기에 力이 붙여서 저마다 시끄럽게 떠들며 격려함을 나타냄.

활용 勸農(권농) 농사를 권장함.
勸善(권선) 선한 일을 권장함.
勸誘(권유) 권하고 이끔.
勸酒(권주) 술을 권함.
勸學(권학) 학문을 권함.

음훈	귀할 귀
부수	貝
획수	5획

貴 貴 貴 貴 ☐ ☐ ☐ ☐

어원 臾의 옛 형태인 臾는 짐을 양손에 들고 있는 모양으로 큰짐을 나타냄. 그것과 貝(돈이나 재산)가 합쳐 눈에 띄게 많은 재산을 뜻함.

활용 貴骨(귀골) 귀하게 생긴 사람.
貴宅(귀댁) 상대자를 높이어 그의 집안을 이르는 말.
貴重(귀중) 매우 소중함.
貴賤(귀천) 귀함과 천함.
貴下(귀하) 상대를 높여 이르는 말.

어원 自와 여자의 일을 나타내는 帚(비)와 止(발, 가다)가 합친 글자. 옛날에는 시집가는 것을 나타내기도 하였음. '있을 만한 곳에서 정착하는 일', '원 상태로 돌아가는 일'을 나타냄.

활용 歸家(귀가) 집으로 돌아감.

歸省(귀성) 고향으로 돌아가 부모를 뵘.

歸順(귀순) 대적하던 마음을 버리고 복종함.

歸鄕(귀향) 고향으로 돌아옴.

歸化(귀화) 다른 나라의 국적을 얻어 그 국민이 됨.

어원 丩(마주꼰 새끼)와 口가 합친 글자. 목을 비틀듯이 짜내어 새된 소리를 지름을 나타냄.

활용 叫號(규호) 새된 목소리로 부르짖음.

叫喚(규환) 아우성침.

絶叫(절규) 부르짖어 외침.

음훈	법 규
부수	見
획수	4획

規 規 規 規

어원 곧은 矢(화살)와 見(보다)이 합친 글자. 화살은 길이를 재는 도구로도 쓰였음. 길이나 넓이를 재는 그림쇠를 뜻함.

활용 規模(규모) ① 본보기.
② 물건의 크기나 구조.
規定(규정) 규칙을 정함, 또는 그 규칙.
規準(규준) 표준이 될 만한 것.
規則(규칙) 지키고 따라야 할 준칙(準則).
規律(규율) 일정한 질서나 차례.

음훈	고를 균
부수	土
획수	4획

均 均 均 均

어원 勻은 팔을 한 바퀴 돌린 모양과 '가지런히 하다'가 합친 글자. 여기에 土를 붙여서 흙을 골라 전체에 골고루 미치게 함을 나타냄.

활용 均等(균등) 차별이나 차이가 없이 평등함.
均分(균분) 고르게 나눔.
均一(균일) 균등(均等)과 같음.
均質(균질) 성질, 품질 따위가 같음.
均衡(균형) 한쪽으로 치우침이 없이 고름.

음훈 다할 극
부수 木　　　　획수 9획

極 極 極 極 ☐ ☐ ☐ ☐ ☐

어원 亟은 위 아래의 선 사이에 사람이 서 있는 모습에 口와 又(손)를 더한 글자로 몸전체가 긴장하고 있는 것을 나타냄. 여기에 木이 합쳐져서 천장에서 바닥까지 뻗어 지붕의 무게를 떠받치는 기둥을 뜻함. 위에서 아래까지 뻗어있는 데서 '끝까지', '끄트머리'라는 뜻이 생겨남.

활용 極端(극단) ① 맨 끝.
　　　　　　　② 이르는 곳까지 이르러 더 나아가지 못함.
極秘(극비) 절대적인 비밀.
極樂(극락) 아미타불이 있다는 서방정토(西方淨土).
極盡(극진) 힘이나 마음을 다함.
極刑(극형) 극히 중한 형벌.

음훈 가까울 근
부수 辶　　　　획수 4획

近 近 近 近 ☐ ☐ ☐ ☐ ☐

어원 斤(도끼날이 물건에 닿을 듯이 다가선 모양)과 辶(나아가다)을 합친 글자. 옆에 다가감을 나타냄.

활용 近刊(근간) 가까운 시일내에 출판함.
近似(근사) ① 아주 비슷함.
　　　　　　　② 그럴싸하게 멋짐.
近影(근영) 최근에 찍은 인물 사진.
近親(근친) 가까운 친족.
近況(근황) 요즘의 상황이나 형편.

음훈	부지런할 근
부수	力
획수	11획

勤 勤 勤 勤

어원 堇은 동물의 머리를 불에 태우는 모양을 본뜬 글자. 동물의 머리를 태우는 열로 인하여 수분이 없어져 산산조각이 나는 일. 여기에 力을 붙여서 '체력이 다할 정도로 바지런히 일하다'의 뜻을 나타냄.

활용 勤儉(근검) 부지런하게 일하고, 검소하게 지내며 절약함.
勤勉(근면) 부지런히 노력함.
勤務(근무) 일을 맡아 봄.
勤續(근속) 어떤 일자리에서 여러해 계속하여 근무함.
勤實(근실) 부지런하고 착실함.

음훈	뿌리 근
부수	木
획수	6획

根 根 根 根

어원 艮은 目과 匕(포크)를 합친 글자로 포크로 찌를듯이 눈을 한 곳에 응시하는 것을 뜻함. 여기에 木이 합쳐져서 한 곳에 계속 머물러 움직이지 않는 나무 뿌리를 나타냄.

활용 根據(근거) 사물의 토대.
根性(근성) 사람의 타고난 성질.
根本(근본) 사물의 바탕이나 중심이 되는 부분.
根絶(근절) 뿌리째 없애버림.
根治(근치) 병을 근본적으로 고치거나 치유함.

| 음훈 | 삼가할 근 |
| 부수 | 言 | 획수 11획 |

謹 謹 謹 謹 □ □ □ □ □

어원) 堇은 동물의 가죽을 불에 태우는 모양을 나타내는 글자로 '수분이나 기름이 적어지다'라는 뜻. 여기에 言(말)을 붙여 '쓸데없는 말을 삼가고, 행동을 세심하게 주의하다'라는 뜻을 나타냄.

활용) 謹啓(근계) 삼가 아뢴다는 뜻으로, 편지 서두에 쓰는 말.
勤愼(근신) 삼감, 언행을 조심함.
謹嚴(근엄) 삼가고 엄숙함.
謹呈(근정) 삼가 들인다는 뜻으로 남에게 주는 물건 겉봉에 쓰는 말.
謹賀(근하) 삼가 하례함.

| 음훈 | 쇠 금 |
| 부수 | 金 | 획수 0획 |

金 金 金 金 □ □ □ □ □

어원) 八(누르는 뚜껑)과 土(흙)와 ''(금속 알갱이)로 만들어진 글자. 흙속에 금속 알갱이가 숨어 있는 모양을 나타냄.

활용) 金髮(금발) 황금색 머리털.
金額(금액) 돈의 액수.
金融(금융) 돈의 융통.
金銀(금은) 금과 은.
罰金(벌금) 벌로써 내야할 금액.

音訓 금할 금
부수 示   획수 8획

禁 禁 禁 禁 □ □ □ □ □

어원 林과 示(제단)를 합친 글자. 신을 모신 곳의 주위에 숲을 두르게하여 마음대로 출입할 수 없도록 한 것을 나타냄.

활용 禁錮(금고) 감옥에 감금하는 형벌.
禁忌(금기) 불길하다고 하여 꺼리고 금하는 일.
禁食(금식) 음식등 먹지 않는 일.
禁慾(금욕) 욕정을 억제함.
禁酒(금주) 술을 끊음.

음훈 미칠 급
부수 又   획수 2획

及 及 及 及 □ □ □ □ □

어원 人(사람)과 手(손)가 합친 글자. 도망치는 사람의 등에 뒤쫓는 사람의 손이 닿은 모양으로, '닿다, 따라붙다'의 뜻을 나타냄.

활용 及落(급락) 급제와 낙제, 합격과 불합격.
及第(급제) 과거에 합격함.
普及(보급) 널리 미침.
波及(파급) 물결이 점차로 주위에 미치듯 사건의 영향이 차츰 여러 곳에 미치는 일.
過不及(과불급) 지나침은 미치지 못함과 같다는 뜻으로 중용이 중요함을 강조한 말.

음훈	넉넉할 급
부수	糸
획수	6획

給 給 給 給 ☐ ☐ ☐ ☐ ☐

어원 糸와 合(흠을 메우다)이 합친 글자, 흠진 부분을 금방 잇대어 꿰매고 끊어지지 않도록 함을 뜻함.

활용 給料(급료) 노력에 대한 보수.
給食(급식) 음식물을 공급함.
給水(급수) 물을 공급함.
給與(급여) 돈이나 물품을 줌.
給油(급유) 기름을 공급함.

음훈	급할 급
부수	心
획수	5획

急 急 急 急 ☐ ☐ ☐ ☐ ☐

어원 彐은 도망치는 사람의 뒤에서 손을 뻗어 붙잡는 모양에서 온 것. 여기에 心을 붙여서, 헐레벌떡 따라잡는 것처럼 조금도 겉날릴 수 없는 기분을 나타냄.

활용 急救(급구) 급히 구조함.
急流(급류) 물살이 센 흐름.
急募(급모) 급하게 모집함.
急所(급소) 몸 가운데서 비교적 조금만 다쳐도 목숨에
　　　　　　 관계되기 쉬운 자리.
急降下(급강하) 갑자기 빠른 속도로 내림.

| 음훈 | 등급 급 |
| 부수 | 糸 | 획수 | 4획 |

級 | 級 | 級 | 級 | | | | |

어원 及(잇달아 닿다)과 糸가 합친 글자. 실이 끊어지면 곧 잇달아 다음 실을 덧붙임을 뜻함. 여기에서 '잇달아 뒤를 이어 순서를 만들다'의 뜻을 나타내게 되었음.

활용 級數(급수) ① 계급.
② 수학에서 일정한 법칙에 따라 증감하는 수를 순서대로 배열한 것.
級友(급우) 같은 학급에서 배우는 벗.
階級(계급) 사물의 순서.
等級(등급) 높낮이의 차례.
進級(진급) 상급 학년으로 오름.

| 음훈 | 즐길 긍 |
| 부수 | 月 | 획수 | 4획 |

肯 | 肯 | 肯 | 肯 | | | | |

어원 止(그치다)와 肉(고기)이 합친 글자이며, 뼈사이에 살이 밀려들어가, 거기에서 막아내는 것을 나타냄. 바뀌어 '바라던 바로 되었다'라든가 '받아냈다, 승낙했다'라는 뜻을 나타내게 됨.

활용 肯諾(긍낙) 고개를 끄덕이며 승낙함. = 首肯(수긍)
肯定(긍정) 그러하다고 인정함.
肯從(긍종) 즐기어 따름.
肯志(긍지) 찬성하는 뜻.
首肯(수긍) 그러하다고 인정함. =긍정(肯定)

음훈 기록할 기
부수 言　　　획수 3획

어원 己(구부러진 것이 일어나는 모양)와 言(말)이 합친 글
자. 단서를 야기시키기 위해 적어둔 말이나 표시를 뜻함.

활용 記念(기념) 뜻깊은 일에 대하여 잊지 아니하고 회상하거
나또는 그 물건.

記錄(기록) ① 사실을 적음.
② 숫자로 나타내서 대비할 수 있는 일의 가장
높은 수준.

記事(기사) 사실을 그대로 적음.

記憶(기억) 다시 생각해 냄.

記載(기재) 문서, 신문, 잡지 등에 적어 실음.

음훈 일어날 기
부수 走　　　획수 3획

起 起 起 起

어원 己(머리를 치켜세우고 발돋움하는 모양)와 走가 합
친 글자. 走는 발의 움직임을 나타냄. 자고 있던 것,
드러누워 있던 것이 일어남을 뜻함.

활용 起工(기공) 토목·건축 등의 공사를 시작함.

起案(기안) 초안(草案)을 잡음.

起因(기인) 일이 일어나는 원인.

起點(기점) 시작하는 곳.

起寢(기침) 잠자리에서 일어남.

| 음훈 | 만날 기 |
| 부수 | 月 | 획수 8획 |

期 期 期 期 □ □ □ □ □

어원 其는 네모진 키(곡물을 체질하는 대나무 바구니)와 네모진 받침대를 본뜬 글자로 '네모지고 반듯한'의 뜻을 지님. 여기에 月이 붙어서 달이 규칙 바르고 차고 이지러져서 7일씩 4회로 반드시 원래의 모양이 되는 것을 나타냄.

활용 期待(기대) 믿고 기다림.
期約(기약) 때를 정하여 약속함.
期必(기필) 확정하여 틀림이 없음.
短期(단기) 짧은 기간.
滿期(만기) 기한이 도래하거나 참.

| 음훈 | 터 기 |
| 부수 | 土 | 획수 8획 |

基 基 基 基 □ □ □ □ □

어원 其는 네모진 키(평평한 대바구니)와 네모진 받침으로 만들어진 글자로 '네모지다'의 뜻을 지님. 여기에 土를 붙여서 네모진 토대를 나타냄.

활용 基金(기금) 어떤 일의 비용을 충당할 재원이 되는 자금.
基盤(기반) 기초가 되는 지반, 터전.
基本(기본) 사물의 가장 중요한 밑 바탕.
基準(기준) 기본이 되는 표준.
基礎(기초) 사물의 밑 바닥.

氣

음훈 기운 기
부수 气　　　획수 6획

氣 氣 氣 氣 □ □ □ □ □

어원 气(숨이 꺽이면서 나오는 모양)과 米를 합친 글자. 쌀을 찔 때 나오는 증기를 뜻함.

활용 氣槪(기개) 씩씩한 기상과 꿋꿋한 절개.
　　 氣骨(기골) 기혈과 골격.
　　 氣流(기류) 대기의 유통.
　　 氣分(기분) 어떤 기간 동안 지속되는 비교적 약한 감정 상태.
　　 氣溫(기온) 대기의 온도.

技

음훈 재주 기
부수 手　　　획수 4획

技 技 技 技 □ □ □ □ □

어원 手(손)와 支(가는 가지를 손에 든 모양)을 합친 글자. 가는 가지처럼 물건을 잘게 나누는 정밀한 솜씨를 나타냄.

활용 技巧(기교) 문학·미술·음악 등에서 표현상의 수단이나 수법.
　　 技能(기능) 기술상의 재능.
　　 技師(기사) 전문기술에 관한 일을 맡아보는 사람.
　　 技術(기술) ① 예능, 공예상의 재주. ② 과학에서의 재주.
　　 技藝(기예) ① 재주, 기술. ② 예능. ③ 수예.

음훈	벼리 기
부수	糸

획수 3획

어원 己(구부러진 물건이 펴지려고 하는 모양)와 糸가 합친 글자. 헝클어진 실의 끝을 찾아 그것을 실마리로 차례차례 풀어나감을 나타냄.

활용 紀綱(기강) ① 국가의 제도와 기율. ② 다스림, 단속함.
記念(기념) 후일의 추억으로 남겨 두는 사물.
紀元(기원) ① 건국의 첫 해. ② 연대를 세는 기본이 되는 해.
紀律(기율) 일정한 규범, 법칙.
紀行(기행) 여행 중에 보고 듣고 느낀 것을 적은 글.

음훈	꺼릴 기
부수	心

획수 3획

어원 己(밑에서 천천히 일어나는 모양)와 心을 합친 글자. 무언가를 본 순간에 흠칫하여 피하려고 하는 기분이 생김을 나타냄.

활용 忌日(기일) ① 꺼려 피해야 할 불길한 날.
　　　　　　 ② 어버이가 죽은 날.
忌避(기피) 꺼리어 피함.
忌故(기고) 제사 지내는 일.
忌憚(기탄) 꺼림, 어려워함.
忌諱(기휘) 꺼리고 싫어함.

旗 　**음훈** 기 기

부수 方　　　**획수** 10획

| 旗 | 旗 | 旗 | 旗 | | | | | |

어원 其는 네모진 키(곡물을 말리는 바구니)가 받침대 위에 얹혀 있는 모양을 본뜬 글자로 네모지고 가지런하다는 뜻을 지님. 여기에 깃발이 붙어서 단정하게 모가 나있는 깃발을 나타냄.

활용 旗手(기수) ① 기를 드는 사람.
　　　　　　　② 군기(軍旗)를 받드는 사람.
旗亭(기정) 술집, 요리집. 문밖에 기를 세워 알린 데서 온 말.
旗幅(기폭) 깃발의 너비.
旗艦(기함) 함대의 군함중 사령관이 타고 있는 군함.
校旗(교기) 그 학교의 깃발이나 기.

寄 　**음훈** 부칠 기

부수 宀　　　**획수** 8획

| 寄 | 寄 | 寄 | 寄 | | | | | |

어원 宀(집)와 奇(기울다)를 합친 글자. '집의 차양에 몸을 의지하다', '한쪽에 몸을 기대다' 라는 뜻을 나타냄.

활용 寄居(기거) 임시로 거처함.
寄稿(기고) 글이나 원고를 신문사 같은 곳에 보냄.
寄附(기부) 남에게 금품을 거저줌.
寄生(기생) 혼자서 살아가지 못하고 남에게 의지하여 삶.
寄贈(기증) 물품을 거저 제공함.

어원 人(사람)과 止(발)가 합친 글자. 사람이 잘 보려고 발끝으로 서서 먼 곳을 보는 모양에서 '기도하다', '계획하다'의 뜻을 나타냄.

활용 企圖(기도) 꾀함, 계획(計劃).
企望(기망) 발뒤꿈치를 들고 섬.
企業(기업) 사업을 하려고 꾀함.
企劃(기획) 일을 꾀함.

어원 원래는 饑라고도 썼음. 幾에는 '조금씩'이라는 뜻이 있는데 飢는 幾 대신에 几로 하고 '음식이 조금 밖에 없다'라는 뜻을 나타냄.

활용 飢渴(기갈) 배 고프고, 목마름.
飢寒(기한) 굶주리고 추위에 떪.
饑饉(기근) 흉년으로 양식이 매우 부족함.
飢不擇食(기불택식) 배가 고픈 자는 음식을 가리지 않음.

機 機 機 機 □ □ □ □ □

어원 木과 幾(매우 약간)를 합친 글자. 원래는 베틀사이에 끼운 장치를 움직이는 매우 작은 나무 막대기를 나타냈음.

활용 機關(기관) 활동의 장치를 한 기계.
機械(기계) 일정한 운동을 일으켜서 외부에서 주어진 에너지를 유효한 일로 바꾸는 장치.
機密(기밀) 중요하고 은밀한 일.
機會(기회) 일을 하기에 가장 적당한 시기.
心機(심기) 기분.

緊 緊 緊 緊 □ □ □ □ □

어원 臤은 臣(내리 뜬 눈)과 又(손으로 무엇인가 하는 표시)로 만들어진 글자로, 눈을 내리뜨고 단정히 앉아 있는 사람처럼 몸을 긴장시킴을 뜻함. 여기에 糸를 붙여서 실을 팽팽하게 죄는 것을 나타냄.

활용 緊急(긴급) ① 느슨함이 없이 켕김.
② 일이 아주 긴하고 급함.
緊迫(긴박) 아주 긴장되게 절박함.
緊要(긴요) 아주 필요함.
緊張(긴장) 팽팽하게 켕김.
緊縮(긴축) 바짝 줄임.

어원 단지 속에 물건을 가득 넣고 뚜껑을 덮은 모양을 본뜬 글자. 속에 물건이 가득차 있음을 나타냄. 내용물이 풍부한데서 '좋다'의 뜻이 되었음.

활용 吉報(길보) 좋은 소식. ↔ 凶報(흉보)
吉兆(길조) 좋은 일이 있을 전조(前兆).
吉凶(길흉) 길함과 흉함.
吉祭(길제) 조상에 대한 제사.
吉祥(길상) 상서로운 일이 있을 조짐.

어원 爰은 두손 사이에 물건이 있는 상태를 본뜬 글자로 손과 손 사이에 여유가 있음을 뜻함. 여기에 日이 붙어서 햇빛이 골고루 널리 비추어 따뜻한 것을 나타냄.

활용 暖流(난류) 적도 부근에서 고위도의 방향으로 흐르는 해류. *寒流(한류)
暖房(난방) 방을 따뜻하게 함. 또는 따뜻한 방.
暖色(난색) 따뜻한 느낌을 주는 빛.
溫暖(온난) 따뜻함.
寒暖(한난) 추위와 따뜻함.

음훈	어려울 난
부수	隹
획수	11획

어원 𦰩은 머리가 붙은 동물의 기름을 불로 태우는 모양을 나타내는 글자. 여기에 隹(새)를 붙여서 원래는 새의 이름이었으나 나중에 산불같은 재난을 나타내게 되었음.

활용 難局(난국) 어려운 판국.
難産(난산) 순조롭지 않은 해산. ↔ 順産(순산)
難點(난점) 어지러운 점.
難題(난제) 해결하기 어려운 문제.
難處(난처) 처리하기 어려움.

음훈	남녘 남
부수	十
획수	7획

어원 十(풀의 싹)과 冂(울타리)와 羊(넣다)를 합친 글자. 따뜻한 방에 넣어 식물의 싹을 빨리 나오게 하는 모양을 나타냄. 따뜻한 방향, 즉 '남쪽'을 뜻함.

활용 南極(남극) 남쪽 끝.
南北(남북) 남쪽과 북쪽.
南下(남하) 남쪽으로 감.
江南(강남) 강 남쪽.
東南(동남) 동쪽과 남쪽 사이.

男 [음훈] 사내 남
[부수] 田　　　　[획수] 2획

男　男　男　男

[어원] 田과 力을 합친 글자. 밭일이나 사냥에 힘을 쓰는 남자를 뜻함.
[활용] 男性(남성) 사내, 남자.
男兒(남아) 사내아이, 아들.↔女兒(여아)
男爵(남작) 오등작의 맨 아래 작위.
男便(남편) 지아비.
得男(득남) 사나이를 얻음.

納 [음훈] 들일 납
[부수] 糸　　　　[획수] 4획

納　納　納　納

[어원] 內(속에 집어넣다)와 糸가 합친 글자. 직물을 관청에서 거두어 들여 창고 속에 넣음을 뜻함.
[활용] 納骨(납골) 죽은 사람의 유골을 거두어 들임.
納得(납득) 남의 말을 잘 알아 이해하고 긍정함.
納凉(납량) 여름 더위를 피하여 시원한 바람을 쐼.
納付(납부) 세금, 공과금 따위를 받침.
納稅(납세) 세금을 냄.

음훈 안 내
부수 入　　　획수 2획

어원 冂와 入(넣다)이 합친 글자. '덮개속에 넣음'을 나타냄.

활용 內閣(내각) 국가 행정권을 담당하는 최고 기관으로 정부 각 장관 등으로 조직된 합의체 관청.

內幕(내막) 일의 속내, 내부의 실정.

內面(내면) 물건의 안쪽.

內助(내조) 아내가 남편을 돕는 일.

內通(내통) 남녀가 은밀히 정을 통함.

음훈 견딜 내
부수 而　　　획수 3획

어원 而(부드럽고 길게 늘어진 수염)와 寸(동작을 나타내는 표시)이 합친 글자. 부드러운 수염처럼 끊어지지 않고 끈질기게 참고 견디는 것을 나타냄.

활용 耐久(내구) 오래 견딤, 오래 지속함.

耐乏(내핍) 궁핍(窮乏)함을 견딤.

耐熱(내열) 열에 잘 견딤.

耐火(내화) 불에 잘 견딤.

忍耐(인내) 참는 것.

| 음훈 | 계집 녀 |
| 부수 | 女 | 획수 | 0획 |

女　女　女　女

어원 손을 맞잡고 무릎을 구부린 여자를 본뜬 글자.

활용 女傑(여걸) 걸출한 여자 여장부(女丈夫).

女難(여난) 여색(女色)으로 인한 재앙.

女流(여류) 여자, 여성.

女史(여사) 사회적으로 이름있는 여성에 대한 경칭.

女裝(여장) 남자가 여자의 복장으로 외모를 꾸미는 일.

| 음훈 | 해 년 |
| 부수 | 干 | 획수 | 3획 |

年　年　年　年

어원 禾(벼)와 人(사람)을 합친 글자. 찰기가 있는 곡물이 익어서 사람이 수확하게 되기까지의 기간을 나타냄.

활용 年輪(연륜) ① 나무의 나이테.

② 기예 등에서 여러해 동안의 노력에 의한 숙련의 정도.

年俸(연봉) 한 해를 단위로 지불하는 봉급.

年齒(연치) 나이의 경칭.

年賀(연하) 신년 축하.

年號(연호) 임금이 즉위한 해를 원년으로 하여 재위 기간에 붙이는 연대 호칭.

음훈 생각할 념
부수 心　　　　**획수** 4획

어원 今(속에 품다)과 心을 합친 글자. 마음 속에 품고 생각함의 뜻. 또는 입속에 소리를 머금고 중얼거리는 것처럼 읽는 것을 나타냄.

활용 念慮(염려) 헤아려 걱정함.

念珠(염주) 부처·보살에서 예불할 때 손목에 걸거나 손으로 굴리는 불구(佛具)의 하나.

紀念(기념) 사적을 전하여 깊이 잊지 않음.

無念(무념) 아무 생각이 없음.

信念(신념) 믿을 만한 생각.

음훈 성낼 노
부수 心　　　　**획수** 5획

어원 奴(긴장하고 일하는 노예)와 心을 합친 글자. 마음이 격하게 긴장되어 화를 냄을 나타냄.

활용 怒氣(노기) 노여운 기색.

怒號(노호) ① 성내어 부르짖음.

② 바람·물결 따위의 세찬 소리.

怒聲(노성) 성난 목소리.

怒髮(노발) 성이 몹시 나서 머리털이 일어섬.

怒濤(노도) 노한 파도.

 음훈 농사 농
부수 辰 　　　　획수 7획

| 農 | 農 | 農 | 農 | | | | |

어원 옛날 글자는 숲과 조개가 부드러운 발을 내밀고 있
는 모양을 본뜬 글자로, 숲을 태우고 조가비로 땅을
일구어 부드럽게 하는 것을 나타냈음.

활용 農耕(농경) 논밭을 경작함.
　　農藥(농약) 농작물의 병충해를 예방, 구제하는 약품.
　　農業(농업) 농사짓는 직업.
　　農繁期(농번기) 농사일이 가장 바쁜 시기.
　　農作物(농작물) 논밭에 경작하는 식용 작물.

 음훈 짙을 농
부수 水 　　　　획수 13획

| 濃 | 濃 | 濃 | 濃 | | | | |

어원  農(흙을 부드럽게 개다)과 水(물)을 합친 글자. 물
기가 있어 끈적거리는 것을 나타냄.

활용 濃淡(농담) 짙고 연함. 진한 빛깔과 옅은 빛깔.
　　濃霧(농무) 짙은 안개.
　　濃縮(농축) 즙액 등이 진하게 엉기어 바싹 졸아 듦.
　　濃湯(농탕) 짙게 끓인 국물.
　　濃厚(농후) 빛깔이 짙음.

음훈 뇌 뇌
부수 月(肉)　　　**획수** 9획

腦 腦 腦 腦 □ □ □ □ □

어원 囟(머리에 털이난 모양)과 肉(고기)이 합친 글자. 부드럽고 주름이 있는 뇌를 뜻함.

활용 腦裏(뇌리) 머리 속, 마음 속.
腦膜炎(뇌막염) 뇌막에 생기는 염증.
腦溢血(뇌일혈) 뇌 안의 혈관이 터져 혈액이 출혈하는 병.
腦震蕩(뇌진탕) 충격을 받아 일시적으로 의식을 잃은 병.
腦後腫(뇌후종) 뒤통수에 나는 부스럼.

음훈 능할 능
부수 月(肉)　　　**획수** 6획

能 能 能 能 □ □ □ □ □

어원 肉(고기)과 거북의 발과 厶(밭일에 사용하는 구부러진 가래)가 합친 글자. 거북이나 곰같이 끈질기게 일하는 힘을 갖고 있음의 뜻.

활용 能力(능력) 어떤 일을 이룰 수 있는 힘.
能辯(능변) 말솜씨가 능한 사람.
能手(능수) 일에 능란한 솜씨.
能熟(능숙) 능하고 익숙함.
能通(능통) 사물에 잘 통달함.

| 음훈 | 많을 다 |
| 부수 | 夕 | 획수 | 3획 |

多 多 多 多

어원) 고기를 잔뜩 포갠 모양을 나타내는 글자.
활용) 多難(다난) 어려움이 많음.
　　　多忙(다망) 일이 많아 바쁨.
　　　多少(다소) 많고 적음.
　　　多樣(다양) 여러가지.
　　　多幸(다행) 많은 행복.

| 음훈 | 붉을 단 |
| 부수 | 丶 | 획수 | 3획 |

丹 丹 丹 丹

어원) 흙을 판 틀 안에서 수은이 함유된 붉은 주사(朱砂)
　　　가 나온 모양을 나타낸 글자.
활용) 丹粧(단장) 화장, 또는 모양을 곱게 꾸밈.
　　　丹田(단전) 배꼽에서 아래로 한 치쯤 되는 곳.
　　　丹靑(단청) 붉은 색과 푸른색.
　　　木丹(목단) 꽃 이름으로 작약을 가리킴.
　　　丹誠(단성) 진심, 참마음.

음훈	홑 단		
부수	口	획수	9획

單 單 單 單

어원 납작한 부채 하나를 본뜬 글자. 얇고 납작하여 '얇다', '정교하지 않다' 등의 뜻을 나타냄.

활용 單價(단가) 일정한 단위의 가격.
單位(단위) 물건을 측정할 때의 기준이나 정도.
單刀直入(단도직입) 한 자루의 칼만으로 적진에 쳐들어
간다는 뜻으로 여러 말을 늘어 놓지 아니하고
곧바로 본론(本論)을 말함.

음훈	짧을 단		
부수	矢	획수	7획

短 短 短 短

어원 矢와 豆(다리가 달린 접시)를 합친 글자. 똑바르고
비교적 치수가 작은 두개의 물건을 합쳐서 '짧다'라
는 뜻을 나타냈음.

활용 短劍(단검) 짧은 칼. = 短刀(단도)
短文(단문) 짧은 문장. ↔ 長文(장문)
短調(단조) 짧은 곡조.
短波(단파) 파장이 짧은 파.
短靴(단화) 목이 짧은 구두.

음훈 바를 단
부수 立 획수 9획

端 端 端 端

어원 耑은 막대기 양쪽에 천자락이 가지런히 늘어 뜨려져 있는 모양을 나타낸 글자. 여기에 立이 붙어서 양끝이 같은 길이로 가지런히 서 있는 것을 나타냄. 나중에 '끝, 끄트머리', '가지런히 고르다'의 두가지 뜻으로 쓰이게 되었음.

활용 端麗(단려) 몸가짐이 단정하고 자태가 아름다움.
端緒(단서) 일의 실마리. = 發端(발단)
端的(단적) ① 과연. ② 바로, 실로.
端正(단정) 흐트러진 데 없이 깔끔하고 바름.
端直(단직) 단정하고 정직함.

음훈 끊을 단
부수 斤 획수 14획

斷 斷 斷 斷

어원 은 실 네개와 ㄴ(짧게 구획짓는 표시)두개로 만들어진 글자. 여기에 斤(도끼)이 붙어서 도끼로 실을 싹둑 자르는 것을 나타냄.

활용 斷交(단교) 교제를 끊음.
斷念(단념) 품었던 생각을 버림.
斷髮(단발) 머리털을 짧게 자름.
斷産(단산) 아이를 못 낳게 됨.
斷言(단언) 딱 잘라 말함.

音훈 둥글 단
부수 □   획수 11획

어원 專(둥글다)과 □(둘러싸다)가 합쳐져서 둥글게 둘러
쌈을 나타냄.
활용 團結(단결) 모여 한 덩어리를 이룸.
團束(단속) 잡도리를 단단히 함.
團子(단자) 떡의 한 가지.
團長(단장) 조직체의 책임자.
團體(단체) 공동 목적을 가지고 결성한 집단.

音훈 통달할 달
부수 辶   획수 9획

達 達 達 達

어원 옛 글자는 大와 羊(양)과 辶(나아가다)로 만들어진
글자. 大는 여유가 있음의 뜻임. 羊은 순조롭게 새끼
가 태어남을 나타냄. 이 셋이 합쳐서 '여유롭게 막
힘없이 통하다'라는 뜻을 나타냄.
활용 達觀(달관) 널리 바라봄.
達辯(달변) 말을 잘함, 능란한 말.
達成(달성) 목적한 바를 이룸.
達人(달인) 학문이나 기예에 정통한 사람.
達筆(달필) 익숙하게 잘 쓰는 글씨.

談 음훈 말씀 담 / 부수 言 / 획수 7획

談 談 談 談 ☐ ☐ ☐ ☐

어원 炎(불이 활활 타다)과 言(말)이 합친 글자. 혀를 활발하게 움직여 지껄이는 것.

활용 談論(담론) 이야기 함. 담화하고 논의함.
談笑(담소) 웃으며 이야기함.
談判(담판) 쌍방이 어떤 결말을 짓기 위하여 논의함.
談話(담화) 이야기 또는 이야기함.
面談(면담) 만나서 이야기함.

淡 음훈 묽을 담 / 부수 水 / 획수 8획

淡 淡 淡 淡 ☐ ☐ ☐ ☐

어원 炎과 水(물)을 합친 글자. 炎은 음을 나타냄. 특히 맛이 없는 농축액을 뜻함.

활용 淡泊(담박) ① 시원스러움.
　　　　　　　② 욕심이 적고 깨끗함.
淡水(담수) 염분이 없는 맑은 물.
淡淡(담담) 욕심이 없고 깨끗한 모양.
淸淡(청담) 깨끗하고 욕심이 없음.
淡水魚(담수어) 민물 고기의 총칭.

음훈 대답할 답
부수 竹   획수 6획

答 答 答 答

어원 竹과 合(합치다)을 합친 글자. 원래는 위와 아래를 합치는 도시락을 말하였음. 나중에 '상대방의 질문을 받아 거기에 딱맞게 대답하다'라는 뜻이 되었음.

활용 答禮(답례) 받은 예(禮)를 갚는 일.
答辯(답변) 물음에 답하여 말함.
答案(답안) 문제에 대한 답.
答狀(답장) 답서.
解答(해답) 해설하고 답함.

음훈 집 당
부수 土   획수 8획

堂 堂 堂 堂

어원 尙은 벽의 구멍에서 공기가 빠져 나가는 모양을 본뜬 글자로 높고 넓게 퍼짐을 나타냄. 여기에 土를 붙여서 '넓고 높은 토대', '넓고 높은 토대 위에 세운 저택'을 나타나게 되었음.

활용 堂內(당내) 8촌 이내의 친족.
堂叔(당숙) 아버지의 사촌 형제.
講堂(강당) 강의하는 교실.
書堂(서당) 옛날 한문을 공부하던 곳.
食堂(식당) 식사하는 곳.

음훈	마땅할 당
부수	田
획수	8획

當 當 當 當

어원 옛날에는 논을 바꿀 때 두 논의 넓이가 꼭 같음을 當이라고 한 데서 '서로 꼭 들어맞다', '맞다'의 뜻이 되었음.

활용 當局(당국) 어떤 일을 담당 함 또는 그 곳.
當番(당번) 번드는 차례를 당함.
當時(당시) ① 이때, 지금. ② 그때. ③ 즉시.
當然(당연) 도리상 그렇게 되어야 할 일.
當直(당직) 당번으로서 일직이나 숙직을 함.

음훈	큰 대
부수	大
획수	0획

大 大 大 大

어원 사람이 손발을 벌리고 선 모양을 본뜬 글자.

활용 大家(대가) ① 부귀한 집.
　　　　　　 ② 뛰어난 전문가.
大事(대사) ① 큰 사업.
　　　　　　 ② 혼사. ③ 상사.
大勢(대세) 세상 돌아가는 형세.
大衆(대중) 많은 사람.
大會(대회) 규모가 큰 법회.

음훈 대신할 대
부수 人   **획수** 3획

代 代 代 代

어원 弋은 말뚝을 본뜬 글자. 옛날 사람을 말뚝에 밧줄을 매달아 새를 잡았음. 그때 밧줄이 꼬여 새를 칭칭 둘러감기 때문에 弋을 '꼬이다'라는 뜻으로 씀. 여기에 人(사람)을 붙인 代는 '꼬이듯이 사람이 바뀌다'라는 뜻을 나타냄.

활용 代價(대가) 노력이나 일에 대한 보수.
代理(대리) 남을 대신하여 처리함.
代辯(대변) 남의 말을 대신하여 함.
代數(대수) 숫자 대신 문자나 부호를 써서 하는 산수.
代行(대행) 남을 대신해서 함.

음훈 기다릴 대
부수 彳   **획수** 6획

待 待 待 待

어원 寺(손발을 움직이다)와 彳(행하다)를 합친 글자. 손발을 움직여 사람을 대접함을 나타냄.

활용 待機(대기) 때가 오기를 기다림.
待望(대망) 바라고 기다림.
待避(대피) 난을 임시로 피함.
期待(기대) 마음 속으로 바라는 것.
待合室(대합실) 정거장 등에서 차를 기다릴 때 쉬는 곳.

음훈 대답할 대
부수 寸 　　　　**획수** 11획

어원 丵는 악기를 달아매는 기둥 모양을 본뜬 글자. 두 개로 한 쌍이 되어 있음. 여기에 寸을 붙여서 '한 쌍이 되도록 맞추다', '두개가 정면으로 마주 보다' 라는 뜻을 나타냄.

활용 對決(대결) 양자가 맞서서 우열을 결정함.
對等(대등) 서로 견주어 낫고 못함이 없음.
對面(대면) 서로 얼굴을 마주 대함.
對案(대안) 어떤 일에 대처할 안.
對酌(대작) 마주앉아 술을 마심.

음훈 띠 대
부수 巾 　　　　**획수** 8획

어원 卅(끈으로 물건을 꿴 모양)과 㞢(드리워진 장식)을 합친 글자. 여러가지 물건을 허리띠에 매단 모양뜰 나타냄.

활용 帶劍(대검) 칼을 참 또는 그 칼.
帶狀(대상) 좁고 길어서 띠같이 생긴 모양.
帶妻(대처) 아내를 둠.
帶下(대하) 여자의 음부에서 액체가 흐르는 병.
腹帶(복대) 배에 두르는 띠.

음훈	빌릴 대
부수	貝
획수	5획

어원 代(다른사람을 대신하다)와 貝(돈이나 재산)가 합친 글자. 돈 등을 잠시 동안 다른 사람에게 건네주어 소유자가 바뀜을 뜻함.

활용 貸家(대가) 셋집.

貸出(대출) 꾸어 줌.

貸付(대부) 빌려줌.

貸與(대여) 돈이나 물건을 빌림.

음훈	덕 덕
부수	彳
획수	12획

어원 德은 直(곧음)과 心을 합친 글자로, 곧은 마음이라는 뜻. 여기에 행위를 붙여서, '곧은 마음으로 하는 행위'라는 뜻을 나타냄.

활용 德談(덕담) 잘 되기를 비는 말. ↔ 惡談(악담)

德望(덕망) ① 덕행과 인망.

② 많은 사람이 그의 덕을 경모함.

德分(덕분) 남에게 베푸는 고마움.

德性(덕성) 사람이 타고난 본성.

德澤(덕택) 남에게 끼치는 은덕의 혜택.

刀

음훈 칼 도
부수 刀   획수 0획

刀 刀 刀 刀

어원 날이 굽은 칼의 모양을 본뜬 글자. 한자 부수의 하나.
활용 刀劍(도검) 칼, 검.
短刀(단도) 짧은 칼.
銀粧刀(은장도) 여자들이 가지는 호신용 칼.

度

음훈 법도 도
부수 广   획수 6획

度 度 度 度

어원 又(손)과 庶(庶의 약자)를 합친 글자. 손으로 치수 따위를 재는 것을 나타냄.
활용 角度(각도) 각의 크기.
年度(연도) 햇수.
限度(한도) ① 한정함.
            ② 제한된 기준.
度量衡(도량형) 길이·부피·무게·자·말·저울을 말함.
度外視(도외시) 관심을 두지 않음.

道 **음훈** 길 도
부수 辶 **획수** 9획

道 道 道 道 ☐ ☐ ☐ ☐

어원 首와 辶(나아가다)를 합친 글자. 首는 음을 나타냄. 끝없이 이어진 길이라는 뜻. '수'는 음이 바뀌어 '도'가 됨.

활용 道義(도의) 사람으로서 마땅히 행해야 할 도덕과 의리.
道場(도장) 수양, 훈련을 목적으로 하여 단체 생활을 하는 곳.
道程(도정) 길의 이수, 여정. ＊ 路程(노정)
街道(가도) 길.
武道(무도) 무술을 닦는 기술.

島 **음훈** 섬 도
부수 山 **획수** 7획

島 島 島 島 ☐ ☐ ☐ ☐

어원 山과 鳥를 합친 글자. 철새가 쉬는 바다 가운데의 작은 산, 섬을 나타냄.

활용 群島(군도) 여러 섬.
半島(반도) 삼면이 바다로 쌓인 육지.
列島(열도) 여러 섬.
無人島(무인도) 사람이 없는 섬.
島國根性(도국근성) 섬나라 사람의 옹졸한 성질, 배타적이고 단결성·독립성이 강함.

都 음훈 도읍 도 · 부수 阝 · 획수 9획

都 都 都 都 ☐ ☐ ☐ ☐ ☐

어원 者(불이 한 곳에서 타고 있다)와 阝(마을)을 합친 글자. 사람들이 가득 모인 큰 마을이라는 뜻.

활용 都賣(도매) 도거리로 팖. ↔ 小賣(소매)
都市(도시) 사람이 많이 사는 곳.
都心(도심) 도시의 중심부.
都會(도회) 사람이 많이 사는 번화한 곳.
首都(수도) 서울.

倒 음훈 넘어질 도 · 부수 人 · 획수 8획

倒 倒 倒 倒 ☐ ☐ ☐ ☐ ☐

어원 到(활처럼 휘어져 오다)와 人(사람)이 합친 글자. 몸이 활 모양으로 휘어서 머리가 땅에 닿는 일. '넘어지다'의 뜻을 나타냄.

활용 倒閣(도각) 내각을 무너뜨림.
倒産(도산) ① 파산함.
② 아이를 거꾸로 낳음.
倒生(도생) 초목이 머리를 땅에 붙이고 자라기 때문에 이르는 말, 즉 초목(草木).
倒置(도치) 거꾸로 놓음.
卒倒(졸도) 갑자기 넘어짐.

凍 **음훈** 얼 동
부수 冫 　　　**획수** 8획

凍 | 凍 | 凍 | 凍 | | | | |

어원 東(끝에서 끝까지 관통하다)과 冫(얼음)이 합친 글자. 꽁꽁 얼어붙은 것을 나타냄.

활용 凍結(동결) ① 얼어붙음.
② 파산, 자금 등의 사용 및 이동을 금지함, 또는 그 상태.
凍傷(동상) 얼어서 살갗이 상함.
凍土(동토) 얼어 붙은 땅.
凍害(동해) 식물이 추위로 얼거나 말라 죽는 일.
冷凍(냉동) 인공적으로 얼게 함.

頭 **음훈** 머리 두
부수 頁 　　　**획수** 7획

頭 | 頭 | 頭 | 頭 | | | | |

어원 頁(머리)과 豆(가만히 한곳에 있는 가늘고 긴 제기)가 합친 글자로, 가만히 몸 위에 똑바로 있는 머리를 나타냄.

활용 頭角(두각) ① 머리끝, 정수리.
② 우뚝 뛰어남.
頭目(두목) 우두머리, 불순분자의 우두머리.
頭髮(두발) 머리 털.
頭緒(두서) 일의 단서.
頭痛(두통) 머리가 아픔.

음훈 얻을 득
부수 彳
획수 8획

得 得 得 得

어원 昮 와 寸(손)을 합친 글자로, 손으로 조개를 집는 모양을 나타냄. 여기에 彳(가다)를 붙여서, 나가서 물건을 손에 넣음을 나타냄.

활용 得男(득남) 아들을 낳음.
得勢(득세) ① 세력을 낳음.
② 형세가 좋아짐.
得失(득실) 얻음과 잃음.
得意(득의) 바라는 대로 됨.
得票(득표) 선거에서 표를 얻음.

음훈 가지런할 등
부수 竹
획수 6획

等 等 等 等

어원 竹과 寺(＝持, 가만히 손에 쥐다)로 만들어진 글자. 몇 자루의 대나무 표찰을 가지런히 손에 쥔 것을 뜻함. 나중에 같은 크기로 갖추어져 있는 물건을 나타내게 되었음.

활용 等級(등급) 우열, 고하 등의 차례.
等差(등차) 등급의 차이.
等數(등수) 등급.
等外(등외) 정한 등급의 밖.
等閒視(등한시) 대수롭지 않게 여김. 소홀히 여김.

음훈 오를 등
부수 癶
획수 7획

登 | 登 | 登 | 登 | | | | |

어원 옛 글자는 양발과 다리가 달린 그릇과 양손을 합친 글자. 그릇을 양손으로 들어올리듯 양발로 몸을 위로 올리는 것. 즉 '오르다', '올라가다'라는 뜻을 나타냄.

활용 登記(등기) ① 장부에 기재함.
② 등기우편의 준말.
登場(등장) 시험장에 나옴.
登廳(등청) 관청에 출근함.
登板(등판) 야구에서 투수가 마운드에 서는 일.
登龍門(등용문) 입신 출세에 이르는 직접적인 과정, 고 비를 이름.

음훈 등잔 등
부수 火
획수 12획

燈 | 燈 | 燈 | 燈 | | | | |

어원 登(두발로 높이 오르다)과 火를 합친 글자. 높이 들 어올려 내린 불을 뜻함.

활용 燈籠(등롱) 등불을 켜는 기구.
燈盞(등잔) 등불의 기름을 담아서 불을 켜는 데에 쓰는 기구.
燈火(등화) 등불.
燈下不明(등하불명) '등잔밑이 어둡다'는 뜻으로 가까 운 데 생긴 일을 더 모른다는 비유.
燈火可親(등화가친) 가을이 되면 시원해지고 밤도 길어 서 정신이 맑아서 독서하기에 좋음.

落 落 落 落 □ □ □ □ □

어원 洛(락)과 艸(풀)로 만들어진 글자. 洛은 음을 나타냄. 초목의 잎이 소리없이 떨어짐을 나타냄.

활용 落款(낙관) 서화에 필자가 서명하거나 아호(雅號)가 새겨진 도장을 찍는 일.

落膽(낙담) 실망하여 맥이 풀림

落雷(낙뢰) 벼락이 떨어짐.

落淚(낙루) 눈물을 흘림.

落盤(낙반) 광산 갱내의 천장이나 벽이 무너져 내리는 일.

樂 樂 樂 樂 □ □ □ □ □

어원 나무 위에 고치를 매단 모양을 본뜬 글자. 원래는 동글동글한 열매가 열리는 상수리나무의 뜻.

활용 樂園(낙원) 안락한 곳.

樂劇(악극) 음악극, 가극.

樂譜(악보) 음악의 곡조를 일정한 문자 또는 기호로 써 적은 곡보.

樂觀(낙관) 형편을 좋게 봄.

樂山樂水(요산요수) 산과 물을 좋아함.

어원 𤔔는 실패를 손으로 잡아당기고 있는 모양으로, 뒤얽혀 있는 것을 나타냄. 여기에 乙(억누르다, 막다)이 붙은 亂은 '뒤얽힌 것을 바로잡다'라는 뜻도 나타냄.

활용 亂立(난립) 후보자들이 한꺼번에 여럿이 나섬.
亂入(난입) 난폭하게 여럿이 마구 밀고 들어감.
亂中(난중) 난리중.
亂打(난타) 잇따라 마구 침.
亂筆(난필) 함부로 쓴 글씨.

良(맑고 투명하다)과 水(물)을 합친 글자. 맑은 물을 뜻함.
浪漫(낭만) 현실적이 아니고 공상적, 환상적인 상태.
浪費(낭비) 재물을 함부로 씀.
浪人(낭인) 일정한 거처가 없이 떠도는 사람.
激浪(격랑) 심한 파도.
放浪(방랑) 여기 저기 떠도는 것.

음훈 올 래
부수 人　　　　　　획수 6획

來 | 來 | 來 | 來

어원 무르익은 보리이삭이 축 늘어진 모양을 본뜬 글자. 원래는 중앙 아시아에서 건너온 소맥의 뜻이고 보리가 '신종이 건너오다'라는 뜻이었는데 후에 어긋나서 來가 '오다'라는 뜻으로 쓰이게 되었음.

활용 來歷(내력) 겪어 지나온 자취. 유래, 경력.
來訪(내방) 오고 가고 함.
來世(내세) ① 다음시대.　② 죽은 후에 다시 태어날 일생.
來往(내왕) 오고 가는 것.
來朝(내조) 외국의 사신이 찾아옴.
將來(장래) 앞날의 일.

음훈 찰 냉
부수 冫　　　　　　획수 5획

冷 | 冷 | 冷 | 冷

어원 令(사람들을 모아 신성한 신의 계시를 들려주다)과 冫(얼음)이 합친 글자. 깨끗하고 아주 맑으며 얼음처럼 차가운 것을 나타냄.

활용 冷却(냉각) 식혀 차게 함.
冷淡(냉담) 인정이 없음.
冷徹(냉철) 냉정하고 투철함.
冷害(냉해) 한랭으로 인한 피해.
冷血(냉혈) 인정이 없고 냉혹함.

음훈 다스릴 략
부수 田　　　　획수 6획

어원 음을 나타내는 各와 田으로 만들어진 글자. 논밭을 가로지르는 작은 길을 만드는 것. 나중에 '가로지르는 지름길을 생각하다', '완곡한 수고를 덜고 간단하게 지름길을 통과하다' 등의 뜻을 나타나게 되었음.

활용 略圖(약도) 간략하게 그린 도면.
略字(약자) 획을 줄이어 쓴 간단한 글자.
略取(약취) 약탈하여 가짐.
略號(약호) 간략하게 만든 부호.
省略(생략) 간략하게 함.

음훈 좋을 량
부수 艮　　　　획수 1획

어원 벼나 보리 등의 낟알을 물에 씻어 깨끗하게 하는 모양을 나타낸 글자. 더러움 없이 깨끗하게 맑아진다는 뜻을 나타냄.

활용 良心(양심) 사람의 본마음, 인간 고유의 선심(善心).
良好(양호) 매우 좋음.
改良(개량) 다시 고쳐서 좋게 함.
不良(불량) 좋지 못함.
最良(최량) 가장 좋음.

음훈	헤아릴 량
부수	里
획수	5획

量 量 量 量

어원 쌀이나 조 등의 곡물 모양과 重의 생략한 형이 합친 글자. 무게를 재는 것을 나타냄.

활용 量感(양감) 크고 풍만한 느낌.
計量(계량) 분량이나 무게를 잼, 양을 계산함.
度量(도량) 마음이 넓고 배포가 큼.
分量(분량) 양을 말함.
量入計出(양입계출) 수입을 헤아려 지출을 조절함.

음훈	서늘할 량
부수	水
획수	8획

凉 凉 凉 凉

어원 水(물)와 음을 나타내는 京(차다)을 합친 글자. 물이 차가움을 나타냄. 여기에서 '시원하다'라는 뜻으로 쓰이게 됨.

활용 凉秋(양추) 상쾌하고 서늘한 가을.
凉風(양풍) 서늘한 바람.
凉德(양덕) 엷은 인덕.
清凉(청량) 날씨가 맑고 서늘함.

음훈 군사 려
부수 方　　　　획수 6획

旅 旅 旅 旅 □ □ □ □ □

어원 方(깃발)과 두 사람을 합친 글자. 사람들이 깃발 아래서 열을 짓는 것을 나타냄. 열을 지어 가는 병사나 대상을 말함.

활용 旅客(여객) 나그네, 길손.
旅券(여권) 외국 여행하는 사람에게 정부가 주는 여행 허가증.
旅愁(여수) 객지에서 느끼는 호젓한 생각.
旅程(여정) 여행 노정.
旅行(여행) 객지로 다니는 일.

음훈 고울 려
부수 鹿　　　　획수 8획

麗 麗 麗 麗 □ □ □ □ □

어원 두개가 나란한 사슴의 뿔과 鹿(사슴)으로 만들어진 글자. 원래는 한 줄로 늘어서서 움직이는 사슴의 뜻이었으나 나중에 '가지런히 늘어놓아 아름답다'라는 뜻을 나타내게 되었음.

활용 麗句(여구) 아름다운 글귀.
麗謠(여요) 고려가요.
麗月(여월) 음력 2월의 별칭.
麗人(여인) 아름다운 여인.
麗天(여천) 해, 달이 하늘에 있음.

어원 厲는 厂(돌이 데굴데굴 구르는 벼랑)과 萬(심하게 무는 전갈)이 합친 글자에, 힘을 들여서 세게 문지르는 숫돌을 말함. 여기에 力을 붙여서 '힘을 많이 들이다', '힘쓰다'의 뜻을 나타냄.

활용 勵節(여절) 지조를 지키도록 권장함.

勵行(여행) 힘써 행함, 또는 행하기를 장려함.

激勵(격려) 분발 하도록 마음을 북돋워줌.

奮勵(분려) 기운을 내어 힘씀.

獎勵(장려) 권장함.

어원 厤은 禾(벼)를 지붕 아래에 늘어놓은 모양을 본뜬 글자로 '질서 있게 늘어놓다'라는 뜻을 지님. 여기에 止(발)가 붙어서 질서있게 차례차례로 걸어서 지나가는 것을 나타냄.

활용 歷歷(역력) ① 분명함.

② 자랑스러움, 명예스러움.

歷代(역대) 여러 대를 연이음.

歷史(역사) 인류 사회가 변천, 발전하여 온 사실을 기록.

歷任(역임) 여러 벼슬을 차례로 지냄.

음훈 이을 련
부수 辶
획수 7획

連 連 連 連 ☐ ☐ ☐ ☐ ☐

어원 車와 辶(나아가다)을 합친 글자. 여러대의 수레가 잇달아 나아감을 나타냄.

활용 連結(연결) 서로 이어 맺음.

連絡(연락) 서로 관계함.

連帶(연대) 서로 연결함.

連鎖(연쇄) 양쪽을 연결하는 사슬.

連日(연일) 날마다, 매일.

음훈 익힐 련
부수 糸
획수 9획

練 練 練 練 ☐ ☐ ☐ ☐ ☐

어원 柬은 束(묶다)과 八(가르는 표시)이 합친 글자로 가려내어 놓은 것만을 모음을 뜻함. 여기에 糸를 붙여서 명주실을 모아 물에 담근 뒤 가려내어 좋은 실로 누비는 것을 나타냄.

활용 鍊磨(연마) 갈고 닦음.

練兵(연병) 군대를 훈련함.

練習(연습) 학술이나 기예 등을 되풀이하여 익힘.

練絲(연사) 부드럽게 한 실.

熟練(숙련) 숙달하여 익힘.

어원 戀는 두개의 絲와 言(구별을 짓다)을 합친 글자에 얽힌실을 풀려고 하여도 좀처럼 풀리지 않음. 여기에 心을 붙여서 마음이 산만해져서 잘 분간할 수 없음을 나타냄.

활용 戀慕(연모) 사랑하여 그리워함.

戀文(연문) 연애 편지.

戀愛(연애) 남녀 간에 서로 사모하는 사랑.

戀人(연인) 그리워하고 사모하는 상대편의 사람.

戀敵(연적) 연애의 경쟁자.

어원 歹(한개씩 부서진 뼈)에 刀(칼)를 붙여서 척추 등을 칼로 떼어놓아 늘어놓은 것을 나타냄.

활용 列强(열강) 여러 강대한 나라들.

列擧(열거) 여러 가지 예(例)를 듦.

列島(열도) 줄지어 있는 여러개의 섬들.

列席(열석) 자리에 죽 벌리어 있음.

列傳(열전) 많은 사람들의 전기를 차례로 배열한 책.

음훈	세찰 렬
부수	火
획수	6획

烈　烈　烈　烈

어원 列(몇 개로 나뉘어 늘어서다)과 火(불)을 합친 글자. 불이 활활 번져서 타오르는 것을 나타냄.

활용 烈女(열녀) 기상이 강하고 절개가 굳은 여자.
烈士(열사) 기상이 장하고 절의를 굳게 지키는 사람.
烈性(열성) 맹렬한 성질.
烈火(열화) 맹렬하게 타는 불.
壯烈(장렬) 씩씩하고 맹렬함.

음훈	못할 렬
부수	力
획수	4획

劣　劣　劣　劣

어원 少(적다)와 力(힘)이 합친 글자. 힘이 적다는 뜻을 나타냄.

활용 劣等(열등) 낮은 등급. ↔ 優等(우등)
劣勢(열세) 세력이 뒤짐, 또는 약한 세력.
劣位(열위) 다른 것보다 떨어져 있는 지위.
劣敗(열패) 힘이 남보다 못하여 짐.
卑劣(비열) 사람이 아주 못남.

令 음훈 하여금 령
부수 人　　　　획수 3획

令 | 令 | 令 | 令 | | | | |

어원 ㅅ(모으는 표시)와 卩(사람이 무릎을 꿇은 모양)이 합친 글자. 사람들을 모아놓고 무엇인가를 명령하여 복종하게 하는 것을 나태냄. 또, '깨끗하고 아름답다'는 뜻도 지님.

활용 令息(영식) 남을 높여 그의 아들을 일컫는 말.
令愛(영애) 남을 높여 그의 딸을 일컫는 말.
令狀(영장) 명령을 적은 문서.
令兄(영형) 편지 따위에서 벗을 높여 일컫는 말.
令夫人(영부인) 남의 아내를 높이여 일컫는 말.

領 음훈 옷깃 령
부수 頁　　　　획수 5획

領 | 領 | 領 | 領 | | | | |

어원 頁(머리)과 令(산뜻하다)이 합친 글자. 머리 부분 중에서 산뜻하게 눈에 띄는 목덜미. '고개를 끄덕이고 받아 들이다', '목같이 중요한 곳'이라는 뜻으로 쓰임.

활용 領袖(영수) 많은 사람을 통솔하는 우두머리.
領域(영역) 영유하고 있는 구역, 영지의 범위.
領土(영토) 한 나라의 통치권이 미치는 지역.
領海(영해) 한 나라의 연안에 있어 통치권이 미치는 수역.
要領(요령) 일과 물건이 요긴하고 으뜸되는 큰 줄거리.

어원 靈은 음을 나타내고 冷(맑고 차갑다)이라는 뜻을 지님.
巫는 신의 계시를 전하는 무당. 합쳐서 깨끗한 신의
계시를 나타냄. 나중에 '신', '영혼' 등의 뜻이 되었음.

활용 靈感(영감) ① 신불의 영묘한 감응.
　　　　　　　② 신령스러운 예감.
　　　靈柩(영구) 시체를 넣은 관(棺).
　　　靈魂(영혼) 넋, 정신.
　　　亡靈(망령) 죽은 사랑의 혼.
　　　魂靈(혼령) 넋, 혼.

어원 列(여러 개로 가르는 일)과 人(사람)이 합친 글자.
여러 개로 나누어 놓았기 때문에 비슷한 것이 늘어
선 모양을 나타냄.

활용 例文(예문) 용례로 드는 문장.
　　　例事(예사) 세상에 흔히 있는 일.
　　　例外(예외) 규정이나 정례에 어긋나는 일.
　　　古例(고례) 옛날의 정례.
　　　事例(사례) 일의 전례.

禮 禮 禮 禮

어원 示(제단)와 豊(신에게 바치는 물건을 담은 받침대)을 합친 글자. 신에게 제물을 바치고 행하는 제례를 뜻함.

활용 禮拜(예배) 신이나 부처 앞에 경배함.

禮法(예법) 예의로써 지킬 규범이나 법칙.

禮儀(예의) 경의, 근신을 나타내는 법식.

禮節(예절) 예의 범절.

禮砲(예포) 예식 등에서 환영의 총포.

路 路 路 路

어원 足(발)과 음을 나타내는 各이 합친 글자. 원래는 絡과 비슷한 뜻으로 '연락용의 샛길'을 말함. 나중에 널리 '길'의 뜻이 되었음.

활용 路傍(노방) 길가.

路資(노자) 여행하는 데에 드는 돈, 여비.

經路(경로) ① 지나는 길.

② 일의 진행 과정.

歸路(귀로) 돌아가는 길.

航路(항로) 뱃길.

  이슬 로
 부수 雨　　　획수 12획

露 露 露 露

어원 路와 雨로 만들어진 글자 路는 음을 나타냄. 투명한 물방울, 즉 '이슬', 이슬은 그림자도 없는 곳에서 생긴다는 데서 '나타나다' 라는 뜻으로도 쓰이게 되었음.

활용 露骨(노골) 뼈를 드러낸다는 뜻에서 속내를 나타냄을 이름.
露宿(노숙) 한데서 잠.
露店(노점) 한데에 상품을 벌여 놓은 가게.
露天(노천) 한데, 지붕이 없는 곳.
露出(노출) 드러남 또는 드러냄.

 음훈 늙은이 로
부수 老　　　획수 0획

老 老 老 老

어원 머리카락이 길고 허리가 굽은 노인이 지팡이를 짚고 있는 모양을 본뜬 것. 몸이 굳어버린 늙은이를 나타냄.

활용 老軀(노구) 늙은 몸.
老兵(노병) 늙은 병사.
老婆(노파) 늙은 여자.
老廢(노폐) 늙어서 쓸모 없게 됨.
老後(노후) 늙은 뒤.

음훈	일할 로
부수	力
획수	10획

勞 勞 勞 勞 □ □ □ □ □

어원 𤇾는 '불이 늘 활활 타오르게 하다'의 뜻에 力을 붙여서 늘 불을 태우듯이 매우 힘씀을 뜻한다. 일을 심하게 해서 노곤함을 나타냄.

활용 勞苦(노고) 애쓰고 고생함 또는 괴롭히고 지치게 함.

勞役(노역) 수고하여 일함.

勞賃(노임) 품삯, 노동에 대한 보수.

勞組(노조) 노동 조합의 약칭.

功勞(공로) 일에 애쓴 공적.

음훈	초록빛 록
부수	糸
획수	8획

綠 綠 綠 綠 □ □ □ □ □

어원 彔은 대나 나무에서 벗겨낸 껍질이 어지럽게 흩어지는 모양을 본뜬 글자에 糸를 붙여서 껍질을 벗긴 취죽과 같은 색으로 염색한 실을 나타냄.

활용 綠水(녹수) 푸른 물 또는 푸른 나무 그림자가 비친 물.

綠陰(녹음) 나무 그늘.

綠地(녹지) 풀과 나무가 많아 푸른 땅.

綠化(녹화) 초목을 많이 가꾸어 푸르게 만듦.

新綠(신록) 늦은 봄, 첫여름 무렵 나뭇잎의 푸른 빛.

음훈 기록할 록
부수 金　　　　　　**획수** 8획

錄 錄 錄 錄 □ □ □ □ □

어원 彔은 모양의 바깥쪽을 깎은 모양을 나타내는 것에 金을 붙여서 청동의 표면을 깎고 문자를 새기는 것을 나타냄.

활용 錄音(녹음) 소리를 레코드나 테이프에 수록함.
紀錄(기록) 써서 남기는 것.
目錄(목록) 물품이나 소장품을 적어둔 기록, 목차.

음훈 말할 론
부수 言　　　　　　**획수** 8획

論 論 論 論 □ □ □ □ □

어원 侖은 亼(모으는 표시)와 冊(글씨를 쓰는 조붓한 종이)로 만들어진 글자로 조붓한 종이를 모아 깔끔하게 정리하는 것. 여기에 言(말)이 합쳐서 '말을 조리있게 정리하여 줄거리를 세워 말함'을 뜻함.

활용 論告(논고) 공판정에서 검사가 죄를 논하여 형을 구 하는 일.
論文(논문) 연구 결과를 발표하는 글.
論辨(논변) 사리를 논하여 밝힘.
論語(논어) 사서의 하나.
論爭(논쟁) 서로 의견을 굽히지 않고 논란함, 말다툼.

음훈 우뢰 뢰
부수 雨   획수 5획

어원 옛날 글자는 동그라미가 뒤얽혀 있는 모양. 나중에 雨
를 붙여서 비가 내릴 때 발생하는 천둥을 나타내었음.
활용 雷同(뇌동) 아무 주견없이 남의 의견에 덩달아 어울림.
　　 雷聲(뇌성) 천둥소리.
　　 雷雨(뇌우) 천둥과 비.
　　 魚雷(어뢰) 공격용 수뢰의 하나.
　　 地雷(지뢰) 땅 속에 묻는 폭약.

음훈 헤아릴 료
부수 斗   획수 6획

어원 米와 斗(국자)를 합친 글자. 곡물을 재는 것을 나타냄.
활용 料金(요금) 사용하거나 힘을 빌었거나 했을 때 값으로
　　　　　　　 셈하는 돈.
　　 料理(요리) ① 헤아려 다스림.
　　　　　　　 ② 음식물을 조리함.
　　 給料(급료) 노력에 대한 보수.
　　 無料(무료) 요금이 없음.
　　 材料(재료) 물건을 만드는 감.

음훈 다락 루
부수 木   획수 11획

樓 | 樓 | 樓 | 樓 | | | | |

어원 婁는 毋(꿰뚫다)와 中(빠져나오다)과 女를 합친 글자로, 여자 노예를 한 줄로 묶음을 뜻함. 여기에 木을 붙여서 나무 기둥을 통하여 2층·3층으로 계속 쌓은 높은 건물을 나타냄.

활용 樓閣(누각) 사방을 바라볼 수 있게 높이 지은 집.
樓臺(누대) 높은 건물, 누각의 위.
樓上(누상) 높은 누각의 위.
鐘樓(종루) 종을 매단 건물.

음훈 버들 류
부수 木   획수 5획

柳 | 柳 | 柳 | 柳 | | | | |

어원 卯는 원래 닫힌 창문을 활짝 여는 모양으로 '슬쩍 벗어나다'라는 뜻을 나타냄. 여기에 木이 붙어서 가지가 갈라져서 나부끼는 나무, 즉 버드나무를 뜻함.

활용 柳器(유기) 버드나무 가지로 만든 그릇.
柳眉(유미) 버들잎같이 가늘고 아름다운 눈썹.
柳腰(유요) 버드나무처럼 가는 허리.
細柳(세류) 가는 버드나무.
花柳(화류) ① 꽃과 버들.
② 사내들을 상대하여 노는 여자.

음훈 머무를 류
부수 田　　　획수 5획

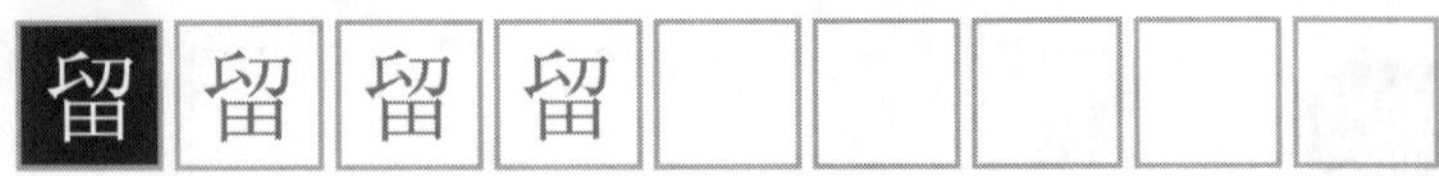

어원 옛 글자는 문을 밀어 젖히는 모습에 一을 붙여서 문이나 창문을 닫고 가두는 것을 나타내었음. 여기에 田(넓이가 정해진 땅)이 붙어서 '어떤 장소에 가두어 머물게 하다'는 뜻을 나타냄.

활용 留念(유념) 마음에 새겨둠.
留宿(유숙) 남의 집에 머물러 묵음.
留任(유임) 임기가 찬 후에도 그 자리에 머물러 있음.
留置(유치) 보관하여 둠.
留學(유학) 외국에 머물러 있으면서 공부함.

음훈 흐를 류
부수 水　　　획수 7획

어원 㐬는 ㊀(아이가 머리를 아래쪽으로 누워있는 모습)과 川(물이 흐르는 모양)을 합친 글자로 흘러가는 것을 나타내는 것에 水(물)이 붙어서 '흐르다'는 뜻을 한층 확실하게 함.

활용 流浪(유랑) 떠돌아 다님, 이리저리 방랑함.
流暢(유창) 하는 말이나 글 읽는 것이 조금도 거침이 없음.
流通(유통) 화물이 여러 곳으로 수출됨.
流行(유행) 세상에 널리 행하여짐.
交流(교류) 다른 계통끼리 서로 교차됨.

음훈 뭍 륙
부수 阜 획수 8획

陸 陸 陸 陸

어원 阜(언덕)과 음을 나타내는 '늘어서다'를 합친 글자로, 조그만 언덕이 연속해서 있다의 뜻을 나타냄.

활용 陸路(육로) 육지 위의 길. ↔ 海路(해로)
陸離(육리) 많은 빛이 섞여 눈부시게 빛남.
陸松(육송) 솔, 소나무.
陸地(육지) 대지, 뭍.
陸續(육속) 서로 연이어져 끊어지지 않은 모양.

음훈 인륜 륜
부수 人 획수 8획

倫 倫 倫 倫

어원 侖은 ㅅ(모으는 표시)와 冊(조붓한 종이)를 합친 글자로, 대나무로 된 표를 잘 정리하는 모양이나 비슷한 물건이 차례대로 늘어서 있는 것을 나타냄. 여기에 人이 붙어서 '잘 정돈된 사람과 사람 사이'의 뜻을 나타냄.

활용 倫理(윤리) 인륜 도덕의 원리.
倫次(윤차) 질서 있는 순서.
倫匹(윤필) ① 친구, 동배.
　　　　　 ② 아내.
不倫(불륜) 도덕에 벗어남.
人倫(인륜) 사람이 지켜야할 도리.

| 음훈 | 바퀴 륜 |
| 부수 | 車 | 획수 | 8획 |

輪 輪 輪 輪 ☐ ☐ ☐ ☐ ☐

어원 侖은 亼(모으는 표시)와 冊(조붓한 종이)를 이은 모양으로 만들어진 글자로, '모아서 깔끔하고 가지런히 정리하다'라는 뜻을 지님. 여기에 車를 붙여 바깥 바퀴를 떠받치는 막대기가 규칙적으로 나열해 있는 수레의 바퀴를 나타냄.

활용 輪讀(윤독) 여러 사람들이 한 권의 책을 돌려가며 읽음.
輪禍(윤화) 수레에 의한 재화(災禍).
法輪(법륜) 부처의 교화와 설법.
五輪(오륜) 올림픽 마크.
車輪(차륜) 수레바퀴.

| 음훈 | 법 률 |
| 부수 | 彳 | 획수 | 6획 |

律 律 律 律 ☐ ☐ ☐ ☐ ☐

어원 聿은 붓을 쥐는 손. 여기에 彳(행위)를 붙여서 행위의 규칙을 붓으로 조목조목 씀을 나타냄.

활용 律動(율동) ① 규칙적으로 되풀이 되는 운동.
② 리듬에 맞추어 추는 춤.
律詩(율시) 한시의 한 문체로 8구(句)로 되어 있음.
律調(율조) 시의 리듬.
律宗(율종) 계율을 숭상하는 불교의 한 종파.
自律(자율) 다른 것에 제약받지 않고 스스로의 행위를 제어하는 일.

음훈 비율 률, 거느릴 솔
부수 玄　　　**획수** 6획

어원 玄(끝부분이 살짝 보이는 가는 실)과 〃(좌우로 가르는 표시)와 十(종합하다)을 합친 글자. 쓸데없는 실보푸라기를 없애고 남은 실을 하나로 단단히 묶어 종합하는 것을 나타냄.

활용 率先(솔선) 앞장섬, 남보다 앞서 행함.
率直(솔직) 꾸밈없고 정직함.
家率(가솔) 가족, 집안.
比率(비율) 어떤 수, 양의 다른 수, 양에 대한 비.
率由(솔유) 따름, 좇음.

음훈 큰언덕 릉
부수 阜　　　**획수** 5획

어원 육지를 줄인 자(陸)와 다리로 만들어진 글자(夊)로, 근육의 힘줄을 당기며 언덕을 오르려고 애씀을 나타내는것과 阜(두둑해진 흙)를 합쳐서 힘줄처럼 불거져 나온 산의 등줄기를 나타냄.

활용 陵墓(능묘) 천자 또는 제후의 무덤.
陵辱(능욕) 여자를 욕보임.
陵遲(능지) 팔, 다리, 머리 등을 도려내는 형벌.
陵寢(능침) 능묘.
陵幸(능행) 임금이 능으로 거동함.

理

음훈 다스릴 리
부수 玉　　　획수 7획

理 理 理 理

어원 里(가지런히 도랑을 낸 땅)와 玉(구슬)을 합친 글자. 보석의 무늬를 말함.

활용 理念(이념) 이성의 판단으로 얻은 최고의 개념.
理想(이상) 뜻하고 노력하여 도달하여야 할 최고의 목표.
理性(이성) 사물을 바르게 판단하는 능력.
理致(이치) 사물의 정당한 도리.
理解(이해) 사리를 분별하여 앎.

利

음훈 날카로울 리
부수 刀　　　획수 5획

利 利 利 利

어원 禾(벼)와 刀(농기구 쟁기)가 합친 글자. 원래는 밭을 갈아 땅에 바람을 통하게 하는 일, 싹둑싹둑 잘라가는 것을 뜻하였으나 나중에 '일이 순조롭게 잘 진행되다', '칼이 잘 든다'를 나타내게 되었음.

활용 利權(이권) 이익을 얻을 수 있는 권리.
利得(이득) 이익. ↔ 損失(손실)
利用(이용) 이롭게 씀.
利潤(이윤) 장사하여 남은 돈.
利害(이해) 이익과 손해.

음훈 떠날 리
부수 隹 　　　　**획수** 11획

離　離　離　離

어원 离는 다리가 달린 큰 동물. 여기에 새(隹)를 붙여서 동물이 새를 잡아먹으려고 달라붙었다 떨어졌다 하는 모양을 나타냄.

활용 離間(이간) 두 사람 사이를 멀어지게 함.
離別(이별) 서로 갈라짐, 헤어짐.
離鄕(이향) 고향을 떠남.
離婚(이혼) 부부가 갈라섬.
距離(거리) 일정한 간격.

음훈 이웃 린
부수 阜 　　　　**획수** 12획

隣　隣　隣　隣

어원 㷠은 炎(타고 있는 불)과 좌우의 발이 벌어져 비틀거리는 모양으로 만들어진 글자로 묘지의 여기저기 깜빡거리는 도깨비불이라는 뜻. 이것과 阜(마을)를 합쳐서 집의 불빛이 여기저기 흔들거리며, 나란히 늘어서 있음을 나타냄.

활용 隣家(인가) 이웃집.
隣近(인근) 가까운 이웃, 근처.
隣接(인접) 이웃에 접해 있음.
隣村(인촌) 이웃 마을.

음훈 수풀 림
부수 木   **획수** 4획

林 林 林 林

어원 木을 두 개 늘어 놓은 글자. 나무가 많이 늘어선 숲을 나타냄.

활용 林産(임산) 산림의 생산에 관한 사업의 한 분야.
林業(임업) 산림을 육성하여 목재 등을 생산하는 산업.
林野(임야) 나무가 많이 있는 들.
密林(밀림) 빽빽한 숲.
森林(삼림) 수목이 울창한 곳.

음훈 설 립
부수 立   **획수** 0획

立 立 立 立

어원 두 발을 땅에 대고 사람이 서 있는 모양을 본뜬 것.

활용 立證(입증) 증거를 세움.
立志(입지) 뜻을 세움.
立秋(입추) 24절기의 하나, 8월 8일경.
立春(입춘) 24절기의 하나, 2월 4일경.
立夏(입하) 24절기의 하나, 5월 6, 7일경.

馬 음훈 말 마
부수 馬　　　획수 0획

| 馬 | 馬 | 馬 | 馬 | | | | | |

어원 말을 본뜬 글자.
활용 馬脚(마각) ① 말의 다리.
　　　　　　　② 가식(假飾)하여 숨긴 본성이나 진상(眞相).
　　馬賊(마적) 말을 탄 도적.
　　種馬(종마) 씨를 받는 말.
　　走馬燈(주마등) 돌리는 대로 그림의 장면이 다르게 보
　　　　　　　이는 등.

幕 음훈 막 막
부수 巾　　　획수 11획

| 幕 | 幕 | 幕 | 幕 | | | | | |

어원 莫은 초원 저쪽으로 해가 가려지는 모양을 본뜬 글자
　　로 '볼 수 없게 되다', '없다' 라는 뜻을 나타냄. 여기
　　에 巾(천)을 붙여서, 물건을 덮어 씌우는 천을 나타냄.
활용 幕間(막간) 연극에 있어서 한 막이 끝나고 다음 막이 시
　　　　　　　작되기까지의 동안.
　　幕舍(막사) 임시로 간단하게 꾸민 집.
　　幕後(막후) 어떤 일의 배후.
　　軍幕(군막) 군대의 천막.
　　黑幕(흑막) 겉으로 드러나지 않은 음흉한 내막.

음훈 일만 만

부수 艸   **획수** 9획

어원 무서운 독을 지닌 '전갈'을 나타내는 글자.

활용 萬感(만감) 많은 느낌, 온갖 감회.

萬能(만능) 온갖 일에 능통함.

萬福(만복) 많은 복.

萬事(만사) 많은 일.

萬歲(만세) 만년이나 되는 세월.

음훈 저물 만

부수 日   **획수** 7획

어원 日(태양)과 免(겨우 통과하다)을 합친 글자. 해가 저물어 겨우 사물이 보이는 시각을 뜻함.

활용 晩年(만년) 노년, 노후(老後).

晩成(만성) 늦게 성취함, 나이가 든 후에 성공함.

晩鐘(만종) 저녁에 울리는 종소리.

晩餐(만찬) 저녁 식사.

음훈 찰 만
부수 水　　　　획수 11획

어원 㒼은 革(동물의 가죽)과 兩(늘어놓다)로 만들어진
글자로 가죽을 늘어뜨려 온통 덮는 것에 水(물)가
붙어서 물을 그릇 표면에 가득 채우는 것을 나타냄.

활용 滿腔(만강) 가슴 속에 가득 참.
滿朔(만삭) 아이 낳을 달이 참.
滿潮(만조) 꽉차게 들어 있을 때의 밀물.
滿足(만족) 족함, 흐뭇함.
滿醉(만취) 술에 잔뜩 취함.

음훈 끝 말
부수 木　　　　획수 1획

末 末 末 末

어원 나뭇가지 끝을 一의 표시로 '여기다'라고 지적한 글
자. 가늘고 작은 끝부분을 나타냄.

활용 末端(말단) 맨 끄트머리, 끝.
末世(말세) 정치, 도덕, 풍속 등이 아주 쇠퇴한 시대, 망
해 가는 세상.
末運(말운) 막다른 운수.
末職(말직) 맨 끝자리의 벼슬.
末梢(말초) ① 나뭇가지의 끝.　② 사물의 맨 끝.

어원 물건을 ㄴ자형으로 둘러싼 것으로 숨기고 있는 모양을 나타내는 글자. '보이지 않게 되다', '죽다'라는 뜻으로 쓰임.

활용 亡國(망국) ① 나라를 멸망시킴.
② 멸망한 나라.
亡命(망명) 혁명 또는 기타 사정으로 남의 나라로 몸을 피함.
亡夫(망부) 죽은 남편.
亡身(망신) 잘못하여 자기의 지위나 명예를 망침.
亡失(망실) 잃어버림.

어원 亡(죽다)과 心을 합친 글자. 마음 속에서 지워짐을 나타냄.

활용 忘却(망각) 잊어버림.
忘我(망아) 나를 잊음.
忘恩(망은) 은혜를 잊음.
備忘錄(비망록) 잊지 않기 위해 적어 놓은 책.
忘年會(망년회) 송년회.

어원 옛 글자는 눈과 사람이 발돋움하고 있는 모습으로 만들어졌음. 후에 여기에 月(달)이 덧붙여지고 또한 원래의 臣이 亡이 되었음. 아직 보이지 않는 달을 발돋음하여 기다리고 있는 상태를 나타냄.

활용 望百(망백) 백살을 바라본다는 뜻으로 아흔 한 살을 이름.
望月(망월) ① 달을 바라봄.
          ② 보름달.
望日(망일) 보름날.
望鄕(망향) 고향쪽을 바라봄.
希望(희망) 소망을 가지고 기대하여 바람.

어원 罒(그물)과 貝(가치가 있는 것)가 합친 글자. 그물로 건지듯이 가치있는 물품을 구하는 것을 나타냄.

활용 買價(매가) 사는 값.
買收(매수) ① 사들임.
          ② 남의 마음을 사서 자기편으로 삼음.
買入(매입) 사들임.
競買(경매) 가장 싸게 팔겠다고 하는 사람에게 물건을
          사들이는 일.
賣買(매매) 물건을 팔고 사는 것.

音訓 팔 매
部首 貝　　　　　**획수** 8획

賣 賣 賣 賣 ☐ ☐ ☐ ☐ ☐

어원 出(나중에 士로 바뀜)과 買(거래를 해서 벌다)가 합친 글자. 물건을 내놓고 팔아서 이익으로 봄을 나타냄.

활용 賣渡(매도) 팔아 넘김. ↔ 買入(매입)
賣淫(매음) 여자가 돈을 받고 남자에게 몸을 허락함.
賣場(매장) 파는 곳이나 장소.
賣店(매점) 물건을 파는 가게.
賣票(매표) 표를 팖.

音訓 매화나무 매
部首 木　　　　　**획수** 7획

梅 梅 梅 梅 ☐ ☐ ☐ ☐ ☐

어원 木과 每(계속해서 아이를낳는 어머니)로 만들어진 글자. 가지 전체에 점차로 열매가 열림. 열매를 먹으면 순산하게 된다고하는 나무의 뜻.

활용 梅雨(매우) 매실이 익을 무렵에 내리는 장마.
梅花(매화) 매화나무, 매화꽃.
殘梅(잔매) 남은 매화.
寒梅(한매) 겨울에 피는 매화.

<음훈> 중매 매
<부수> 女   <획수> 9획

某(이름을 모르는 사람)와 女를 합친 글자. 서로 모르는
남자와 여자를 소개하여 친해지도록 도모함을 나타냄.

媒介(매개) 사이에 서서 양편의 관계를 맺어줌.
= 仲介(중개)
媒子(매자) 중매인(仲買人).
媒婆(매파) 중매하는 노파.
觸媒(촉매) 다른 물질의 화학 반응을 촉진 또는 지연시
키는 물질.
風媒(풍매) 바람을 매개로 말미암아 암꽃술로 옮아가서
생식 작용을 하는 꽃.

<음훈> 사나울 맹
<부수> 犬   <획수> 8획

孟은 子(아이)와 皿(뚜껑 있는 접시)을 합친 글자로
뚜껑을 덮고 꽉 누른 것을 없애듯이 쑥쑥 성장하는
아이를 뜻함. 여기에 犬(짐승)이 붙어서 아무리 붙
잡아 두어도 격렬하게 밖으로 뛰쳐 나가려고 하는
난폭한 개를 나타냄.

猛犬(맹견) 사나운 개.
猛獸(맹수) 사나운 짐승.
猛將(맹장) 용맹스러운 장수.
猛打(맹타) 맹렬히 침.
猛虎(맹호) 사나운 범.

免 **음훈** 면할 면
부수 儿   **획수** 5획

免 免 免 免

어원 가랑이를 벌리고 웅크린 자세와 儿 (갈라져 나오는 표시)가 합친 글자. 태아가 모태로부터 힘겹게 태어나는 모양을 나타냄. '겨우 빠져 나오다', '벗어나다'의 뜻을 나타냄.

활용 免稅(면세) 과세를 면제하는 일.
免疫(면역) 어떤 특정한 병에 감염되지 않은 저항력이 있는 것.
免職(면직) 일자리를 그만두고 물러나게 함.
免責(면책) 책망이나 책임을 면함.
免許(면허) 일반에게는 허용되지 않은 일을 특정한 경우에 허가하는 행정처분.

勉 **음훈** 힘쓸 면
부수 力   **획수** 7획

勉 勉 勉 勉

어원 免(겨우 빠져 나오다)와 力이 합친 글자. 좁은 문을 빠져 나가려고 무리하게 힘을 들여서 애씀을 나타냄.

활용 勉勵(면려) 힘써 함, 또는 힘쓰도록 격려함.
勉學(면학) 힘써 공부함.
勤勉(근면) 부지런히 공부함.
疆勉(강면) 굳게 힘을 씀.

음훈 잠잘 면
부수 目　　　　　　**획수** 5획

眠　眠　眠　眠

어원 民(눈을 바늘로 찔러 보이지 않게 한 노예)과 目을 합친 글자. 눈이 보이지 않는 상태가 되는 것을 뜻함.

활용 睡眠(수면) 잠에 듦.
眠食(면식) 잠자는 일과 먹는 일.
冬眠(동면) 동물이 겨울잠을 잠.
不眠(불면) 잠을 자지 못함.

음훈 멸망할 멸
부수 水　　　　　　**획수** 10획

滅　滅　滅　滅

어원 滅은 戌(창, 날붙이)와 火로 만들어진 글자로, 날붙이로 불씨를 잘라 불을 끄는 것을 나타냄. 여기에 水(물)가 붙어서 물을 끼얹어 불을 끄고 또는 보이지 않게 하는 것을 나타냄.

활용 滅絶(멸절) 멸하여 없애버림.
滅種(멸종) 종자가 망하여 없어짐.
滅國(멸국) 나라를 망침, 또는 없앰.
滅裂(멸렬) 갈기갈기 찢어짐.
滅亡(멸망) 망하여 없어짐.

明 음훈 밝을 명
부수 日   획수 4획

明 明 明 明 ☐ ☐ ☐ ☐ ☐

어원 옛 글자는 間(창문)와 月을 합친 것. 창문으로 달빛이 들어와서 사물이 보이는 것을 나타내었음.

활용 明堂(명당) 썩 좋은 묘자리나 집터.
明瞭(명료) 분명함.
明晳(명석) 사고, 판단이 분명하고 똑똑함.
明月(명월) 밝은 달.
明智(명지) 밝은 지혜.

銘 음훈 새길 명
부수 金   획수 6획

銘 銘 銘 銘 ☐ ☐ ☐ ☐ ☐

어원 名(이름이나 글)과 金이 합친 글자. 금속에 새긴 이름이나 글을 뜻함.

활용 銘心(명심) 마음에 새김. 잊지 아니함.
銘旌(명정) 장구의 한가지, 죽은 사람의 관직.
感銘(감명) 마음에 깊이 느낌.
碑銘(비명) 묘비에 새기는 글.
座右銘(좌우명) 곁에 써 두고 늘 보면서 경계로 삼는
          격언, 명언.

음훈	저물 모
부수	日
획수	11획

暮　暮　暮　暮　□　□　□　□　□

어원 莫은 초원 저쪽에 태양이 숨은 모습을 나타낸 글자. 나중에 '없다', '보이지 않다'는 뜻으로 쓰이게 되었는데 日(태양)이 붙어서 '태양이 숨어서 보이지 않게 되다'라는 뜻을 나타내게 되었음.

활용 暮景(모경) 저녁 무렵의 경치.

暮秋(모추) 늦가을, 음력 9월.

暮春(모춘) 늦은 봄.

歲暮(세모) 연말.

日暮(일모) 해가 짐.

음훈	꾀할 모
부수	言
획수	9획

謀　謀　謀　謀　□　□　□　□　□

어원 言(말)과 某(잘 모르다)가 합친 글자. 잘 모르는 앞일을 상담하는 것을 나타냄.

활용 謀略(모략) 계교를 꾸밈, 또는 그 계략.

謀士(모사) 꾀를 잘 내는 사람.

謀反(모반) 배반을 꾀함.

謀議(모의) 일을 계획하여 그 계책을 의논함.

謀陷(모함) 꾀를 써서 남을 함정에 빠뜨림.

| 음훈 | 법 모 |
| 부수 | 木 | 획수 | 11획 |

模　模　模　模　□　□　□　□　□

어원　莫는 풀 사이에 태양이 가려져 보이지 않게 되는 것. '감추다', '숨은 것을 손으로 더듬어 찾다'라는 뜻을 지님. 여기에 木이 붙어서 위에서 점토를 씌워 손으로 만지작거려 토기를 만드는 나무들을 나타냄.

활용　模倣(모방) 본받고, 흉내냄.
　　　模範(모범) 본보기.
　　　模擬(모의) 흉내를 냄.
　　　模型(모형) 사물과 같게 만든 물건.
　　　模糊(모호) 분명하지 않음.

| 음훈 | 모을 모 |
| 부수 | 力 | 획수 | 11획 |

募　募　募　募　□　□　□　□　□

어원　莫은 해가 초원 너머로 지는 모양을 나타내는 글자로 '없다'의 뜻. 여기에 力을 붙여서 없는 것을 있게하기 위하여 힘을 다함을 나타냄.

활용　募金(모금) 기부금을 모음.
　　　募集(모집) 널리 구하여 모음.
　　　公募(공모) 널리 공개하여 모집함.
　　　急募(급모) 급하게 모집함.
　　　應募(응모) 모집에 응함.

음훈 칠 목
부수 牛　　　　　　**획수** 4획

| 牧 | 牧 | 牧 | 牧 | | | | | |

어원 牛(소)와 攵(동작을 나타내는 표시)를 합친 글자. 소를 늘리는 것을 나타냄.

활용 牧童(목동) 양, 마소를 먹이는 아이.
牧場(목장) 가축을 놓아 먹이는 곳.
牧畜(목축) 가축을 침.
放牧(방목) 가축을 산과 들에서 사육함.
牧師(목사) 기독교 교역자.

음훈 빠질 몰
부수 水　　　　　　**획수** 4획

| 沒 | 沒 | 沒 | 沒 | | | | | |

어원 殳는 소용돌이치는 물과 손으로 만들어진 글자로 소용돌이치는 물속에 몸을 잠기게 하는 것. 뜻을 확실히 하기 위해 水(물)이 붙었음.

활용 沒頭(몰두) 어떤 일에 열중함.
沒落(몰락) ① 멸망함, 영락(零落).
　　　　　　② 성(城) 같은 것이 적의 수중에 들어감.
沒收(몰수) 범죄인의 재산을 강제로 빼앗아 들임.
沒入(몰입) 어떤 데에 빠짐, 파고듦.
日沒(일몰) 해가 짐.

음훈	꿈 몽		
부수	夕	획수	11획

어원 苜(빨갛게 짓물러서 잘 볼 수 없는 안쪽으로 속눈썹이 난 눈)과 冖(덮개)와 夕(달)이 합친 글자. 저녁 어스름에 뒤덮여 사물이 보이지 않음을 나타냄. 뒤에 눈을 가리고 자서 현실세계를 보지 않는 '꿈'을 뜻하게 되었음.

활용 夢寐(몽매) ① 꿈을 꿈.
② 꿈꾸는 동안.
夢想(몽상) 꿈속에서 생각함 또는 그 생각.
夢精(몽정) 꿈 속에서 호로몬을 분비함.
夢魂(몽혼) 꿈 속의 혼.
吉夢(길몽) 좋은 꿈.

음훈	묘할 묘		
부수	女	획수	4획

어원 少(조금, 희미하다)와 女를 합친 글자. 여자의 미묘하고 심오한 어딘지 모르게 아름다운 모습을 나타냄.

활용 妙齡(묘령) 여자의 스물 안팎의 나이.
妙藥(묘약) 썩 잘 듣는 약.
妙策(묘책) 교묘한 계책.
妙處(묘처) 썩 좋은 곳.
妙態(묘태) 아름다운 자태.

어원 莫은 태양이 초원으로 지는 모양을 본뜬 글자로 '죽다', '없다'의 뜻을 나타냄. 여기에 土를 붙여서 죽은 사람을 보이지 않게 하는 성토(盛土)를 나타냄.

활용 墓碑(묘비) 무덤 앞에 세우는 비석.
墓地(묘지) 묘소로 쓰는 땅.
墓穴(묘혈) 관을 묻는 구덩이.
省墓(성묘) 조상의 산소를 찾아 살핌.

어원 옛 글자는 사람이 새의 날개를 잡고 춤추는 모습을 본뜬 것으로 舞의 근원이 되는 글자임. 신 앞에서 춤을 추며 '없는 것'을 조르는 것. 여기에서 '없다'라는 뜻이 되었음.

활용 無故(무고) 탈이 없음, 무사(無事)함.
無窮(무궁) 한(限)이 없음.
無能(무능) 능력이 없음.
無斷(무단) 사전에 연락이나 허락이 없음.
無理(무리) 이치나 도리에 맞지 않음.

음훈 문 문
부수 門　　　　획수 0획

어원 좌우 두 개의 문짝이 붙은 문을 본뜬 글자.
활용 門閥(문벌) 대대로 내려온 가문(家門)의 지체.
門札(문찰) 문패.
門下(문하) 집안, 또는 거기에 있는 가족 이외의 사람으로 사용인, 식객, 제자 등. ＊문인
門戶(문호) 입구, 집의 드나드는 곳.
門外漢(문외한) 어떤 일에 직접 관계하지 않은 사람 또는 그 분야에 전문이 아닌 사람의 자칭.

음훈 물을 문
부수 口　　　　획수 8획

어원 門(안을 숨기고 알지 못하게 하는 문)과 口가 합친 글자. 숨겨져 알지 못하는 일을 캐물어서 알아냄을 나타냄.
활용 問答(문답) 물음과 대답.
問病(문병) 앓는 사람을 찾아보고 위로함.
問題(문제) 대답을 얻기 위한 물음.
問責(문책) 일의 잘못을 물어 책망함.
問招(문초) 죄인을 신문함.

聞 聞 聞 聞

어원 門(문)과 耳가 합친 글자. 문뒤에 숨어서 상대의 모습은 보이지 않지만, 그 목소리가 귀에 들려 오는 것을 나타냄.

활용 聞道(문도) 도리를 들어 앎.
聞香(문향) 향내를 맡음.
見聞(견문) 보고 들음.
所聞(소문) 전하여 들리는 말.
新聞(신문) 새로운 소식.

文 文 文 文

어원 옛날 토기에 새긴 무늬의 하나를 본뜬 글자. 무늬처럼 쓴 문자를 나타냄.

활용 文盲(문맹) 글을 볼 줄도 쓸 줄도 모름.
文明(문명) 인지(人知)가 발달하여 세상이 진보한 상태.
文法(문법) 언어의 구성 운영상의 규칙.
文書(문서) 공용의 서류.
文字(문자) 글자.

| 음훈 | 띠 대 |
| 부수 | 牛 | 획수 | 4획 |

物 物 物 物 □ □ □ □ □

어원 勿은 여러가지 색의 조각으로 만든 깃발. 멀리서 보면 색이 서로 뒤섞여서 확실하지 않으므로 이것이다라고 확실하게 말할 수 없는 것이라는 뜻을 나타냄. 여기에 牛(소)가 붙어서 동물 그 밖의 여러 가지의 '사물'을 나타냄.

활용 物價(물가) 물건의 값, 시세.
物色(물색) 많은 사람 가운데서 적당한 사람을 고름.
物心(물심) 인정, 세태에 통하는 마음.
物情(물정) 어떤 사물의 실정, 속내.
物質(물질) 물체의 본바탕.

| 음훈 | 쌀 미 |
| 부수 | 米 | 획수 | 0획 |

米 米 米 米 □ □ □ □ □

어원 십(十)자표 사방에 점점이 작은 쌀알이 흩어져 있는 모양을 본뜬 글자.

활용 米價(미가) 쌀값.
米麥(미맥) 쌀과 보리.
米作(미작) 쌀 농사.
白米(백미) 흰쌀.
玄米(현미) 겉겨만 벗기고 쓿지 않은 쌀.

음훈 맛 미
부수 口　　　**획수** 5획

味 | 味 味 味 | □ □ □ □ □

어원 未(다 자라지 않은 나무의 끝)는 '가늘고 잘다', '분명하지 않다'의 뜻을 지님. 여기에 口를 붙여서 분명하지 않은 미세한 감각을 입으로 맛본다는 뜻을 나타냄.

활용 味覺(미각) 맛을 아는 감각.
味盲(미맹) 미각의 감수성이 병든 상태.
甘味(감미) 단맛.
氣味(기미) ① 냄새와 맛.
　　　　　② 일이 되거나 안되는 모양.
興味(흥미) 재미, 흥취.

음훈 아름다울 미
부수 羊　　　**획수** 3획

美 | 美 美 美 | □ □ □ □ □

어원 羊(양)과 大가 합친 글자. 모습이 아름다운 멋진 양을 뜻함.

활용 美談(미담) 아름다운 이야기, 갸륵한 이야기.
美容(미용) 아름다운 용모.
美人(미인) 용모가 예쁜 여자.
美酒(미주) 맛 좋은 술.
美風(미풍) 아름다운 풍속.

迷 迷 迷 迷

어원 米(작고 잘 보이지 않는 쌀알)와 辶(나아가다)를 합
친 글자. 나아가는 길이 보이지 않아서 헤맴의 뜻.

활용 迷宮(미궁) 사건 따위가 쉽게 해결될 수 없을 때 이르
　　　는 말.
迷信(미신) 허망한 것을 믿음.
迷兒(미아) 길을 잃은 아이.
迷惑(미혹) 마음이 흐리어 판단을 하지 못함.

敏 敏 敏 敏

어원 每(풀이 쑥쑥나다)와 攵(동작을 나타내는 표시)를
합친 글자. 느슨해지는 일없이 척척 일함을 나타냄.

활용 敏感(민감) 사물에 대한 느낌이 예민함.
敏捷(민첩) 재빠름.
敏活(민활) 재능이 날카롭게 매우 잘 돌아감.
過敏(과민) 지나치게 민첩함.
明敏(명민) 일에 밝고 재치가 있음.

어원 宓은 宀(집)과 必(빈틈이 없다)을 합친 글자. 집의 문을 꼭 닫음의 뜻. 여기에 山을 붙여서 너무 깊어서 사람이 근접하지 못하는 산을 나타냄.

활용 密告(밀고) 몰래 일러바침.
密談(밀담) 몰래 나누는 이야기.
密林(밀림) 나무가 빽빽이 들어선 숲.
密賣(밀매) 불법으로 몰래 팖.
密輸(밀수) 불법으로 몰래 물건을 반입, 반출함.

어원 白과 水(물)을 합친 글자. 배바닥이 물가에 근접하여 수면이 얕은 곳에 정박하는 것.

활용 宿泊(숙박) 떠돌아 다니다 머무름.
淡泊(담박) 새뜻하고 시원스러움.
碇泊(정박) 배가 닻을 내리고 댐.

음훈	넓을 박
부수	十

획수 10획

博 博 博 博

어원 十(모으다)과 음을 나타내는 尃(고르게 퍼지다)를 합친 글자.

활용 博覽(박람) 널리 견문(見聞)함.

博識(박식) 보고 들은 것이 넓어서 많이 앎.

博愛(박애) 온 사람을 평등으로 사랑함.

賭博(도박) 노름.

該博(해박) 널리 학문에 능통함.

음훈	돌리킬 반
부수	又

획수 2획

反 反 反 反

어원 厂(천 또는 엷은 판자)를 又(손)로 밀어서 휘어지게 만드는 모양을 나타내는 글자. 휜 것은 원상태로 되돌아오는 데서 '되돌아오다', '뒤 튀어오다'의 뜻을 나타냄.

활용 反感(반감) 딴 사람의 의견에 반대함.

反對(반대) 찬성하지 않음, 거역함.

反復(반복) 되풀이 함.

反映(반영) 어떤 영향이 다른 것에 미치게하여 나타냄.

反抗(반항) 순종하지 않고 대듦.

어원 反(처음으로 돌아오다)과 辶(나아가다)를 합친 글자. 반대 방향으로 돌아옴을 나타냄.

활용 返納(반납) 도로 돌려줌.
返品(반품) 물품을 되돌림.
返還(반환) 돌려 보냄.

어원 癶(양발)에 癹(동작을 나타내는 표시)를 합친 글자에 좌우로 확펴는 것을 나타냄. 여기에 弓이 붙어서 활을 잡아당겨 화살을 쏘는 것을 뜻함.

활용 發覺(발각) 숨긴 일이 드러남.
發起(발기) 새로운 일을 꾸미어 일으킴.
發令(발령) 명령을 내림.
發生(발생) 생겨남, 일어남.
發作(발작) 갑자기 일어남.

음훈 둑 방
부수 阜　　　　**획수** 4획

防 | 防 | 防 | 防 | | | | |

어원 方(좌우로 자루가 튀어 나온 가래)과 阜(쌓아올린 흙)를 합친 글자. 흙을 좌우로 길게 겹겹이 쌓아 올려 물을 막는 제방이라는 뜻.

활용 防犯(방범) 범죄가 일어나지 않게 막음.
防腐(방부) 썩지 않도록 함.
防止(방지) 막아서 그치게 함.
防諜(방첩) 간첩의 침투를 막음.
防火(방화) 화제를 예방함.

음훈 찾을 방
부수 言　　　　**획수** 4획

訪 | 訪 | 訪 | 訪 | | | | |

어원 方(좌우에 자루가 있는 가래)과 言(말)이 합친 글자. 오른쪽으로 가거나 왼쪽으로 가서 물어보며 찾아다니는 것을 나타냄.

활용 訪問(방문) 찾아봄.
訪議(방의) 물어서 함.
來訪(내방) 찾아옴.
尋訪(심방) 물어서 찾아옴.
探訪(탐방) 탐문하여 찾아 봄.

음훈 꽃다울 방
부수 艹　　　　　　　**획수** 4획

芳　芳　芳　芳

어원 艹(풀)와 方(좌우로 튀어나와 벌어지다)를 합친 글자. 초목의 좋은 향기가 주위에 퍼지는 것을 나타냄.

활용 芳年(방년) ① 여자의 꽃다운 나이.
　　　　　　　　② 한창 젊은 나이.
芳樹(방수) 꽃이 피는 나무.
芳草(방초) 향기로운 풀.
芳春(방춘) 꽃이 한창인 봄.
芳名錄(방명록) 특별히 기념하기 위하여 여러 사람의
　　　　　　　이름을 적은 책.

음훈 방해할 방
부수 女　　　　　　　**획수** 4획

妨　妨　妨　妨

어원 方(양쪽에 자루가 튀어나온 가래)과 女를 합친 글자. 양손을 펼치고 막아서서 여자가 가려고 하는 것을 방해함을 나타냄.

활용 妨害(방해) 해살놓아 해롭게 함.
妨碍(방애) 장애를 줌.
無妨(무방) 상관없음, 방해가 되지 않음.

拜 拜 拜 拜

어원 좌우의 손과 丁(숙이다)를 합친 글자. 물건을 받칠 때처럼 양손의 손가락을 몸의 좌우에 붙여서 깍지 끼고 머리를 숙이는 중국의 절하는 방식을 나타냄.

활용 拜啓(배계) 삼가 아룀. 편지의 첫머리에 쓰는 말.
　　　　　　　　=謹啓(근계)
拜命(배명) ① 분부를 받음.
　　　　　　 ② 관직에 임명됨.
拜受(배수) 삼가 받음.
拜呈(배정) 물건을 보냄의 경어.
拜賀(배하) 삼가 축하함.

配 配 配 配

어원 酉(술단지)와 己(사람의 무릎을 끓고 있는 모양)가 합친 글자. 사람이 술단지 옆에 붙어있어 떨어지지 않는 모양을 나타냄. '붙이다'라는 뜻을 지님.

활용 配給(배급) 분배급여(分配給與)의 준말.
配偶(배우) 남편과 아내.
配定(배정) 나누어 몫을 정함.
配匹(배필) 남편과 아내.
分配(분배) 나눔.

음훈 등 배
부수 肉
획수 5획

어원 北(두사람이 등을 돌리고 있는 모양)과 肉(몸)이 합친 글자. '등', '등을 돌리다'라는 뜻을 나타냄.

활용 背景(배경) ① 뒷면의 경치.
② 뒤에서 도와주는 서적.

背信(배신) 신의를 저버림.

背恩(배은) 은의(恩義)를 저버림.

背馳(배치) 서로 어긋남.

음훈 일백 백
부수 白
획수 1획

어원 一과 白을 합친 글자. 白은 음을 나타내고 一과 白(一百)은 수의 '100'을 나타냄.

활용 百方(백방) ① 여러 방면.
② 여러 방법.

百姓(백성) 서민. 일반 국민.

百世(백세) 오랜 세대.

百獸(백수) 수 많은 짐승.

百年佳約(백년가약) 결혼하여 평생을 같이 지낼 것을
다짐하는 아름다운 언약.

음훈	차례 번
부수	田
획수	7획

어원 采 (사방으로 흩어지는 모양)과 田이 합쳐진 글자. 쥔 손을 쫙 펴서 씨를 논에 뿌리는 것으로 후에 쫙 폈다가 닫는 동작을 나타내는 말이 되었음.

활용 番地(번지) 번호를 붙여 나눈 땅.
番號(번호) 차례를 나타내는 호수(號數).
當番(당번) 차례의 순서가 됨, 또는 그 사람.

음훈	칠 벌
부수	人
획수	4획

어원 人(사람)과 戈(창)가 합친 글자. 사람이 날붙이로 사람의 목을 자르는 것을 나타냄.

활용 伐木(벌목) 나무를 벰. = 伐採(벌채)
伐氷(벌빙) 두었다가 쓰려고 강에서 얼음장을 떠냄.
伐草(벌초) 풀을 베는 것.
征伐(정벌) 군사로써 적군이나 반역도를 치는 일.
討伐(토벌) 반란자나 도둑의 무리를 군사로써 침.

음훈 죄 벌
부수 罒
획수 9획

어원 詈(꾸짖다)와 刀(칼)을 합친 글자. 죄를 꾸짖어 칼로
벌을 가하는 것을 뜻함.

활용 罰金(벌금) 벌로써 내는 돈.
罰酒(벌주) 벌로서 마시게 하는 술.
賞罰(상벌) 상주는 것과 벌주는 것.
嚴罰(엄벌) 엄하게 벌을 주는 것.
處罰(처벌) 벌을 줌.

음훈 범할 범
부수 犬
획수 2획

어원 己(울타리로 씌우다)와 犬(개)를 합친 글자. 개가
울타리를 부수고 뛰어나가는 것을 나타냄.

활용 犯法(범법) 법을 범함.
犯人(범인) 죄를 범한 사람.
輕犯(경범) 가벼운 범죄.
防犯(방범) 범죄를 막음.
侵犯(침범) 남의 권리, 영토 따위를 침노하여 범함.

음훈	법 법		
부수	水	획수	5획

法 法 法 法 □ □ □ □ □

어원 옛 글자는 물(水), 연못 속의 섬에 가두고 밖으로 나오지 못하게 하는 데서 테두리를 뜻함. '法'은 이것을 줄인 글자임.

활용 法文(법문) 법률.
法典(법전) 법, 법률, 법령.
法則(법칙) 사람의 목적을 실현하기 위하여 지키지 않으면 안되는 규범.
公法(공법) 국가 그 밖의 공공단체를 규율하는 법.
秘法(비법) 남 몰래 하거나 알고 있는 방법.

음훈	변할 변		
부수	言	획수	16획

變 變 變 變 □ □ □ □ □

어원 絲 (뒤얽힌)의 뜻에 동작을 나타내는 자를 붙여서, 뒤얽혀서 이상한 상태가 됨을 나타냄.

활용 變貌(변모) 모양이 달라짐.
變則(변칙) 원칙에서 벗어남.
變形(변형) 원칙에서 벗어난 모양.
變化(변화) 달라진 것.
地變(지변) 땅의 모양이 변함.

別 別 別 別

어원 別은 ⺈(骨의 위부분)가 변한 글자, 여기에 刀(칼)를 붙여서 뼈의 관절을 칼로 따로따로 잘라서 가름을 나타냄.

활용 別味(별미) 특별한 맛, 특별히 만든 음식.
別莊(별장) 본가(本家) 이외의 다른 집.
別稱(별칭) 달리 일컫는 이름.
別表(별표) 따로 붙인 도표나 표시.
別項(별항) 딴 조항이나 사항.

病 病 病 病

어원 丙(굳게 척 벌린 다리)와 疒(병)을 합친 글자. 병으로 몸이 땡겨 마음대로 움직일 수 없게 되는 것을 뜻함.

활용 病棟(병동) 병원의 여러 개의 입원실로 된 한 채의 건물.
病床(병상) 병든 사람이 누워있는 침상.
病的(병적) 건전하지 못하여 정상적이 아닌 것.
病痛(병통) 병과 아픔.
看病(간병) 환자를 돌보아 주는 일.

음훈 지킬 보

부수 人　　　　**획수** 7획

保 保 保 保 □ □ □ □ □

어원 呆는 갓난 아기를 조심스럽게 감싸서 보호하는 모양을 나타내는 글자. 여기에 人(사람)을 붙여서 '감싸서 보호하다', '감싸서 보호하는 사람'을 나타냄.

활용 保姆(보모) 어린아이를 돌보는 여자.
保障(보장) 틀림 또는 잘못되는 일이 없도록 보증함.
保全(보전) 온전하게 유지함.
保護(보호) 돌보아 지킴.
擔保(담보) 빚 대신 물건 등을 신용으로 제공하는 보증.

음훈 갚을 보

부수 土　　　　**획수** 9획

報 報 報 報 □ □ □ □ □

어원 수갑과 무릎을 꿇은 사람과 손이 합친 글자. 죄인에게 수갑을 채우고 무릎을 꿇게 한 뒤 손으로 죄에 대한 보복을 하다의 뜻. 나중에 광범위하게 '보답'의 뜻을 나타내게 되었음.

활용 報復(보복) 원수를 갚음.
報償(보상) 손해를 배상함.
報酬(보수) 노무 또는 물건 사용의 대가로 지급하는 금품.
報恩(보은) 은혜를 갚음.
警報(경보) 위험을 알림.

어원 甫는 평평한 못자리로 '평평하고 얇게 달라붙다'라는 뜻이 있음. 여기에 衣가 붙어서 천을 평평하게 하여 찢어진 곳에 딱맞게 붙이는 것을 나타냄.

활용 補身(보신) 영양 음식이나 보약을 먹어 몸을 보함.

補職(보직) 관리에게 직무의 담당을 명함.

補充(보충) 모자람을 보태고 채움.

補助(보조) 보태고 도움.

補聽器(보청기) 청력을 보충하는 기구.

어원 畐(둥글게 불룩한 술병)과 示(제단)을 합친 글자. 술병에 술이 가득 들어 있는 것처럼. 신의 은총이 풍만한 것을 나타냄.

활용 福券(복권) 제비를 뽑아 당첨되면 상금 등을 받게 되는 표찰.

福音(복음) 기쁜 소식.

福祉(복지) 행복.

萬福(만복) 여러가지 복.

福德房(복덕방) 부동산의 거래를 중개하는 곳.

| 음훈 | 밑 본 |
| 부수 | 木 | 획수 | 1획 |

本 本 本 本 □ □ □ □ □

어원 나무의 굵은 곳을 一의 표시로 지적하여 굵은 밑동을 나타내는 글자.

활용 本貫(본관) 시조(始祖)의 고향. ＝貫鄕(관향)

本名(본명) 본이름.

本色(본색) 본래의 성격.

脚本(각본) 대사, 극본, 시나리오.

標本(표본) 하나을 가지고 다른 한 종류의 물건의 표준을 삼는 물건.

| 음훈 | 받들 봉 |
| 부수 | 大 | 획수 | 5획 |

奉 奉 奉 奉 □ □ □ □ □

어원 十(물건)과 양손과 手(손)를 본뜬 글자. 물건을 양손으로 받듦을 나타냄.

활용 奉仕(봉사) 공손하게 시중 듦.

奉養(봉양) 부모 등 웃어른을 받들어 섬김.

奉祝(봉축) 받들어 축하함.

奉獻(봉헌) 물건을 받들어 받침.

奉讀(봉독) 삼가 읽음.

富 | 음훈 부할 부
부수 宀　　획수 9획

富 富 富 富 ▢ ▢ ▢ ▢ ▢

어원　畐는 속에 가득 술을 채운 항아리 모양을 본뜬 글자.
여기에 집을 붙여서 집안이 가득차 있음을 나타냄.

활용　富貴(부귀) 재산이 많고 지위가 높음.
富裕(부유) 재산이 많아 살림이 넉넉함.
富者(부자) 재산이 많은 사람.
貧富(빈부) 가난한 부자.
豊富(풍부) 물건이 많음.

腐 | 음훈 썩을 부
부수 肉　　획수 8획

腐 腐 腐 腐 ▢ ▢ ▢ ▢ ▢

어원　府(물건을 가득 붙여 보관하는 곳간)와 肉이 합친
글자. 형태가 변해서 찰싹 말라붙은 고기의 뜻.

활용　腐蝕(부식) 썩어서 벌레가 먹음.
腐敗(부패) 썩어서 못 쓰게 됨.
腐木(부목) 썩은 나무.
腐朽(부후) 썩음.
豆腐(두부) 콩으로 만든 부식품.

음훈	질 부
부수	貝
획수	2획

負　負　負　負

어원 웅크린 사람과 貝(돈이나 재산)가 합친 글자. 재산을 짊어지는 것을 나타냄.

활용 負擔(부담) 어떤 일을 맡음, 책임짐.
負傷(부상) 상처를 입음, 또는 그 상처.
負債(부채) 빚을 짐 또는 그 빚.
負荷(부하) 짐을 등에 지고 어깨에 멤.
勝負(승부) 이김과 짐, 승패.

음훈	나눌 분
부수	刀
획수	2획

分　分　分　分

어원 八(나누는 표시)과 刀(칼)가 합친 글자. 둘로 가르는 것을 나타냄.

활용 分擔(분담) 각각 갈라서 맡음.
分娩(분만) 아이를 낳음.
分析(분석) 나눠서 가름.
分業(분업) 일을 나누어서 함.
分布(분포) 나누어져 여러곳에 널리 퍼져 있음.

음훈 떨칠 분
부수 大　　　　　획수 13획

奮 奮 奮 奮

어원 大와 隹와 田(땅의 표면)을 합친 글자. 새가 높이 날아 오르려고 땅 위에서 힘을 모아 홰치는 것을 나타냄. 힘을 모아 일을 한다는 뜻임.

활용 奮怒(분노) 분개하여 화를 냄.
奮發(분발) 떨치고 일어남, 마음과 힘을 돋우며 일으킴.
奮鬪(분투) 분발하여 싸움.
奮起(분기) 분발함.
奮擊(분격) 분발하여 공격함.

음훈 떨 불
부수 手　　　　　획수 5획

拂 拂 拂 拂

어원 弗은 弓(축 늘어진 덩굴)과 八(나눌 배)을 합친 글자로 덩굴을 좌우로 자름의 뜻. 이것과 手(손)로 좌우로 떨어버림을 나타냄.

활용 拂拭(불식) 털고 훔친 것처럼 아주 치워없앰.
拂逆(불역) 어김.
拂入(불입) 지불할 돈을 치름.
拂子(불자) 총채.
拂下(불하) 관공서에서 일반인에게 공유물을 팔아넘기
　　　　　는 일.

음훈	견줄 비
부수	比
획수	0획

어원 두 사람이 나란히 서 있는 모습을 나타낸 글자. '늘어서다', '비교하다' 라는 뜻을 나타냄.

활용 比較(비교) 서로 견주어 봄.

比率(비율) 어떤 수, 양의 다른 수, 양에 대한 비.

比肩(비견) ① 어깨를 나란히 함.
② 우열이 없어 거의 비등함.

比例(비례) 두 수의 비가 다른 수의 비와 같은 일.

比喩(비유) 어떤 사물을 표현함에 있어서 그와 비슷한 다른 사물을 빌려 표현하는 일.

음훈	슬플 비
부수	心
획수	8획

어원 非(좌우로 편 날개)와 心을 합친 글자. 마음이 둘로 갈라짐. 가슴이 둘로 갈라지는 것 같은 기분을 나타냄.

활용 悲觀(비관) 인생을 부정적으로만 보는 일.

悲鳴(비명) 다급할 때 지르는 괴로운 부르짖음.

悲報(비보) 슬픈 소식.

悲運(비운) 슬픈 운명.

음훈 갖출 비
부수 人　　　　**획수** 10획

備　備　備　備　□　□　□　□

어원 葡 는 화살을 넣어 등에 지는 전통(箭筒)을 본뜬 글자. 여기에 人(사람)을 붙여서 '준비하여 갖추어 두다'의 뜻을 나타냄.

활용 備置(비치) 갖추어 놓음, 마련해 둠.
備品(비품) 회사나 관청에서 갖추어 두고 쓰는 제구.
防備(방비) 미리 막아서 지킴.
裝備(장비) 비품을 장치하는 일.
備忘錄(비망록) 잊지 않기 위해 적어 놓은 책.

음훈 비석 비
부수 石　　　　**획수** 9획

碑　碑　碑　碑　□　□　□　□

어원 卑(얇고 평평한)와 石을 합친 글자. 얇고 평평한 석판을 뜻함.

활용 碑閣(비각) 비를 보호하기 위해 세워 놓은 집.
碑銘(비명) 묘비에 새기는 명(銘).
碑文(비문) 비석에 새긴 글.
碑石(비석) 돌로 만든 비.
石碑(석비) 빗돌, 비석.

| 음훈 | 숨길 비 |
| 부수 | 示   획수 5획 |

秘 秘 秘 秘

어원 必(막대기를 양쪽에서 꽉 조르는 모양)과 示(제단)을 합쳐서 신전의 문을 꽉 닫아 외부에서 보이지 않게 하는 것을 나타냄.

활용 秘訣(비결) 비밀한 방법, 쉽사리 남에게 알리지 않고 쓰는 가장 좋은 방법.
秘密(비밀) 숨기어 남에게 공개하지 아니하는 일.
秘方(비방) 비밀한 방법.
秘術(비술) 비법.

| 음훈 | 가난할 빈 |
| 부수 | 貝   획수 4획 |

貧 貧 貧 貧

어원 分(나누다)과 貝(돈이나 재산)가 합친 글자. 돈이나 재산이 뿔뿔이 나누어져 적어지다의 뜻.

활용 貧困(빈곤) 가난함, 살림이 어려움.
貧民(빈민) 가난한 백성, 세민(細民).
貧富(빈부) 가난함과 부유함.
貧村(빈촌) 가난한 마을.
貧血(빈혈) 몸 속에 혈액이 일정량보다 적은 일.

어원 氷와 冫이 합친 글자. 물이 얼어서 금이 생겨 둘로 쪼개지는 것을 나타냄.

활용 氷水(빙수) 얼음과 물, 또는 얼음이 녹은 물.
氷點(빙점) 섭씨 영도.
氷板(빙판) 얼음 바닥.
氷河(빙하) 얼어 붙은 강.
解氷(해빙) 얼음이 녹음.

어원 똑바로 꽂아 세운 모양을 본뜬 글자.

활용 士氣(사기) ① 선비의 기개.
            ② 병사의 기세.
士兵(사병) 하사관 이하의 군인.
士族(사족) 사대부(士大夫) 집안.
士風(사풍) 선비의 기풍.
學士(학사) 대학을 나온 사람.

음훈 벼슬할 사
부수 人　　　　**획수** 3획

仕 仕 仕 仕 □ □ □ □

어원 士(똑바로 서다)와 人(사람)이 합친 글자. 사람이 높은 사람 곁에 똑바로 서 있다는 뜻. 섬기는 것을 직분으로 함을 나타냄.

활용 仕官(사관) 관리가 되어 종사하거나 관직에 오름.
仕途(사도) 벼슬길.
給仕(급사) 관청, 회사에서 잔 심부름하는 사람.
奉仕(봉사) 남의 뜻을 받들어 섬김.

음훈 스승 사
부수 巾　　　　**획수** 7획

師 師 師 師 □ □ □ □

어원 𠂤(겹겹이 쌓아올려 많이 모이다)와 帀(드리워진 천으로 만든 깃발)을 합친 글자. 원래는 사람들을 모은 대집단이라는 뜻이었으나, 나중에 '군대', '가르치는 사람'이라는 뜻이 되었음.

활용 師團(사단) 군대 편성의 한 단위로써 군단 아래.
師弟(사제) 스승과 제자.
師宗(사종) 스승으로 받들어 모심.
師表(사표) 학식과 인격이 높아 남의 모범이 됨, 또는
　　　　　　그 사람.
牧師(목사) 교회의 지도자.

어원 크(사람)과 口(구멍)가 합친 글자. 사람이 좁은 구멍으로 들여다 보는 데서 좁은 부문만을 취급하는 관리, 좁은 범위의 일을 속속들이 잘 안다는 뜻을 나타냄.

활용 司會(사회) 모임의 진행을 맡아 보는 일 또는 그 사람.

公司(공사) 회사의 중국식 일컬음. *公社

上司(상사) 윗 사람, 상관.

司書(사서) 서적을 맡아 보는 직분.

司令官(사령관) 사령부의 장으로서 통솔권을 행사함.

어원 乍는 나무에 칼로 획하고 금을 새기는 것을 뜻하며, '획 움직이다', '거짓말을 하다' 라는 뜻도 지님. 여기에 (말)言을 붙여 진실이 아닌 거짓말을 고의로 하는 것을 뜻함.

활용 詐欺(사기) 속임, 남을 속여 해침.

詐稱(사칭) 이름, 직업 등을 거짓으로 일컬음.

詐取(사취) 금품 따위를 속여 빼앗음.

詐術(사술) 남을 속이는 꾀.

詐僞(사위) 거짓, 거짓말.

어원 肖(고기를 잘게 썰다)와 刀(칼)가 합친 글자. 칼로 잘게 써는 것을 나타냄.

활용 削減(삭감) 깎아서 줄임. ↔ 添加(첨가)

削髮(삭발) ① 머리를 깎음.
　　　　　② 중이 됨.

削籍(삭적) 면직을 당함.

削除(삭제) 지워버림.

削奪(삭탈) 죄 지은 사람의 벼슬을 빼앗는 일.

어원 产은(무늬)와 厂(모가 나다)를 합친 것으로 '뚜렷하게 금이 가다'라는 뜻에 生(태어나다)이 붙어서 어머니 몸의 일부가 뚜렷하게 갈라져서 태어나는 것을 나타냄.

활용 産氣(산기) 아이를 낳을 기미.

産室(산실) 아이를 낳는 방.

産出(산출) 만들어 냄.

産婆(산파) 해산 때 아이를 받고, 산모를 구완는 일을 업으로 하는 일.

産業(산업) 생산을 하는 일.

음훈 셀 산
부수 竹　　　**획수** 8획

어원 卝(양손)으로 대나무 막대기를 손으로 세는 것을 나타내었음. 竹과 具(갖추다)를 합친 글자. 가지런히 세는 것을 뜻함.

활용 算數(산수) 셈함, 또는 그 방법.
算出(산출) 계산하여 냄.
算筒(산통) 셈가지를 넣어 두는 통.
算法(산법) 계산하는 방법.
豫算(예산) 미리 필요한 금액 따위를 계산함.

음훈 죽일 살, 덜 쇄
부수 殳　　　**획수** 7획

어원 乂(베어들이다)와 朮(차조)와 殳(동작을 나타내는 표시)를 합친 글자로 차조 이삭을 베어 껍질을 얇게 깎는 것을 나타냄.

활용 殺菌(살균) 병균을 죽임.
殺氣(살기) 소름이 끼치도록 무시무시한 기운.
殺生(살생) 죽임과 살림.
殺人(살인) 사람을 죽임.
殺到(쇄도) 세차게 몰려듦, 한꺼번에 와 몰려듦.

上 | 上 | 上 | 上 | | | | |

어원 깔개 위에 물건이 있는 것을 가리켜서 '위'라는 뜻을 나타내는 글자.

활용 上納(상납) 윗사람에게 금품을 바침.
上書(상서) 윗사람에게 글을 올림.
上昇(상승) 위로 올라감.
上策(상책) 훌륭한 계책.
上品(상품) 질이 가장 좋은 물품.

常 | 常 | 常 | 常 | | | | |

어원 巾(천)과 尙을 합친 글자. 尙은 음을 나타내고 長(길다)의 뜻을 지님. 긴 천이라는 데서 '오랜 시간', '언제까지나'의 뜻이 되었음.

활용 常例(상례) 두루 있는 사례(事例).
常習(상습) 늘 하는 버릇.
常任(상임) 일정한 직무를 계속하여 맡음.
常住(상주) 항상 거주함.
常備藥(상비약) 늘 갖추어 두는 약품.

음훈 상줄 상
부수 貝　　**획수** 8획

賞 賞 賞 賞 □ □ □ □

어원 尙과 貝(돈이나 재산)가 합친 글자. 當(딱 들어맞다)이나 掌(딱맞주치는 손바닥)과 비슷한 말로 공적에 딱 들어맞는 돈이나 물품, 즉 상(賞)을 뜻함.

활용 賞罰(상벌) 상과 벌.
賞狀(상장) 상으로 주는 증서.
賞春(상춘) 봄 경치를 즐김.
鑑賞(감상) 예술 작품의 가치를 음미하고 이해함.
受賞(수상) 상을 받음.

음훈 장사할 상
부수 口　　**획수** 8획

商 商 商 商 □ □ □ □

어원 높은 대와 章의 약체가 합친 글자. 평원 속에 있는 전망 좋은 돈대를 말함. 옛날 중국에 돈대에 마을을 이루고 사는 '商'이라는 사람들이 있었는데, 나중에 전쟁에 패하고 물건을 팔러 돌아다니며 지내게 되었다는 데서 장사하는 일을 '商'이라고 부르게 되었음.

활용 商街(상가) 가게가 늘어선 거리.
商標(상표) 상공업자가 자기의 상품임을 표시하기 위하여
　　　　　쓰는 일정한 표.
商品(상품) 파는 물품.
商號(상호) 장사하는 집 이름.
商會(상회) ① 영업상의 조합. ② 상점에 쓰는 칭호.

相

음훈 서로 상
부수 目　　　　　획수 4획

相 相 相 相 □ □ □ □ □

어원 木과 目을 합친 글자. 맞은 편에 있는 나무를 보는 것
처럼 사물의 모습을 보거나 또 마주 대하는 것을 뜻함.

활용 相逢(상봉) 서로 만남.
相續(상속) 차례로 계승함.
相爭(상쟁) 서로 다툼.
相互(상호) 서로서로, 피차.
手相(수상) 손금, 손으로 보는 운명.

傷

음훈 상처 상
부수 人　　　　　획수 11획

傷 傷 傷 傷 □ □ □ □ □

어원 昜과 人(사람)으로 만들어진 글자. '물건에 세게 부
딪쳐 상처를 입다'의 뜻을 나타냄.

활용 傷心(상심) 마음을 상함.
傷處(상처) 부상을 입은 자리.
傷害(상해) 남의 몸에 상처를 입혀 해함.
傷痕(상흔) 다친 자리의 흔적.
凍傷(동상) 얼어서 살갗이 상함.

음훈 쌍 쌍
부수 隹   획수 0획

어원 又(손)에 두 마리의 새를 쥐고 있는 모양을 나타냄.
활용 雙方(쌍방) 양쪽 편.
雙璧(쌍벽) 양자가 우열을 가릴 수 없을 만큼 훌륭함.
雙手(쌍수) 좌우의 두 손.
雙親(쌍친) 양친 부모. *兩親(양친)
雙肩(쌍견) 양쪽 어깨.

음훈 빛 색
부수 色   획수 0획

어원 두 사람이 바짝 다가선 모양을 본뜬 글자. 얼굴, 모습,
얼굴빛 등을 나타냄.
활용 色盲(색맹) 빛깔을 가려낼 능력을 잃은 상태.
色情(색정) 남녀간의 정욕.
色調(색조) 빛깔의 조화.
色彩(색채) ① 빛깔.
② 빛깔의 무늬.
赤色(적색) 빨간 색.

生 음훈 날 생
부수 生   획수 0획

어원 艹(초목의 새싹)과 土를 합쳐서 땅 위에 초목의 새싹이 나온 모양을 본뜬 글자.

활용 生計(생계) 살아가는 방도.
生命(생명) 목숨. 하늘이 부여한 바를 命, 사람이 얻은
　　　　　바를 生이라 함.
生涯(생애) 한평생.
生存(생존) 살아 있음.

庶 음훈 여러 서
부수 广   획수 8획

어원 炗는 동물 머리의 기름을 태우는 모양. 여기에 집을 붙여서 집안에서 불을 피워 더운 공기를 많이 모으고 있음을 나타냄.

활용 庶務(서무) ① 여러가지 사무.
　　　　　　　 ② 일반적인 사무.
庶民(서민) 백성, 평민.
庶子(서자) 첩의 몸에서 난 자식.
庶出(서출) 첩의 몸에서 남.
庶兄(서형) 서모가 난 형.

음훈 돌 석
부수 石　　　　　획수 0획

어원 벼랑 아래에 단단한 돌이 굴러가고 있는 모양을 본뜬 글자.

활용 石佛(석불) 돌부처.
石油(석유) 땅 속에서 용출하는 가연성의 액체 광물.
石炭(석탄) 땅 속에 매몰되어 가연성의 탄소 화합물이 고체로 된 것.
寶石(보석) 귀중한 돌.
投石(투석) 돌을 던짐.

음훈 먼저 선
부수 儿　　　　　획수 4획

先先先

어원 生(발)과 儿(사람)이 합친 글자. 발끝은 몸의 가장 앞에 있는 데서 '앞', '먼저'의 뜻을 나타내게 되었음.

활용 先考(선고) 죽은 아버지를 이르는 말.
先輩(선배) 자기 출신학교를 먼저 졸업한 사람.
先約(선약) 먼저 약속함.
先進(선진) 문물(文物)이 앞섬.
先親(선친) 자기의 돌아가신 아버지.

어원 옛글자는 羊(양)과 言의 옛 형태가 합친 글자였음. 처음에는 '맛있고 훌륭한'의 뜻이었으나 나중에 '좋다'가 되었음.

활용 善導(선도) 바른 길로 이끎. ＊引導(인도)
善處(선처) 잘 처리함.
善行(선행) 착한 행동.
勸善(권선) 착한 일을 권함.
親善(친선) 서로가 사이좋게 지냄.

어원 옛날 글자에서 彗는 쓸어서 깨끗하게 하는 비의 뜻. 여기에 雨를 붙여서 하늘에서 내려와 땅 위를 하얗고 깨끗하게 만드는 것. 즉 '눈'을 나타내었음.

활용 雪景(설경) 눈이 내리거나 눈이 쌓인 경치.
雪辱(설욕) 치욕을 씻음.
雪糖(설탕) 당분이 많은 것.
雪害(설해) 눈 때문에 입은 해.
降雪(강설) 내리는 눈.

說 **음훈** 말씀 설, 기쁠 열, 달랠 세
부수 言　　　**획수** 7획

說	說	說	說				

어원 兌는 八(떼어놓는 표시)와 兄(머리가 큰 사람)으로 만들어진 글자이며, 입고 있는 것을 풀어놓고 벗기는것. 여기에 言(말)을 붙여 응어리가 남아 있는 것을 '말로 풀고 알게 하다'라는 뜻을 나타냄.

활용 說得(설득) 알아듣도록 깨우쳐 말함.
說明(설명) 풀이하여 밝힘.
說法(설법) 불법을 강설하여 밝히는 일.
說話(설화) 말함.
說客(세객) 유세(遊說)하는 사람.

姓 **음훈** 성 성
부수 女　　　**획수** 5획

姓	姓	姓	姓				

어원 生(태어나다)과 女를 합친 글자. 태어난 혈통(血統)에 따라서 딸이 어머니로부터 물려받은 이름을 나타냄.

활용 姓名(성명) 성과 이름.
姓銜(성함) 성씨(姓氏)와 함자(銜字).
改姓(개성) 성을 고치는 것.
同姓(동성) 같은 성.
本姓(본성) 원래의 성.

음훈 정성 성
부수 言　　　획수 7획

어원 成(모자람이 없이 완성되다)과 言(말)이 합친 글자.
'모자람이 없는 말이나 행동'이라는 뜻을 나타냄.

활용 誠金(성금) 정성으로 내는 돈.
誠心(성심) 마음을 정성스럽게 함.
誠實(성실) 성의가 있고 진실함.
精誠(정성) 성의.
至誠(지성) 성의를 다함.

음훈 대 세
부수 一　　　획수 4획

어원 十을 세개 쓰고 아래 끄트머리를 연결한 모양. '30
년 동안'이라는 뜻으로, 인간의 1세대. 즉 세대가 바
뀌는 기간을 나타냄.

활용 世代(세대) 한 시대, 30년을 한 세대로 잡음.
世論(세론) 세상 사람들의 주장·의견.
世俗(세속) 평범한 사람들이 사는 세상.
世襲(세습) 대를 이어 물려받음.
世情(세정) 세태와 인정.

음훈 조세 세
부수 禾 **획수** 7획

어원 兌는 八이(나누는 표시)와 兄을 합친 글자로 사람의 옷을 벗기는 것을 나타냄. 여기에 禾(작물)가 붙어서 수확한 작물의 일부를 빼앗는 것을 나타냄.

활용 稅金(세금) 조세로 바치는 돈.

稅務(세무) 세금의 부과·징수에 관한 행정사무.

稅額(세액) 조세의 액수.

稅源(세원) 세금을 부과하는 근원으로써 납세자의
　　　　　소득, 재산, 자본 등을 일컫는 말.

稅率(세율) 세원에 대하여 세액을 산출해 나가는 비율.

음훈 부를 소
부수 口 **획수** 2획

어원 刀(날이 휘어져 구부러진 칼)는 사람을 손짓하여 부를 때 손목이 구부러짐을 비유한 말. 여기에 口를 붙여서 '입으로 불러내다'의 뜻을 나타냄.

활용 召集(소집) 불러 모음.

召喚(소환) 관청에서 사인(私人)에게 일정한 날,
　　　　　일정한 장소에 나올 것을 명하는 일.

召還(소환) 돌아오라고 부름.

應召(응소) 부름에 응함.

음훈 풍속 속
부수 人   **획수** 7획

俗 俗 俗 俗 □ □ □ □ □

어원 谷(움푹 패인 산골짜기)과 人(사람)이 합친 글자. 움푹 패여 모자란 부분이 있으면 누구나 무엇인가 채우려고 한다는 데서 '모두가 하고 싶어하는 것', '매우 흔한 일'이라는 뜻이 되었음.

활용 俗界(속계) 속인(俗人)이 사는 이 세계.
俗語(속어) 일반 사회에서 생겨나 쓰이는 저속한 말.
俗字(속자) 한자 등의 본자(本字)와는 다른 꼴로 통용
되는 글자. *약자(略字)
俗塵(속진) 속세의 티끌.
俗稱(속칭) 정식 명칭이 아닌, 일반인들 사이에 일컬어
지는 호칭.

음훈 빠를 속
부수 辶   **획수** 7획

速 速 速 速 □ □ □ □ □

어원 束(다발로 묶다)과 辶(나아가다)를 합친 글자. 다발로 묶어, 틈이 없게 죄는 것처럼 간격을 채워 간다는 뜻.

활용 速記(속기) 빠른 속도로 기록함.
速度(속도) 빠른 정도, 빠르기.
速步(속보) 빠른 걸음.
速成(속성) 빨리 일을 이룸.
加速(가속) 속도를 더함.

音훈 덜 손
부수 手
획수 10획

損 損 損 損

어원 手(손)와 貝(둥그런 쇠로 만든 냄비)이 합친 글자.
둥글게 구멍을 내어 속에 든 것을 덜어냄을 나타냄.

활용 損害(손해) 경제적으로 밑지는 일.
缺損(결손) 손실이 생김.
損耗(손모) 써서 닳아짐.
損傷(손상) 헐어지고 해어짐.
損財數(손재수) 재물을 손해 볼 운수.

음훈 솔 송
부수 木
획수 4획

松 松 松 松

어원 公(관통하다)과 木을 합친 글자로, 잎이 바늘처럼
가늘고 길며, 잎과 잎사이에 틈새가 벌어져서 공기
가 통하는 나무, 즉 소나무를 나타냄.

활용 松柏(송백) 소나무와 잣나무.
松花(송화) 소나무 꽃.
赤松(적송) 붉은 빛깔의 소나무.
松竹梅(송죽매) 소나무와 대나무와 매화.

衰

음훈 쇠할 쇠
부수 衣 획수 4획

衰 衰 衰 衰

어원 도롱이를 쓴 모양이 衣(입는 것)의 글자 사이에 들어간 글자. 도롱이처럼 축 늘어졌다라는 뜻을 지님.

활용 衰亡(쇠망) 쇠잔하여 약하여짐.
衰退(쇠퇴) 약해져 원기가 없어짐.
衰殘(쇠잔) 쇠하여 상함.
衰盡(쇠진) 쇠하여 다됨.
老衰(노쇠) 늙고 쇠함.

收

음훈 거둘 수
부수 攵 획수 2획

收 收 收 收

어원 丩(두개의 끈을 서로 꼬다)와 攵(손)이 합친 글자. 흐트러진 것을 하나로 끌어모아 거두어 들임을 나타냄.

활용 收拾(수습) 어지러운 현상을 안정되게 함.
收賄(수회) 뇌물을 받음.
收穫(수확) 곡식 따위를 거두어 들임.
收奪(수탈) 강제로 재물을 빼앗음.
月收(월수) 한달의 수입.

음훈 닦을 수
부수 人　　　　　**획수** 8획

어원 攸는 남의 등에 조금씩 물을 부어 목물시키는 모양을 나타내는 글자. 여기에 彡(터럭 삼)을 붙여서 울퉁불퉁하거나 끊어진 곳이 없어서 죽 가늘고 긴 모양을 갖추는 것을 나타냄.

활용 修交(수교) 나라 사이에 국교를 맺음.
修身(수신) 몸을 닦아 행실을 바르게 함.
修養(수양) 도를 닦고 덕을 기르는 일.
修業(수업) 학문, 기예 등을 배우고 익힘.
修正(수정) 바로 잡아 고침.

음훈 나를 수
부수 車　　　　　**획수** 9획

어원 兪는 배와 끌과 깎은 찌꺼기 모양을 본뜬 글자로 속을 모조리 도려내어 통나무배를 만듦을 뜻하는 자와 車를 합쳐서 어떤 장소의 물품을 모두 꺼내어 수레로 다른 장소로 운반하는 것을 나타냄.

활용 輸送(수송) 기차·배 등으로 물건을 실어 보냄.
輸出(수출) 외국으로 상품·기술 등을 내보냄.
輸血(수혈) 남의 피를 혈관에 주입하는 일.
密輸(밀수) 몰래 물품을 국내외로 수출입함.

宿 **음훈** 묵을 숙
부수 宀 **획수** 8획

宿 宿 宿 宿

어원 百과 人과 宀(지붕)을 합친 글자. 좁은 장소에 사람이 웅크리고 있는 모양을 나타냄.

활용 宿命(숙명) 타고난 운명, 과거의 인연에 따른 운명.

宿泊(숙박) 여관이나 남의 집에 머무름.

宿所(숙소) 묵고 있는 곳.

宿食(숙식) 자고 먹고 함.

宿患(숙환) 오래된 병.

順 **음훈** 순할 순
부수 頁 **획수** 3획

順 順 順 順

어원 頁(머리)와 川이 합친 글자. 강물이 흘러 가는 방향으로 자연스럽게 얼굴을 돌려 따라가는 것을 나타냄.

활용 順産(순산) 순조롭게 아이를 낳음. ↔ 難産(난산)

順坦(순탄) ① 길이 평탄함.

② 성질이 까다롭지 않음.

順序(순서) 차례.

順延(순연) 순차로 연기함.

順調(순조) 아무 탈 없이 잘 되어감.

음훈 따라죽을 순
부수 歹
획수 6획

어원 旬(해가 한바퀴 도는 것)과 뼈를 합친 글자. 신하가 주군의 시신 주위를 둥글게 에워싸고 죽는 것을 나타냄.

활용 殉教(순교) 신앙하는 종교를 위하여 목숨을 바침.
殉職(순직) 직무를 수행하다가 목숨을 잃음.
殉國(순국) 나라를 위하여 목숨을 바침.
殉死(순사) 죽은 이를 따라 죽음.
殉節(순절) 신하로써 충절을 지켜 죽음.

음훈 꾀 술
부수 行
획수 5획

어원 朮은 차조의 이삭 아래에 열매가 열을 이루고 있는 모양을 나타낸 글자로, '정해진 도정을 따라가다'는 뜻을 지님. 여기에 行(행하다)이 붙어서 '옛날부터 정해진 방법'이라는 뜻을 나타냄.

활용 術數(술수) 일을 꾸미는 꾀나 방법.
術語(술어) 학술상 특히 한정된 의미로 쓰는 낱말.
術法(술법) 수단과 방법.
術士(술사) 술책이 교묘한 사람.
術策(술책) 일을 꾸미는 꾀나 방법.

음훈 높을 숭
부수 山　　　**획수** 8획

崇 崇 崇 崇

어원 山과 宗을 합친 글자. 宗은 세로로 선이 통과함을
나타내며, 산의 중심선이 세로로 높게 통과하고 있
는 모양을 뜻함.

활용 崇高(숭고) 갸륵하고 고상함.
崇武(숭무) 무술을 숭상함.
崇尙(숭상) 높이어 존경함.
崇仰(숭앙) 높이어 우러름.
崇儒(숭유) 유교를 존중함.

음훈 익힐 습
부수 羽　　　**획수** 5획

習 習 習 習

어원 羽(날개)와 白이 합친 글자. 白은 自가 변한 꼴로,
동작을 나타내는 표시임. 날개를 되풀이 하여 움직
이는 것을 나타냄.

활용 習慣(습관) 버릇, 행습(行習).
習得(습득) 배워서 터득함.
習性(습성) 버릇이 된 성질.
習俗(습속) 습관된 풍속.
習字(습자) 글씨 쓰는 법을 배워 익힘.

어원 사람이 두 발로 나무 위에 올라가 있는 모습을 나타냄.

활용 乘客(승객) 차나 배를 탄 손님.
乘馬(승마) 말을 타는 일.
乘船(승선) 배를 타는 일.
乘車(승차) 차를 타는 일.
合乘(합승) 함께 타는 일.

어원 寺(손발을 움직이다, 또는 가만히 세우다)와 言(말)
이 합친 글자. 마음의 움직임을 말로 나타낸 것.

활용 詩想(시상) 시를 짓기 위한 시인의 착상 또는 구상.
詩友(시우) 함께 어울려 시를 짓는 벗.
詩題(시제) 시의 제목.
詩集(시집) 시를 모은 책.
詩興(시흥) 시의 재미, 시의 즐거움.

| 음훈 | 씨 씨 |
| 부수 | 氏 | 획수 0획 |

氏　氏　氏　氏　□　□　□　□　□

어원　끝이 뾰족한 숟가락 또는 바느질용 바늘을 본뜬 글자. 원래 '차례차례로 전하다, 꿰메다'라는 뜻으로 쓰여져 대대로 전수되는 혈통을 나타내었음.

활용　氏名(씨명) 성씨와 이름. = 姓名(성명)
氏族(씨족) 겨레, 족속.
母氏(모씨) 어머니의 성씨.
姓氏(성씨) 성.
無名氏(무명씨) 이름이 없는 성씨.

| 음훈 | 밥 식 |
| 부수 | 食 | 획수 0획 |

食　食　食　食　□　□　□　□

어원　ㅅ(모아 뚜껑을 닫는 표시)와 밥을 수북이 담은 모양과 숟가락 모양을 합친 것.

활용　食客(식객) 남의 집에 얹혀 지내는 사람.
食傷(식상) 같은 것만을 오래 먹어서 싫증이 남.
食前(식전) 밥 먹기 전.
食滯(식체) 먹은 음식에 체함.
會食(회식) 여러 사람이 모여서 식사함.

음훈	몸 신
부수	身
획수	0획

어원 배가 큰 사람을 본뜬 글자. '꽉 차다'라는 뜻을 지니며, 근육이 단단한 몸이나 꽉찬 내용을 나타냄.

활용 身病(신병) 몸의 병.

身元(신원) 출생, 신분, 성행, 직업, 본적, 주소 등 일신상의 관계.

身體(신체) 몸.

自身(자신) 자기.

立身(입신) 출세하는 것.

음훈	잃을 실
부수	大
획수	2획

어원 손과 옆으로 빠지는 표를 합친 글자. 수중(手中)의 것이 옆으로 빠져 나가 어디론가 가버림을 나타냄.

활용 失脚(실각) ① 발을 헛디딤.
　　　　　　　② 지위를 잃음.

失明(실명) 시력을 잃음.

失言(실언) 실수로 잘못 말함.

失業(실업) 직업을 잃음.

失戀(실연) 원하는 이성(異性)과의 사랑을 이루지 못함.

心 心 心 心

어원 몸의 구석구석에 피를 스며들게 하는 심장의 모양을 본뜬 것.

활용 心境(심경) 이러저러한 느낌을 가진 마음의 상태.
心亂(심란) 마음이 어수선함.
心醉(심취) 어떤 일에 마음이 쏠리어 열중함.
心血(심혈) 지성과 정력.
傷心(상심) 마음이 아픔.

雅 雅 雅 雅

어원 牙(엄니)와 隹(새)가 합친 글자. 원래는 까마귀의 뜻. 또 엄니는 물건을 잘게 자른다는 데서 나중에 '잘게 씹히어 모가 떨어져 있다'라는 뜻도 나타내게 되었음.

활용 雅淡(아담) 고상하고 담박함. 우아하고 산뜻함.
雅量(아량) 너그러운 *도량(度量).
雅樂(아악) 바른 음악, 종묘, 궁정에서 연극하는 음악.
雅趣(아취) 우아한 정취, 고상한 취미.
雅兄(아형) 벗의 존칭.

安 **음훈** 편안할 안
부수 宀　　　　**획수** 3획

安 安 安 安 □ □ □ □ □

어원 宀(지붕)과 女를 합친 글자. 여자를 집안에 안정시킨 상태를 나타냄.

활용 安堵(안도) ① 자기집에서 편안히 지냄.
　　　　　　　② 마음을 놓음.
安否(안부) 편안한지의 여부.
安全(안전) 위험이 없음.
安靜(안정) 평온하고 조용함.
安住(안주) 자리잡고 편히 삶.

暗 **음훈** 어두울 암
부수 日　　　　**획수** 9획

暗 暗 暗 暗 □ □ □ □ □

어원 音(입을 다문채로 소리를 내다)과 日(태양)을 합친 글자. 햇빛을 차단한 방안에 갇혀서 어두운 것을 나타냄.

활용 暗殺(암살) 몰래 죽임.
暗號(암호) 은밀한 신호나 기호.
暗室(암실) 광선이 들어오지 못하게 한 캄캄한 방.
暗行(암행) 남 모르게 다님.
暗黑(암흑) 캄캄함.

음훈	우러를 앙		
부수	人	획수	4획

仰 仰 仰 仰

어원 卬(서서 내려다보는 사람과 무릎을 꿇고 올려다 보는 사람)과 人(사람)이 합친 글자. '우러러 보다', '쳐다 보다'의 뜻을 나타냄.

활용 仰望(앙망) 우러러 바란다는 뜻으로 편지 등에서 쓰는 말.
仰請(앙청) 우러러 청함의 뜻으로, 윗사람에 사용한다.
仰祝(앙축) 우러러 축원함.
崇仰(숭앙) 존경하고 우러러 봄.
信仰(신앙) 믿음.

음훈	사랑 애		
부수	心	획수	9획

어원 옛꼴의 旡는 가슴을 답답해 하면서 몸을 뒤로 젖힌 모양. 여기에 心과 발을 붙여서, 마음이 너무 애달파서 걸음도 생각대로 나아가지 못하는 상태를 나타냄.

활용 愛嬌(애교) 남에게 귀엽게 보이는 태도.
愛慕(애모) 사랑하여 사모함.
愛誦(애송) 즐겨 욈.
愛着(애착) 은애(恩愛)에 집착하여 떨어지기 어려운 정.
愛好(애호) 사랑하고 좋아함.

夜 | 夜 | 夜 | 夜 | | | | |

어원 赤(사람의 양쪽 겨드랑이)와 月이 합친 글자. 낮을 사이에 두고 그 양쪽에 있는 달이 뜨는 '밤' 을 가리킴.

활용 夜間(야간) 밤, 밤새. ↔ 晝間(주간)
夜勤(야근) 야간 근무.
夜景(야경) 밤의 경치.
夜學(야학) 밤에 공부함.
徹夜(철야) 밤을 세움.

藥 | 藥 | 藥 | 藥 | | | | |

어원 樂과 艹(풀)로 만들어진 글자. 樂은 음을 나타냄. 병의 원인을 없애는 약초.

활용 藥局(약국) 약을 조제하고 파는 가게.
藥水(약수) 약효가 있는 물.
藥湯(약탕) 달여 먹는 약.
藥效(약효) 약의 효력.

음훈	기를 양	
부수	食	획수 6획

養 養 養 養 □ □ □ □ □

어원 ⺷은 羊(양)을 생략한 글자로 맛있는 고기. 여기에
食(음식)을 붙여서 영양이 있는 음식을 나타냄.

활용 養豚(양돈) 돼지를 사육함.
養育(양육) 잘 자라도록 기름.
養生(양생) 장수하도록 건강 증진에 힘씀.
養成(양성) 능력을 길러냄.
養護(양호) 양육하고 보호함.

음훈	고기 어	
부수	魚	획수 0획

魚 魚 魚 魚 □ □ □ □ □

어원 물고기의 형체를 본뜬 글자.

활용 魚網(어망) 물고기를 잡는 그물.
魚類(어류) 물고기 종류.
魚肉(어육) 생선과 짐승 고기.
魚貝(어패) 물고기와 조개.
乾魚(건어) 말린 물고기.

부수 手   획수 4획

| 抑 | 抑 | 抑 | 抑 | | | | | |

어원 手(손)와 卬(사람을 손으로 억누를 모양)을 합친 글
자. 위에서 아래로 꽉누름을 나타냄.

활용 抑留(억류) 억지로 머무르게 함.

抑壓(억압) 억지로 누름, 압제함.

抑制(억제) 억눌러서 제어함.

抑止(억지) 억누러 멈추게 함.

부수 言   획수 0획

| 言 | 言 | 言 | 言 | | | | | |

어원 날카로운 칼과 口가 합친 글자. 칼로 까칠까칠하게
만들 듯이 하나하나 확실하게 발음되는 말의 뜻.

활용 言及(언급) 하는 말이 그 일에 미침.

言爭(언쟁) 말다툼.

言論(언론) 말이나 글로써 자기의 주장이나 견해 등을
발표하는 일.

言明(언명) 분명히 말함.

言約(언약) 말로 약속함.

음훈 엄할 엄

부수 口　　　　　획수 17획

嚴　嚴　嚴　嚴

어원 嚴은 厂(절벽)과 敢을 합친 글자로 울퉁불퉁하고 묵직함의 뜻에 口를 두개 붙여서, 잔소리가 심하고 엄하게 단속하는 뜻을 나타냄.

활용 嚴格(엄격) 언행의 흐트러짐이 없이 바름.

嚴冬(엄동) 추위가 혹심한 겨울.

嚴守(엄수) 어김없이 지킴.

嚴密(엄밀) 엄중하고 세밀함.

嚴選(엄선) 엄정하게 뽑음.

음훈 일 업

부수 木　　　　　획수 9획

業　業　業　業

어원 종이나 북을 막대에 매달아 거는 받침대를 본뜬 글자. 윗부분이 까칠까칠한 데서 '걸리다'라는 뜻이 생겼고 나중에 '성가신 일, 노력하지 않으면 잘 되지 않는 일'이라는 뜻이 되었음.

활용 業界(업계) 같은 산업·사업에 종사하는 사람들의 사회.

業務(업무) 직업으로서 하는 일.

業績(업적) 일의 성과, 사업의 성적.

業主(업주) 사업의 경영주.

業體(업체) 사업이나 기업의 주체.

與 음훈 줄 여

부수 臼　　　획수 7획

與 與 與 與

어원 네 손을 받쳐 두 사람이 함께 물건을 들어 올리는 모양을 나타냄. '맞물리다', '힘을 합치다'의 뜻이 있음.

활용 與件(여건) 주어진 조건.

與奪(여탈) 주는 일과 빼앗는 일.

參與(참여) 관계함.

贈與(증여) 물건을 드림.

授與(수여) 물건이나 상장을 줌.

易 음훈 바꿀 역, 쉬울 이

부수 日　　　획수 4획

易 易 易 易

어원 도마뱀붙이와 彡(무늬)을 합친 글자. 도마뱀붙이는 평평하게 옆으로 뻗어 있고, 또 빛에 의해 피부색이 점차 변하므로 '차례차례 변한다', '평탄하고 쉽다'는 뜻을 나타냄.

활용 易書(역서) 점에 관한 책.

貿易(무역) 나라 사이에 물건과 물건을 바꾸는 일.

簡易(간이) 간단하고 편리함.

容易(용이) 쉬운 것.

平易(평이) 쉬움, 용이(容易)함.

음훈 갈 연
부수 石　　　　　**획수** 6획

研 研 研 研 □ □ □ □ □

어원 幵는 두 물건의 표면을 골라 높이를 맞추는 것을 나타내는 자에 石이 붙어서 돌을 갈아서 울퉁불퉁한 것을 없애고 평평하게 고르는 것을 나타냄.

활용 研究(연구) 사물을 깊이 생각하거나 조사하여 진리를 밝히는 일.
研磨(연마) 학문, 기술을 익히고 닦음.
研鑽(연찬) 깊이 연구함.

음훈 더울 열
부수 火　　　　　**획수** 11획

熱 熱 熱 熱 □ □ □ □ □

어원 埶와 火(불)로 만들어진 글자. 埶는 음을 나타내고 끈적끈적 하게 땀이 배는 것을 나타냄.

활용 熱狂(열광) 미친 듯이 열중함.
熱望(열망) 열렬히 바람, 또는 진심으로 원함.
熱心(열심) 한가지 일에 깊이 마음을 쏟음.
熱情(열정) 열렬한 애정.
熱中(열중) 정신을 한 곳으로 집중시킴.

음훈 잎 엽
부수 艹　　　　　　**획수** 9획

葉 葉 葉 葉 □ □ □ □ □

어원 葉은 나뭇가지 끝의 잎부분에 한 일(一)을 붙인 글자로 잎처럼 흐늘흐늘 얇다는 뜻을 나타내는 자에 艹(풀)을 붙여서 '나뭇잎'을 나타냄.

활용 葉書(엽서) 우편, 엽서.
葉錢(엽전) 옛날, 놋으로 만든 돈.
葉茶(엽차) 찻 잎을 달인 물.
葉草(엽초) 잎담배.
落葉(낙엽) 시든 잎사귀.

음훈 길 영
부수 水　　　　　　**획수** 1획

永 永 永 永 □ □ □ □ □

어원 강의 흐름이 가늘게 갈라져서 길게 뻗어 흐르는 모습을 본뜬 글자. '가늘고 길게 이어지다'의 뜻을 나타냄.

활용 永眠(영면) 영원히 잠잔다는 뜻으로 죽음을 이름.
永遠(영원) 세월이 끝없이 길고 오램. =永久(영구)
永生(영생) 오래삶, 장수.
永世(영세) 영구한 세대.
永永(영영) 영원히.

음훈 미리 예
부수 家 획수 9획

豫 豫 豫 豫 □ □ □ □ □

어원 象(코끼리)과 予를 합친 글자. 커다란 코끼리처럼 느긋하게 있음을 나타냄. 여기에서 '느긋하게 여유를 두고(미리)', '꾸물대다' 등의 뜻으로 쓰임.

활용 豫感(예감) 미리 육감으로 감지(感知)함 또는 그 느낌.
豫審(예심) 본 재판에 앞서 미리 심사, 조사하는 일.
豫約(예약) 미리 약속함.
豫言(예언) 앞 일을 미리 내다보고 하는 말.
豫測(예측) 미리 헤아림.

음훈 그릇될 오
부수 言 획수 7획

誤 誤 誤 誤 □ □ □ □ □

어원 吳는 사람의 고개를 갸우뚱하고 유쾌하게 웃는 모양을 나타낸 글자로 구부러져 있는 데서 '잘못되어 있다'라는 뜻도 나타냈음. 거기에 言(말)을 붙여 원래의 뜻을 확실하게 했음.

활용 誤報(오보) 그릇 알림, 잘못된 보도.
誤算(오산) ① 잘못 계산함.
         ② 그릇된 예측.
誤差(오차) 상이(相異), 치이(雉異).
誤判(오판) 잘못 판단함.
誤解(오해) 뜻을 잘못 앎.

어원 대리석으로 만든 玉자 모양의 장식을 본뜬 글자. 단단한 보석을 나타냄.

활용 玉門(옥문) 옥으로 장식한 문.

玉色(옥색) 옥의 빛갈, 약간 파르스름한 빛갈.

玉顔(옥안) 아름다운 얼굴, 미인의 얼굴.

玉體(옥체) 임금 또는 귀인의 몸의 경칭.

玉童子(옥동자) 남의 어린이를 귀하게 호칭한 것.

어원 皿은 큰 받침 접시 속에 작은 접시를 엎어 물건을 담고 열이 빠지지 않도록 한 모양. 여기에 水(물)가 붙어서 속에 물기가 있어 따뜻한 것을 나타냄.

활용 溫床(온상) ① 묘상(苗床).

② 어떤 사물·사상 등이 싹터 자라는데 토양 구실을 하는 환경.

溫順(온순) 성질이 온화하고 양순함.

溫室(온실) 보온 설비를 하여 겨울에도 식물이 나고 자라게 하는 방.

溫情(온정) 따뜻한 인정.

溫泉(온천) 더운 물이 솟는 샘.

어원 반원(半圓)의 통 모양을 한 기와를 서로 엇갈리게 겹친 모양을 본뜬 글자.

활용 瓦家(와가) 기와집. ↔ 草家(초가)

瓦器(와기) 질그릇. 土器(토기).

瓦片(와편) 기와 조각.

瓦解(와해) 기와 깨지듯이 조직이나 계획 등이 깨어져 흩어짐.

어원 宀(지붕)과 元(둥근 머리)을 합친 글자. 둥글게 담으로 빙 둘러쌓인 집을 나타냄.

활용 完結(완결) 완전히 끝을 맺음.

完璧(완벽) ① 흠잡을 데가 전혀 없는 구슬.

② 완전 무결함.

完備(완비) 완전히 갖추어짐.

完成(완성) 완전히 다 이룸이나 갖춤.

完快(완쾌) 병이 완전히 나음.

음훈 하고자할 욕
부수 欠   획수 7획

어원 谷(구멍이 뚫려 있다)과 欠(빠져 있다)을 합친 글자. 마음속에 구멍이 뚫린 것처럼 어딘가 부족하므로 그것을 메우고 싶다고 생각하는 기분을 나타냄.

활용 欲求(욕구) 바람, 구함.
欲望(욕망) 바라고 원함, 무엇을 가지고자 하는 일.
私欲(사욕) 사사로운 욕심.
欲情(욕정) ① 욕망, 욕심.
       ② 애욕의 마음.
貪欲(탐욕) 지나치게 욕심이 많음.

음훈 쓸 용
부수 用   획수 0획

어원 직사각형의 판자와 막대기를 합쳐서 판자에 막대기로 구멍을 뚫어 관통한 것을 나타내었음.

활용 用件(용건) 볼일. = 用務(용무)
用例(용례) 전부터 써 오는 실례.
用法(용법) 법률을 적용함.
用意(용의) 어떤 일을 하려고 마음을 먹음.
用品(용품) 쓰는 물건.

어원 憂(마음이 가라앉고 조용히 행동하는 모습)과 人(사람)이 합친 글자. 부드럽게 행동하는 배우를 나타냄.

활용 優待(우대) 특별히 잘 대우함.
優等(우등) 성적이 우수함.
優勢(우세) 남보다 나은 형세.
優勝(우승) ① 가장 뛰어남.
② 제 1위로 승리함.
優劣(우열) 우수함과 저열(低劣)함.

어원 云은 자욱한 것이 꽉 차 있는 모양을 나타낸 글자. 여기에 雨를 붙여서 비를 내리게 하는 자욱한 '구름'을 나타냄.

활용 雲霧(운무) 구름과 안개.
雲集(운집) 구름같이 모여듦.
浮雲(부운) 뜬 구름.
瑞雲(서운) 좋은 길조의 구름.
靑雲(청운) 푸른 구름, 즉 젊은 사람의 뜻.

음훈 수컷 웅
부수 隹   획수 4획

雄 雄 雄 雄

어원 厷은 팔꿈치에 힘을 준 모양. 그것과 새(隹)를 합쳐 어깨에 힘을 주어 튀어 나오게 하여 강하게 보이려고 하는 수컷의 새를 나타냄.

활용 雄辯(웅변) 힘 있고 유창한 연설.
雄壯(웅장) 굉장히 우람스러움.
雄志(웅지) 웅대한 뜻.
英雄(영웅) 뛰어난 사람.
群雄(군웅) 뛰어난 사람이 많음.

음훈 수효 원
부수 口   획수 7획

員 員 員 員

어원 처음에는 둥근 그릇을 뜻하였으나 후에 둥근 물건이나 여러가지 물건을 세는 말이 되었고, 나중에는 사람의 수를 세는 단위가 되었음.

활용 員數(원수) 인원의 수효.
員外(원외) 정한 인원 이외.
船員(선원) 배를 타는 사람.
議員(의원) 병을 고치는 사람.
公務員(공무원) 공직에 종사하는 사람.

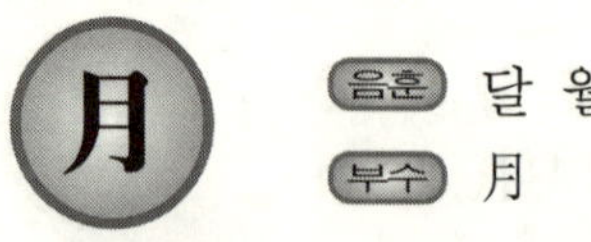

月 月 月 月

어원 초승달을 본뜬 글자.

활용 月賦(월부) 값 또는 빚을 다달이 나누어 갚아가는 일.

月蝕(월식) 지구가 해와 달 사이에 끼여 햇빛을 가리게 될 때 월면의 전부나 일부분이 보이지 않게 되는 현상.

月出(월출) 달이 나옴.

滿月(만월) 보름 달.

風月(풍월) ① 바람과 달. *歲月(세월)
② 바람, 달 등에 부쳐 시가를 지음.

位 位 位 位

어원 立(서다)과 人(사람)이 합쳐서 사람이 어떤 위치에 굳건히 서는 것을 나타냄.

활용 位階(위계) 계급·지위의 등급.

位置(위치) 사람이나 물건이 있는 장소.

位牌(위패) 신주(神主)의 이름을 적은 나무피.

方位(방위) 방향.

品位(품위) 사람이 갖추고 있는 인격적 가치.

由 

음훈 말미암을 유
부수 由　　　획수 0획

어원 술이나 국 등을 따르는 좁은 아가리의 항아리를 본 뜬 글자. 좁은 아가리를 통하여 액체가 나오는 데서 '…에서 나오다', '사건이 생기는 까닭'이라는 뜻을 나타내게 되었음.

활용 由來(유래) ① 사물의 내력.
　　　　　　　② 본디, 전부터.
由緖(유서) 사물의 내력. = 由來(유래)
由緣(유연) 사물의 유래(由來), 인연.
經由(경유) 거쳐서 지남.
事由(사유) 이유나 연유.

肉 

음훈 고기 육
부수 肉(月)　　　획수 0획

어원 주름이 잡힌 부드러운 살을 본뜬 글자.

활용 肉聲(육성) 사람의 입에서 직접 나오는 소리.
肉眼(육안) 안경 따위의 힘을 빌리지 않은 그대로의 눈.
肉體(육체) 사람의 몸.
肉筆(육필) 본인이 직접 쓴 글씨.
肉膾(육회) 소의 살고기나 간, 처녑, 양 따위를 잘게 썰
　　　　　어, 익히지 아니하고 양념한 음식.

음훈 은혜 은
부수 心 　　획수 6획

恩 恩 恩 恩

어원 因(어떤 물건의 위에 올라가서 누름)과 心을 합친 글자. 마음상으로 고마워하는 느낌이 들게 함.

활용 恩赦(은사) 국가에 경사가 있을 때 일정한 죄인을 석방하는 일.

恩典(은전) 은혜를 베푸는 일.

恩情(은정) 인자한 마음.

恩惠(은혜) 베풀어 주는 혜택.

報恩(보은) 은혜를 보답함.

음훈 소리 음
부수 音 　　획수 0획

音 音 音 音

어원 전체가 言의 옛 형태. 口(입) 안에 一모양을 붙인 모양은 甘의 옛 형태로, 입안에 엿을 넣은 것을 뜻함. 둘을 합쳐서 입 안에 무엇을 머금고, 우물우물 말할 때 나오는 소리의 뜻.

활용 音律(음률) 음악의 가락.

音程(음정) 두 악음 사이의 높낮이의 차.

音癡(음치) 음악에 소질이 없음.

音響(음향) 소리가 울려 퍼짐.

福音(복음) 반가운 소식.

어원 雁은 人과 새(隹)를 합쳐서 사람이 새를 가슴 앞에 안은 모양을 나타냄. 여기에 心이 붙어서 마음으로 확실히 받아냄을 뜻함.

활용 應急(응급) 급한 일에 응함.
應答(응답) 부름이나 물음에 응하는 대답.
應分(응분) 신분에 맞음.
應用(응용) 어떠한 원리를 실제로 활용함.
應援(응원) 호응하여 도움.

어원 옷의 깃을 본뜬 글자. 앞 가슴을 가리는 옷의 뜻.

활용 衣冠(의관) ① 의복과 관.
② 훌륭한 집안.
衣裳(의상) 여자의 겉옷, 저고리와 치마.
衣服(의복) 옷.
衣食(의식) 옷과 음식.
脫衣(탈의) 옷을 벗음.

어원 부드러운 귓불을 본뜬 글자.
활용 耳聾(이롱) 귀머거리, 벙어리.
　　　耳鳴(이명) 귀안에서 소리가 나는 것처럼 느껴지는
　　　　　　　　증상.
　　　耳順(이순) 60살.
　　　耳目(이목) 귀와 눈.
　　　耳朶(이타) 귓불, 귀.

어원 물이 흐르는 것을 옆에서 본뜬 글자와 皿(접시)을
　　　합친 글자. 접시에 물이 가득차는 상태를 나타냄.
활용 益友(익우) 사귀어서 유익한 친구.
　　　益鳥(익조) 인류에 이익을 주는 조류(鳥類).
　　　益蟲(익충) 사람에게 이익이 되는 벌레.
　　　公益(공익) 여러 사람에게 도움이 됨.
　　　利益(이익) ① 이득.
　　　　　　　　② 유익한 일.

음훈	참을 인
부수	心
획수	3획

忍　忍　忍　忍　□　□　□　□　□

어원 刃(강하게 벼린 칼날)과 心을 합친 글자. 꾹 참고 꺾이지 않는 마음을 나타냄.

활용 忍苦(인고) 고통을 참음.
忍耐(인내) 참고 견딤.
忍辱(인욕) 욕됨을 견디어 참음.
忍從(인종) 참고 견디어 복종함.
剛忍(강인) 굳세고 참을성이 있음.

음훈	품팔이 임
부수	貝
획수	6획

賃　賃　賃　賃　□　□　□　□　□

어원 任(무거운 것을 끌어안다)과 貝(돈)가 합친 글자. 돈을 지불하고 사람을 고용하는 것을 나타냄.

활용 賃金(임금) 품삯, 노임.
賃貸(임대) 삯을 받고 빌려 줌. ↔ 賃借(임차)
勞賃(노임) 품삯.
船賃(선임) 배삯.
運賃(운임) 운반하는 삯.

| 음훈 | 사랑할 자 |
| 부수 | 心 | 획수 | 9획 |

慈 慈 慈 慈 □ □ □ □ □

어원 茲는 풀의 싹과 가는 실을 합친 글자로, 작은 것이 성장하여 증가함을 나타냄. 여기에 心을 붙여서 어린 아이를 기르는 자애로운 마음을 나타냄.

활용 慈堂(자당) 남의 어머니에 대한 경칭.
慈善(자선) ① 불쌍히 여겨 은혜를 베풂.
② 불쌍한 사람을 도와줌.
慈雨(자우) 단비, 가뭄에 오는 비.
仁慈(인자) 어질고 자애로움.
孝慈(효자) 효심이 많음.

| 음훈 | 지을 작 |
| 부수 | 人 | 획수 | 5획 |

作 作 作 作 □ □ □ □ □

어원 乍(날붙이로 나무 등에 자국을 내는 일)과 人(사람)이 합친 글자. 사람이 재료를 손보는 일, 즉 '만든다'는 뜻을 나타냄.

활용 作故(작고) 죽음. ＝사망(死亡)
作業(작업) 일, 노동.
作用(작용) 어떤 사물이 딴 사물에 영향을 미침.
作品(작품) 만든 물건 또는 시가, 문장, 예술품, 따위.
作興(작흥) 떨쳐 일으킴.

어원 노인이 긴 머리털을 나부끼며 서 있는 모양을 본뜬 글자.

활용 長髮(장발) 길게 기른 머리털. ↔ 短髮(단발)
長點(장점) 다른 것과 비교하여 특히 좋은 점.
↔ 短點(단점)
長竹(장죽) 긴 대나무.
課長(과장) 국장 밑에 있는 사람.
局長(국장) 과장 위에 있는 사람.

어원 강물로 가로 질러서 막는 둑을 나타내는 글자. '잘라내다'라는 뜻에서 베어낸 재목을 나타내게 되고 더 나아가서는 재목은 물건을 만드는 기초가 되는 것으로 재능면에서 사람이 본디부터 갖고 있는 능력이라는 뜻으로도 쓰이게 되었음.

활용 才幹(재간) 재주와 간능(幹能).
才媛(재원) 재주가 뛰어난 젊은 여자.
才智(재지) 재주와 슬기.
才筆(재필) 뛰어난 문장.
天才(천재) 뛰어난 재능을 가진 사람.

어원 물건을 양손으로 서로 잡아당기는 모양을 나타냄.

활용 爭論(쟁론) 서로 말로 다툼.

爭奪(쟁탈) 서로 빼앗으려고 다툼.

競爭(경쟁) 서로 우위에 서려고 다툼.

紛爭(분쟁) 엉클어져 다툼.

抗爭(항쟁) 대항해 다툼.

어원 宀은 네모진 틀에 貝(돈이나 재산)을 붙여서 네모진 틀속에 돈이나 재산을 가득 채운 모양을 나타냄.

활용 貯金(저금) 돈을 모아둠.

貯水(저수) 물을 저장함.

貯藏(저장) 쌓아서 간직하여 둠.

貯蓄(저축) 절약하여 모아 둠.

貯置(저치) 저장하여 둠.

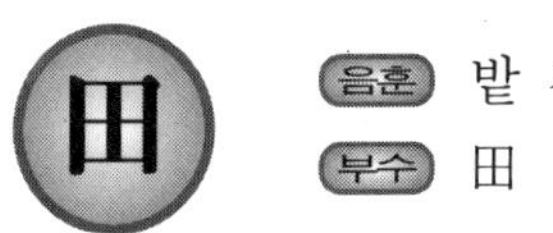

田 田 田 田

어원 사각으로 구획지은 논이나 밭을 본뜬 글자.

활용 田畓(전답) 밭과 논, 농토.
田園(전원) ① 논밭.
② 시골.
田地(전지) 논과 밭.
耕田(경전) 논을 경작함.
油田(유전) 석유가 나는 곳.

針 針 針 針

어원 十과 金(금속)으로 만들어진 글자. 十은 여기에서는 拾(주워모으다)이라는 뜻을 지님. 터진 곳을 끌어모아 꿰매는 금속의 바늘의 뜻.

활용 針母(침모) 남의 집에 고용되어 바느질을 맡아 하던 여인.
針線(침선) 바늘과 실.
短針(단침) 짧은 바늘.
分針(분침) 분을 가리키는 침.
鍼術(침술) 한약방에서 놓는 침.

음훈　찾을 탐
부수　手　　　　　　획수　8획

探 探 探 探 □ □ □ □

어원　手(손)와 探이 합친 글자. 探의 원래 글자는 穴(구멍)과 火와 又(손)로 되어 있고, 화덕의 구멍 속에 남아있는 불을 손으로 찾아냄을 나타냄.

활용　探究(탐구) 진리, 과학 등을 파고들어 깊이 연구함.
探索(탐색) 드러나지 않은 것을 이리저리 살펴 찾음.
探偵(탐정) 사전에 몰래 더듬어 살핌.
探險(탐험) 위험한 곳을 탐사함.
探訪(탐방) 탐문하여 찾아봄.

음훈　바람 풍
부수　風　　　　　　획수　9획

風 風 風 風 □ □ □ □

어원　几(배의 돛)과 少이 합친 글자. 돛에 바람이 불면 펄럭펄럭 나부낌. 또 따뜻한 바람이 불면 많은 벌레들이 생김. 거기에서 양쪽을 합쳐 '바람'이라는 뜻을 나타내었음.

활용　風紀(풍기) 풍속이나 사회 도덕에 관한 기율.
風浪(풍랑) 바람과 파도.
風速(풍속) 바람의 속도.
風習(풍습) 습관.
風采(풍채) 겉모습, 외모.

어원 爻(엇갈리는 무늬)와 巾(천)을 합친 글자. '작은 틈
새를 통하여 무언가를 청하다'라는 뜻을 나타나게
되었음.

활용 希求(희구) 원하고 바람.
希望(희망) 소망을 가지고 기대하여 바람.
希願(희원) 희망(希望)과 같음.

*시험에 잘 나오는 것으로써 조선일보, 동아일보, 중앙일보, 한국일보, 한겨레 등에서 발췌한 고사성어이다.

- 同床異夢 (동상이몽) : 같은 처지에 다른 속셈을 지님을 비유하는 말. *吳越同舟(오월동주)
- 晩時之歎 (만시지탄) : 때나 기회를 놓친 뒤의 탄식.
- 望雲之情 (망운지정) : 자식이 부모를 그리워하는 마음. ⇔倚閭之望(의려지망)
- 麥秀之嘆 (맥수지탄) : 고국의 멸망을 한탄함.
- 明若觀火 (명약관화) : 불 보듯 분명함을 이름.
- 命在頃刻 (명재경각) : 목숨이 곧 끊어질 지경에 이름. *人名在天(인명재천)
- 目不識丁 (목불식정) : ㄱ자도 모를 만큼 무식하다는 뜻.
- 目不忍見 (목불인견) : 눈뜨고 차마 볼 수 없음을 이르는 말.
- 沐雨櫛風 (목우즐풍) : 긴 세월을 객지에서 떠돌며, 갖은 고생을 함. *櫛風沐雨(즐풍목우)
- 刎頸之交 (문경지교) : 친한 사이의 친구를 뜻함. *金蘭之交(금란지교), 水魚之交(수어지교)
- 門前成市 (문전성시) : 부자가 되어 방문객이 끊이지 않음을 이름.
- 拔本塞源 (발본색원) : 폐단의 근원을 아주 뽑아서 없애버림.
- 傍若無人 (방약무인) : 언어나 행동이 오만하고 방자함을 뜻하는 말.
- 附和雷同 (부화뇌동) : 남의 말이나 행동에 동조함을 비유한 말.
- 不問曲直 (불문곡직) : 옳고 그름을 따지지 않음.
- 髀肉之嘆 (비육지탄) : 성공하지 못하고 세월만 보냄을 한탄하는 말.
- 四面楚歌 (사면초가) : 사방으로 적에게 포위되어 고립된 경우를 이름.
- 沙上樓閣 (사상누각) : 모래 위에 집을 세우는 것처럼 실현불가능한 일. *空中樓閣(공중누각)
- 三顧草廬 (삼고초려) : 어떤 일을 도모하기 위해 온갖 노력을 기울임.
- 桑田碧海 (상전벽해) : 세상일이 몹시 심하게 변함을 이르는 말.
- 塞翁之馬 (새옹지마) : 길흉화복을 쉽게 예측할 수 없음을 이르는 말.
- 雪上加霜 (설상가상) : 불행이 엎친 데 덮침을 이름. ⇔錦上添花
- 首邱初心 (수구초심) : 고향을 그리워하는 마음.
- 漱石枕流 (수석침류) : 억지변명을 할 경우를 비유하는 말.
- 脣亡齒寒 (순망치한) : 하나가 없으면 다른 편도 온전하지 못함을 비유함.
- 身言書判 (신언서판) : 관리를 등용함에 있어 신수, 말씨, 문필, 판단력 따위를 중시함.
- 身土不二 (신토불이) : 사람은 흙과 떨어질 수 없듯 우리 것이 좋다는 뜻.
- 我田引水 (아전인수) : 자신의 이로움만을 취하는 행위.
- 羊頭狗肉 (양두구육) : 겉으론 그럴듯하나 실상은 그렇지 못함.
- 漁父之利 (어부지리) : 제 3자가 이득을 취하는 것을 지칭.
- 言中有骨 (언중유골) : 예사로운 말속에 깊은 속뜻이 숨어 있음.
- 緣木求魚 (연목구어) : 전혀 불가능한 일을 도모하려는 행위.
- 煙霞痼疾 (연하고질) : 자연을 몹시 그리워함을 이르는 말. *泉石膏肓(천석고황)
- 榮枯盛衰 (영고성쇠) : 세상의 성하고 쇠함이 서로 뒤바뀌는 현상.
- 五里霧中 (오리무중) : 어떤 일에 대하여 전혀 알 길이 없음을 비유한 말.
- 烏飛梨落 (오비이락) : 우연하게 남의 의심을 받게 됨을 지칭하는 말.
- 吳越同舟 (오월동주) : 원수사이에 공교롭게도 같은 처지에 놓임.
- 臥薪嘗膽 (와신상담) : 목적을 이루기 위해 괴로움을 참고 견딤. *切齒腐心(절치부심)

제4부

반드시 알아야 할 고사성어

한글세대가 꼭 알아야할 고사성어

*시험에 잘 나오는 것으로써 조선일보, 동아일보, 중앙일보, 한국일보, 한겨레 등에서 발췌한 고사성어이다.

- 龍頭蛇尾 (용두사미) : 시작은 좋으나 끝은 흐지부지함을 이름.
- 牛耳讀經 (우이독경) : '쇠 귀에 경 읽기'처럼 전혀 이해하지 못함. *馬耳東風(마이동풍)
- 類類相從 (유유상종) : 서로 비슷한 무리끼리 서로 내왕하며 사귐. *草綠同色(초록동색)
- 倚閭之望 (의려지망) : 부모가 자식이 돌아오기를 기다리는 심정. ⇔望雲之情(망운지정)
- 泥田鬪狗 (이전투구) : 강인한 성격이나 서로 헐뜯는 싸움을 비유하는 말.
- 一擧兩得 (일거양득) : 한 가지 일로 두 가지의 이득을 취함. *一石二鳥(일석이조)
- 一魚濁水 (일어탁수) : 한 사람의 잘못으로 여러 사람이 피해를 봄.
- 一觸卽發 (일촉즉발) : 몹시 위험한 상황이나 상태를 이름. *危機一髮(위기일발)
- 一敗塗地 (일패도지) : 완전히 패하여 다시 일어설 수 없음.
- 自繩自縛 (자승자박) : 자신의 언행이나 마음씨로 인하여 제 스스로를 속박하는 처사.
- 作心三日 (작심삼일) : 결심이 굳지 못하여 오래가지 않음.
- 張三李四 (장삼이사) : 평범한 사람을 이름. *甲男乙女(갑남을녀)
- 賊反荷杖 (적반하장) : 잘못한 사람이 도리어 화를 내는 경우를 나타냄.
- 電光石火 (전광석화) : 극히 짧은 시간이나 신속한 동작.
- 前代未聞 (전대미문) : 이제까지 들은 적이 한번도 없음.
- 戰戰兢兢 (전전긍긍) : 매우 두려워 조심함. *輾轉反側(전전반측)
- 轉禍爲福 (전화위복) : 재앙이 오히려 복이 됨을 나타냄. *塞翁之馬(새옹지마)
- 切齒腐心 (절치부심) : 몹시 분하여 이를 갈고 속을 썩임.
- 漸入佳境 (점입가경) : 갈수록 흥미진진하고 재미있는 상황이 전개됨.
- 頂門一鍼 (정문일침) : 따끔한 한마디의 충고를 이르는 말.
- 朝令暮改 (조령모개) : 법령을 자주 고쳐 질정하기가 어려움. *朝變夕改(조변석개)
- 朝三暮四 (조삼모사) : 간사한 꾀로 남을 속이거나 희롱하는 것을 지칭.
- 鳥足之血 (조족지혈) : '새 발의 피'라는 말로써 극히 적은 양을 지칭함.
- 晝耕夜讀 (주경야독) : 밤낮없이 열심히 노력함.
- 走馬加鞭 (주마가편) : 더욱 정진하도록 북돋우어 줌.
- 走馬看山 (주마간산) : 수박 겉핥기처럼 사물을 대충 지나쳐 봄.
- 竹馬故友 (죽마고우) : 아주 절친한 친구 사이.
- 衆寡不敵 (중과부적) : 적은 수효가 많은 수효를 대적할 수 없음.
- 指鹿爲馬 (지록위마) : 권세를 마음대로 하거나 모순된 것을 끝까지 우김.
- 進退兩難 (진퇴양난) : 매우 궁지에 몰림을 비유하는 말. *進退維谷(진퇴유곡)
- 滄海一粟 (창해일속) : 매우 작거나 보잘 것 없음을 나타냄. *九牛一毛(구우일모)
- 千慮一失 (천려일실) : 지혜로운 사람도 실수를 할 수도 있다라는 말.
- 千載一遇 (천재일우) : 좀처럼 만나기 어려운 기회.
- 千差萬別 (천차만별) : 여러 가지 사물에는 저마다 차이나 구별이 있음. *千態萬象(천태만상), 天壤之差(천양지차
- 靑出於藍 (청출어람) : 제자가 스승보다 더 뛰어남을 비유하는 말.
- 焦眉之急 (초미지급) : 매우 위급함을 이름.
- 初志一貫 (초지일관) : 처음에 먹은 마음을 끝까지 관철함. *始終一貫(시종일관)
- 寸鐵殺人 (촌철살인) : 간단한 경구로써 사람을 감동시킨다는 뜻.

苛斂誅求
* 매울 **가** * 거둘 **렴** * 벌 **주** * 구할 **구**
가혹하게 세금을 거두어 들이고 서민들의 재물을
빼앗음.

苛政猛於虎
* 매울 **가** * 정사 **정** * 사나울 **맹** * 비교 **어** * 범 **호**
포악하고 무분별한 정치제도는 호랑이 보다도 더
무섭다.

肝膽相照
* 간 **간** * 쓸개 **담** * 서로 **상** * 비출 **조**
간과 쓸개를 드러내 보인다는 뜻으로 서로 마
음을 터놓고 친하게 지내는 것.

改過遷善
* 고칠 **개** * 잘못할 **과** * 옮길 **천** * 착할 **선**
잘못을 뉘우치고 새롭게 착한 사람이 되는 것.

乾坤一擲
* 하늘 **건** * 땅 **곤** * 한 **일** * 던질 **척**
죽느냐 사느냐와 같이 사생결단을 건 최후의 한
판승부.

結草報恩
* 맺을 **결** * 풀 **초** * 갚을 **보** * 은혜 **은**
풀을 엮어서 은혜를 갚는다는 뜻으로 죽어 혼령
이 되어서도 은혜를 갚는다.

鷄　　肋
* 닭 **계** * 갈비대 **륵**
닭의 갈비는 먹을 만한 살은 없지만 그냥 버리기
에는 아깝다는 뜻.

| 股肱之臣 | *다리 고 *팔 굉 *갈 지 *신하 신 |

다리와 팔뚝에 비길만한 신하라는 뜻으로 임금이 가장 가까이 하며 신임하는 신하.

| 鼓腹擊壤 | *북 고 *배 복 *칠 격 *흙 양 |

북처럼 배를 두드려 박자를 맞추면서 땅을 친다는 뜻으로 백성들이 태평함을 즐기므로 바로 그 시절이 태평한 시대를 말함.

| 古　　稀 | *옛 고 *드물 희 |

예로부터 '드물다'는 뜻으로 쓰여 일반적으로 70세를 고희라고 일컫는 말로 널리 사용되고 있다.

| 空中樓閣 | *빌 공 *가운데 중 *다락 루 *누각 각 |

공중에 떠 있는 누각이라는 뜻으로 현실성이 없는일을 말함.　*沙上樓閣(사상누각)

| 管鮑之交 | *대롱 관 *절인고기 포 *갈 지 *사귈 교 |

중국 제(齊)나라 때 관중(管仲)과 포숙(鮑叔)의 두터운 우정을 얘기한 것으로 깊은 우정을 뜻함.

| 刮目相對 | *비빌 괄 *눈 목 *서로 상 *대할 대 |

눈을 비비고 주의하여 그 결과를 기다린다는 뜻으로 상대방의 학식이 갑자기 발전한 것을 탄복하여 이르는 말.

口尙乳臭

＊입 **구** ＊승상할 **상** ＊젖 **유** ＊냄새 **취**

입에서 아직도 젖내가 난다는 뜻으로 말과 행동이 유치하다는 것을 말함.

群鷄一鶴

＊무리 **군** ＊닭 **계** ＊한 **일** ＊학 **학**

여러 마리의 닭 가운데 한 마리의 학이 있다는 뜻으로 보통 사람들 속에 한 사람의 뛰어난 인물이 섞여 있음을 말함.

君子三樂

＊임금 **군** ＊아들 **자** ＊석 **삼** ＊즐거울 **락**

군자에게 세가지 줄거움이 있는데 첫째가 부모가 모두 살아 계시고 형제가 무고한 것이요, 둘째가 하늘을 우러러 부끄럼이 없고, 셋째가 천하의 수재를 얻어 교육하는 것이다.

捲土重來

＊걷을 **권** ＊흙 **도** ＊무기울 **중** ＊올 **래**

땅을 말아 다시온다는 뜻으로, 한번 싸움에서 패전한 사람이 다시 힘을 길러 땅을 휘몰아 들어오듯 쳐들어 오는 것을 말한다. 즉 세력을 다시 얻어 쳐들어 감.

錦上添花

＊비단 **금** ＊윗 **상** ＊더할 **첨** ＊꽃 **화**

비단옷을 입고 꽃을 가린다는 뜻으로 좋은 일이 더한다는 말이다.

錦衣夜行 *비단 **금** *옷 **의** *밤 **야** *갈 **행**
비단옷을 입고 밤길을 간다는 말로 아무리 출세
해도 남이 인정해 주지 않음을 뜻한다.

杞　　憂 *구기자 **기** *근심 **우**
기나라 사람의 근심이라는 뜻으로 만약 하늘이
무너지면 어떻게하나 하고 공연히 쓸데없는 걱
정이나 근심을 한다는 말이다.

洛陽紙價貴 *물 **락** *볕 **양** *종이 **지** *값 **가** *귀할 **귀**
낙양의 종이값이 치솟아 오른다는 뜻으로, 책이
호평을 받아 잘 팔리는 것.

難兄難弟 *어려울 **난** *맏 **형** *어려울 **난** *아우 **제**
어느편이 더 낫고 어느편이 못하다고 하기가 곤
란한 경우에 사용하는 말이다.

囊中之錐 *주머니 **낭** *가운데 **중** *갈 **지** *송곳 **추**
송곳의 끝이 뾰족하여 주머니를 뚫고 나오는 것처
럼 재능이 있는 사람은 많은 사람 중에 섞여 있어
도 반드시 나타나게 된다는 것.

老益壯 *늙을 **로** *더할 **익** *씩씩할 **장**
늙은 데도 더욱 힘이 왕성하다는 말이다.

累卵之危　　*여러 **루** *계란 **란** *갈 **지** *위태할 **위**
높이 포갠 알이라는 뜻으로, 조금만 건드려도 무
너져 깨지고 마는 상태에 처해 있는 것을 말한다.

多多益善　　*많을 **다** *많을 **다** *더할 **익** *착할 **선**
많으면 많을수록 좋다는 말이다.

斷機之戒　　*끊을 **단** *기계 **기** *이것 **지** *경계할 **계**
짜던 베도 도중에 자르면 쓸모없이 되듯이, 학문
도 중도에 그만두지 말고 꾸준히 계속해야 한다
는 가르침이다.

斷　　腸　　*끊을 **단** *창자 **장**
창자가 끊어진다는 뜻으로, 매우 슬프고 애절한
사실을 비유하는 말이다.

大器晩成　　*큰 **대** *그릇 **기** *늦을 **만** *이룰 **성**
큰 그릇은 시간이 오래 걸려야 완성된다는 뜻으
로 큰 인물은 늦게 성공한다는 말이다.

桃園結義　　*복숭아 **도** *동산 **원** *맺을 **결** *옳을 **의**
복숭아나무 정원에서 의를 맺는다는 뜻으로 사
사로운 욕심을 뒤로한 채 몸과 마음을 어떤 목
적을 향해 같이 행동하는 것을 말한다.

道聽塗說

* 길 **도** * 들을 **청** * 바를 **도** * 말씀 **설**

길에서 듣고 길에서 이야기한다는 뜻으로 사실 무근한 소문을 곧이곧대로 받아들인다.

塗炭之苦

* 바를 **도** * 숯 **탄** * 이것 **지** * 괴로울 **고**

진흙의 숯불 속에 떨어진 것 같은 괴로움을 나타내는 뜻으로 생활이 몹시 곤란함을 말한다.

同病相憐

* 같을 **동** * 병들 **병** * 서로 **상** * 불쌍할 **련**

같은 병을 앓는 사람끼리 서로 불쌍히 여긴다는 뜻으로 비슷한 처지에 있는 사람끼리 더욱더 상대를 동정한다는 말이다.

登龍門

* 오를 **등** * 용 **용** * 문 **문**

용이 되어서 하늘로 올라가는 문이라는 뜻으로 입신출세의 관문이라는 말이다.

馬耳東風

* 말 **마** * 귀 **이** * 동녘 **동** * 바람 **풍**

말의 귀를 스치는 동풍이라는 뜻으로 다른 사람의 의견이나 충고를 전혀 듣지 않는 것을 말한다.

莫逆之友

* 아닐 **막** * 거스릴 **역** * 갈 **지** * 벗 **우**

마음에 조금도 거슬림이 없는 둘도 없는 친구를 일컫는다.

| 盲人摸象 | *소경 **맹** *사람 **인** *더듬어찾을 **모** *코끼리 **상** |

장님이 코끼리를 만지는 식으로, 사물의 일부만을 알면서 함부로 전체에 대한 결론을 내리는 좁은 견해를 말한다.

| 明鏡止水 | *밝을 **명** *거울 **경** *그칠 **지** *물 **수** |

잡념과 사리사욕이 없는 깨끗한 거울과 같은 조용한 마음.

| 矛　盾 | *창 **모** *방패 **순** |

창과 방패라는 뜻으로 앞뒤가 서로 맞지않은 말이나 행동을 말한다.

| 武陵桃源 | *무사 **무** *언덕 **릉** *복숭아 **도** *근원 **원** |

속세와 완전히 동떨어진 별천지. 곧 평화롭고 조용한 이상적인 곳을 말한다.

| 刎頸之交 | *목자를 **문** *목 **경** *이것 **지** *사귈 **교** |

목이 잘려도 괘념치 않을만큼 절친한 친구라는 뜻으로 생사를 같이 하려는 벗을 이름.

| 門前成市 | *문 **문** *앞 **전** *이룰 **성** *저자 **시** |

세도가의 집 앞이 찾아드는 방문객들로 시장처럼 붐빈다는 말이다.

| 傍若無人 | *곁 **방** * 같을 **약** * 없을 **무** * 사람 **인** |

곁에 아무도 없는 것과 같이 남을 업신여기고 제멋대로 행하는 것을 말한다.

| 背水之陣 | * 등 **배** * 물 **수** * 갈 **지** * 진칠 **진** |

물을 등지고 진을 친다는 뜻으로 죽음을 각오하고 결사적으로 승부에 임하는 것을 말한다.

| 百年河淸 | * 일백 **백** * 해 **년** * 물 **하** * 맑을 **청** |

중국의 황하는 물이 항상 누렇게 흐려있으며, 백년에 한번 물이 맑아질까말까 한다는 것으로 아무리 기다려도 소용이 없다는 말이다.

| 百發百中 | * 일백 **백** * 필 **발** * 일백 **백** * 가운데 **중** |

백번 쏘아 백번 맞힌다는 것이 본래의 뜻으로 계획하고 있던 바가 생각했던 대로 들어맞을 경우를 말한다.

| 焚書坑儒 | * 불사를 **분** * 글 **서** * 구덩이 **갱** * 선비 **유** |

책을 불사르고 선비들을 생매장한다는 말로 선비들을 탄압하는 사건을 뜻한다.

| 不俱戴天之讐 | * 아닐**불** * 함께**구** * 일**대** * 하늘**천** * 갈지 * 원수**수** |

함께 하늘을 같이 질 수 없는 원수라는 뜻으로 이 세상에서 함께 살아있을 수 없는 원수를 말함.

| 鵬程萬里 | *붕새 **붕** * 길 **정** * 일만 **만** * 마을 **리** |

붕이란 상상의 큰 새로서 붕의 갈길은 수만리라
는 뜻인데, 보통 사람으로는 생각도 미치지 않은
원대한 사업을 비유하는 말이다.

| 四面楚歌 | *넉 **사** * 낯 **면** * 괴로울 **초** * 노래 **가** |

사방이 모두 적으로 둘러싸여 어느 누구의 도움
도 받을 수 없는 고립된 상태를 나타내는 말이다.

| 似而非 | *같을 **사** * 말이을 **이** * 아닐 **비** |

겉으로 보기에는 비슷한 것 같으나 실제로는 아
주 다른 가짜를 가리키는 말이다.

| 蛇　　足 | *뱀 **사** * 발 **족** |

화사첨족(畵蛇添足)의 준말로, 뱀을 그리는데 없
는 발까지 그려넣는다는 뜻에서 쓸데없는 일을
하다가 도리어 일을 그르친다는 말이다.

| 殺身成仁 | *죽일 **살** * 몸 **신** * 이룰 **성** * 어질 **인** |

자신의 목숨을 희생하여 인(仁)을 이룩한다는 뜻
으로 자기 몸을 바쳐 올바른 도리의 길을 걷는 것
을 일컫는다.

| 三顧草廬 | *석 **삼** * 돌아볼 **고** * 풀 **초** * 풀집 **려** |

유비(劉備)가 세번이나 초가집에 사는 제갈량(諸
葛亮)을 찾아갔다는 뜻에서 인재를 맞아들이기 위
하여 참을성 있게 마음 쓰는 것을 말한다.

桑田碧海

＊뽕나무 **상** ＊밭 **전** ＊푸를 **벽** ＊바다 **해**
뽕나무밭이 푸른바다로 변한다는 뜻이니, 곧 세
상이 몰라볼 정도로 바뀌고 변한 것을 말한 것
이다.

塞翁之馬

＊변방 **새** ＊늙은이 **옹** ＊이것 **지** ＊말 **마**
할아버지의 말에 얽힌 이야기에서 나온 것으로,
인간의 길흉화복은 변화가 많아 예측하기가 어
렵다는 말이다.

漱石枕流

＊양치질 **수** ＊돌 **석** ＊베개 **침** ＊흐를 **류**
돌로 양치질하고 흐르는 물로 베개를 삼는다는
뜻으로 남에게 지기 싫어하는 마음이 강해서 억
지로 무리한 이유를 붙이는 것을 말한다.

水魚之交

＊물 **수** ＊물고기 **어** ＊갈 **지** ＊사귈 **교**
물고기가 물에 있어야 살 수 있는 것처럼 부부
는 서로 끊을래야 끊을수 없는 친밀한 사이를
뜻한다. 변하지 않은 깊은 우정에도 쓰인다.

脣亡齒寒

＊입술 **순** ＊망할 **망** ＊이 **치** ＊찰 **한**
입술이 없어지면 이가 드러나 시리다는 뜻으로
서로 의지하고 돕는 사이에 한쪽이 망하면 다른
쪽도 따라 망하게 됨을 비유한 말.

羊頭狗肉

*양 **양** *머리 **두** *개 **구** *고기 **육**
밖에는 양머리를 걸어놓고 안에서는 개고기를
판다는 뜻이다. 겉은 그럴듯하고 보기 좋으나 속
은 텅텅 비었고 허술한 경우에 쓰는 말이다.

梁上君子

*들보 **량** *윗 **상** *군자 **군** *아들 **자**
대들보위의 군자라는 뜻으로, 도둑을 일컫는 말
이지만 천장의 쥐를 말할 때도 쓰인다.

漁父之利

*고기잡을 **어** *아버지 **부** *갈 **지** *이로울 **리**
조개와 황새가 서로 싸우는 바람에 어부가 둘다
잡아 이익을 보았다는 뜻으로 두 사람이 이해관
계로 서로 다투는 사이에 제삼자가 이득을 본다
는 말이다.

緣木求魚

*인연 **연** *나무 **목** *구할 **구** *물고기 **어**
나무에 올라가서 물고기를 잡으려 한다는 말로,
도저히 불가능한 일을 말한다.

五里霧中

*다섯 **오** *마을 **리** *안개 **무** *가운데 **중**
오리나 이어지는 짙은 안개 속에서는 동서를 분간
하기 어렵다는 뜻으로 그 행방이나 단서를 찾기가
어려운 경우를 말한다.

五十步百步

＊다섯 **오** ＊열 **십** ＊걸음 **보** ＊일백 **백** ＊걸음 **보**
전쟁터에서 오십보 달아난 것이나 백보를 달아
난 것이나 도망친 것은 같다는 뜻에서, 외견상
약간의 차이가 있으나 본질은 같다는 말이다.

吳越同舟

＊나라이름 **오** ＊넘을 **월** ＊같을 **동** ＊배 **주**
① 아무리 원수사이 일지라도 공동의 이해에 대
　해서는 서로 협력하는 것.
② 오나라와 월나라처럼 원수 사이에 있는 사람
　이 같은 장소에 있게 되는 경우.

烏合之衆

＊까마귀 **오** ＊합할 **합** ＊이것 **지** ＊무리 **중**
까마귀가 모인 것같이 질서와 규칙이 없는 군중
을 일컫는다. 오합지졸(烏合之卒)이라고도 한다.

屋上架屋

＊집 **옥** ＊윗 **상** ＊시렁 **가** ＊집 **옥**
지붕위에 또 지붕을 얹는다는 뜻으로 필요없는
일을 이중으로 하는 것을 가리키는 말이다.

玉石混淆

＊구슬 **옥** ＊돌 **석** ＊섞을 **혼** ＊뒤섞일 **효**
옥과 돌이 한데 뒤섞여 좋은 것과 나쁜 것이
뒤섞여 있어서 그것을 구별하기가 어려울 때
에 사용하는 말이다.

溫故知新

＊따뜻할 **온** ＊연고 **고** ＊알 **지** ＊새 **신**
옛 것을 익혀서 새로운 것을 안다는 말이다.

| 龍頭蛇尾 | ＊용 **룡** ＊머리 **두** ＊뱀 **사** ＊꼬리 **미** |

처음에는 아주 그럴듯하게 보였으나 끝에 가서는 흐지부지하게 되는 경우에 이르는 말.

| 臥薪嘗膽 | ＊누울 **와** ＊땔나무 **신** ＊맛볼 **상** ＊쓸개 **담** |

원수를 갚거나 목적을 이루기 위하여 괴로움을 참고 견디는 것.

| 完　璧 | ＊완전할 **완** ＊둥근옥 **벽** |

결점이 없이 훌륭한 것을 의미하기도 하고 완전무결하다는 말도 된다.

| 愚公移山 | ＊어리석을 **우** ＊공적인 **공** ＊옮길 **이** ＊뫼 **산** |

남이 보기에는 어리석어 보이지만 포기하지 않고 계속하다보면 언젠가는 목적을 달성하게 된다는 말.

| 有備無患 | ＊있을 **유** ＊갖출 **비** ＊없을 **무** ＊근심 **환** |

사전에 미리 준비가 갖추어져 있으면 전혀 걱정이 없다는 말이다.

| 以心傳心 | ＊써 **이** ＊마음 **심** ＊전할 **전** ＊마음 **심** |

마음에서 마음으로 전한다는 뜻이다.

| 一攫千金 | ＊한 **일** ＊잡을 **확** ＊일천 **천** ＊쇠 **금** |

짧은 시간이라도 천금의 값어치가 있을 정도로 귀중하다는 뜻이다.

一擧兩得

＊한 **일** ＊들 **거** ＊두 **량** ＊얻을 **득**

한가지 일로써 두가지 이득을 얻는 것을 말한다.
＝일석이조(一石二鳥)

一網打盡

＊한 **일** ＊그물 **망** ＊칠 **타** ＊다할 **진**

한가지일을 구실로 한꺼번에 여러명을 모조리
잡아버린다는 뜻이다.

正中之蛙

＊우물 **정** ＊가운데 **중** ＊갈 **지** ＊개구리 **와**

우물 안에 들어있는 개구리라는 말로, 소견이 좁은
사람을 말한다.

糟糠之妻

＊지게미 **조** ＊겨 **강** ＊갈 **지** ＊아내 **처**

가난하여 술지게미와 쌀겨로 끼니를 이어가며 고생
을 같이 해온 아내라는 뜻으로, 곤궁할 때부터 함께
고난을 겪은 본처를 일컫는다.

朝三暮四

＊아침 **조** ＊석 **삼** ＊저물 **모** ＊넷 **사**

아침에 세개, 저녁에 네개라는 말로 두가지 뜻이
있다.
① 간사한 꾀로 남을 속이는 것.
② 눈앞에 보이는 차이만 알고 결과가 똑같음
　을 모르는 어리석은 것.

竹馬故友

＊대 **죽** ＊말 **마** ＊옛 **고** ＊벗 **우**

어릴 때부터 같이 대나무로 만든 말을 타고
같이 놀며 자라던 친구.

| 衆口難防 | *무리 **중** *입 **구** *어려운 **난** *막을 **방** |

사람들이 마구 떠들어대는 소리는 감당하기 어렵다.

| 天高馬肥 | *하늘 **천** *높을 **고** *말 **마** *살찔 **비** |

하늘은 높고 말은 살찐다는 뜻으로 가을이 살기에 좋은 계절이라는 것을 말한다.

| 千載一遇 | *일천 **천** *실을 **재** *한 **일** *만날 **우** |

천년만에 한번 만나게 되는 것으로 좀처럼 만나기 어려운 좋은 기회를 말한다.

| 靑天霹靂 | *푸른 **청** *하늘 **천** *벼락 **벽** *벼락 **력** |

맑게 갠 하늘에 난데없는 벼락이라는 뜻으로, 뜻밖의 재난을 비유해서 쓰는 말이다.

| 靑出於藍 | *푸른 **청** *날 **출** *어조사 **어** *쪽 **람** |

쪽이라는 풀에서 나온 푸른색이 쪽빛보다 더 푸르다는 말로 열심히 학문을 닦으면 스승보다 뛰어날 수 있다는 뜻이다. 즉, 스승보다 나은 제자를 말한다.

| 寸鐵殺人 | *마디 **촌** *쇠 **철** *죽일 **살** *사람 **인** |

간단한 한마디 말과 글로써, 급소를 찔러 충격을 주거나 감동시키는 것을 말한다.

他山之石   ＊다를 **타** ＊뫼 **산** ＊갈 **지** ＊돌 **석**

다른 사람의 산에서 쓸모없는 돌을 가지고 옥
을 갈 수 있다는 뜻으로, 군자도 소인의 행동
을 보고 수양을 쌓을 수 있다는 말이다.

兎死狗烹   ＊토끼 **토** ＊죽을 **사** ＊개 **구** ＊삶을 **팽**

토기를 다 잡고 나면 사냥개가 필요없게 되어 삶
아 먹는다는 뜻에서 요긴한 때에는 소중히 여기
다가 쓸모없게 되면 천대하고 버린다는 말이다.

推 敲   ＊밀 **퇴** ＊두드릴 **고**

문장을 다듬고 다듬어 비슷한 말이라도 어느 것
이 더 적절한가를 살피고 생각하는 최종적인 단
계를 이르는 말이다.

破 鏡   ＊깨뜨릴 **파** ＊거울 **경**

깨어진 거울이라는 뜻으로 부부가 헤어져 영원
히 다시 합칠 수 없게 된 경우를 가리킨다.

破竹之勢   ＊깨뜨릴 **파** ＊대 **죽** ＊갈 **지** ＊기세 **세**

대나무를 쪼개는 듯한 힘찬 형세라는 뜻으로
무서운 힘을 가지고 거침없이 밀고 들어가는
기세를 말하다.

偕老同穴   ＊같이할 **해** ＊늙을 **로** ＊같을 **동** ＊구멍 **혈**

살아서는 같이 늙고 죽어서는 한 무덤에 묻힌다
는 뜻으로 생사를 같이하는 부부를 말한다.

螢雪之功

*개똥벌레 **형** *눈 **설** *이것 **지** *공 **공**
밤에 돈이 없어서 반딧불과 눈빛으로 책을 읽었
다는 뜻에서 어려운 여건을 극복하고 공부를 하
여 성공하는 것.

狐假虎威

*여우 **호** *거짓 **가** *범 **호** *위엄 **위**
여우가 호랑이의 위엄을 빌어 제 위엄으로 삼았
다는 뜻으로 자신은 아무런 힘도 없으면서 남의
권세를 믿고 위세부리는 사람.

紅一點

*붉은 **홍** *한 **일** *점 **점**
푸른 잎 가운데 한송이의 붉은 꽃이라는 뜻으로
남자들 사이에 있는 단 한사람의 여성을 말한다.

畵龍點睛

*그림 **화** *용 **룡** *점 **점** *눈동자 **정**
용을 그릴 때 마지막으로 눈을 그려 완성시킨다
는 뜻으로 가장 중요한 부분을 완성시켜 일을
끝낸다는 말이다.

*시험에 잘 나오는 것으로써 조선일보, 동아일보, 중앙일보, 한국일보, 한겨레 등에서 발췌한 고사성어이다.

- 鷄肋(계륵) : 쓸데없는 것을 지칭할 때 이르는 말.
- 苦杯(고배) : 쓰라린 경험을 비유하는 말. • 痼疾 (고질) : 고치기 어려운 병이나 습관.
- 杞憂(기우) : 쓸데없는 근심. • 矛盾 (모순) : 말이나 행동의 앞뒤가 서로 맞지 아니함.
- 白眉(백미) : 여럿 중에서 가장 뛰어난 물건이나 사람.
- 蛇足(사족) : 쓸데없는 짓을 하다가 실패함을 지칭. *畵蛇添足(화사첨족)
- 使嗾(사주) : 남을 부추기어 시킴. • 怏宿 (앙숙) : 앙숙을 품고 있어 사이가 나쁨.
- 推敲(퇴고) : 글귀를 여러 차례 고침. • 膾炙 (회자) : 널리 사람의 입에 오르내림.
- 嚆矢(효시) : 온갖 사물의 맨 처음으로 됨을 비유. • 彌縫策 (미봉책) : 눈가림식의 일시적인 계책.
- 苦肉策(고육책) : 제 몸을 돌보지 못할 때의 어쩔 수 없는 계략. *苦肉之策(고육지책)
- 空念佛(공염불) : 아무리 타일러도 허사가 되는 말. • 口舌數 (구설수) : 세간의 입방아에 오르내림.
- 橋頭堡(교두보) : 작전을 유리하게 전개시키기 위해 설치한 거점.
- 登龍門(등용문) : 입신출세와 직결되는 어려운 관문이나 시험대.
- 未曾有(미증유) : 지금까지 한번도 있어 일이 없음. *前代未聞(전대미문)
- 碧昌牛(벽창우) : 고집이 세고 무뚝뚝한 사람을 비유. *벽창호
- 分水嶺(분수령) : 어떤 일의 매우 중요한 분기점이 되는 시점이나 지점.
- 似而非(사이비) : 겉은 제법 유사하나 속은 전혀 다름.
- 兩困馬(양곤마) : 양쪽으로부터 몰리는 형세. • 如反掌 (여반장) : '손바닥 뒤집는 것'처럼 매우 쉽다.
- 甕固執(옹고집) : 억지가 매우 심한 고집. • 長蛇陳 (장사진) : 많은 사람이 길게 늘어서 있는 모양.
- 赤裸裸(적나라) : 아무런 가림 없이 진상이 그대로 드러남.
- 走馬燈(주마등) : 사물이 빨리 변함. • 淸白吏 (청백리) : 청렴결백한 관리를 지칭.
- 下馬評(하마평) : 어떤 관직에 임명하게 될 후보자에 대한 세상의 풍설.
- 紅一點(홍일점) : 여럿 중에 가장 이체로운 것. • 三昧境 (삼매경) : 한가지에만 정신을 집중하는 경지.
- 家和萬事成(가화만사성) : 가정이 화목하면 만사가 순조롭게 이루어진다는 뜻.
- 苛政猛於虎(가정맹어호) : 가혹한 정치는 호랑이보다 더 무섭다라는 뜻.
- 瓜田不納履(과전불납리) : 의심받을 짓을 하지 말라는 경구. *李下不整冠(이하부정관)
- 兵家之常事(병가지상사) : 인생의 실패는 흔히 있으므로 낙담할 필요가 없음.
- 溫故而知新(온고이지신) : 옛 것을 익혀 새 것을 안다는 말.
- 李下不整冠(이하부정관) : 의심받을 짓을 하지 말라는 경구.
- 一刻如三秋(일각여삼추) : 너무도 빨리 흐르는 시간이나 세월을 비유함.
- 孟母三遷之敎(맹모삼천지교) : 맹자 어머니의 세 번이나 이사한 가르침.
- 百聞不如一見(백문불여일견) : '백번 듣는 것이 한번 보는 것만 못하다'라는 뜻.
- 不俱戴天之讎(불구대천지수) : 서로 용서할 수 없는 원수 사이.
- 一日新又日新(일일신우일신) : 날마다 새로워짐.
- 狡兎死而走狗烹(교토사이주구팽) : 토끼 사냥 후 사냥개를 삶아먹음. *狡兎死良狗烹

부록

1. 이름 감정과 작명

2. 해몽 하는 법

3. 일상생활의 지혜

한글세대가 꼭 알아야할 고사성어

*시험에 잘 나오는 것으로써 조선일보, 동아일보, 중앙일보, 한국일보, 한겨레 등에서 발췌한 고사성어이다.

- 七顚八起 (칠전팔기) : 여러 번이나 실패하였어도 재기하여 분투함.
- 七縱七擒 (칠종칠금) : 상대방을 자기 마음대로 좌지우지함.
- 針小棒大 (침소봉대) : 작은 일을 큰 일처럼 허풍을 떠는 것.
- 他山之石 (타산지석) : 다른 사람에게도 본받을 만한 것이 있다는 뜻.
- 兔死狗烹 (토사구팽) : 필요에 따라 신의를 저버리는 시류를 풍자하는 말. *狡兔而死走狗烹
- 破顔大笑 (파안대소) : 크게 웃음. *拍掌大笑(박장대소).
- 表裏不同 (표리부동) : 속 다르고 겉 다른 세상 사람의 이치를 나타낸 말.
- 風樹之嘆 (풍수지탄) : 부모가 돌아가시어 효도를 할 수 없는 슬픔.
- 風前燈火 (풍전등화) : 매우 위급한 처지에 놓여 있음을 뜻함.
- 邯鄲之夢 (한단지몽) : 인생과 영화의 덧없음을 비유. *盧生之夢
- 咸興差使 (함흥차사) : 기다려도 소식이 없거나 답변이 없음을 지칭함.
- 螢雪之功 (형설지공) : 갖은 고생을 하며 공부하여 얻게 된 성과.
- 狐假虎威 (호가호위) : 남의 위세를 빌어 위세를 부리는 행위.
- 互角之勢 (호각지세) : 서로 엇비슷한 위세. *伯仲之勢(백중지세)
- 好事多魔 (호사다마) : 좋은 일에는 좋지 않은 일이 생김을 비유한 말.
- 虎死留皮 (호사유피) : 호랑이는 죽어서 가죽을 남긴다는 말. ⇔人死有名(인사유명)
- 虎視耽耽 (호시탐탐) : 기회를 엿보고 가만히 정세를 관망하는 것.
- 畵龍點睛 (화룡점정) : 가장 중요한 부분을 마지막으로 완성함.
- 畵蛇添足 (화사첨족) : 쓸 데 없는 짓이나 일을 함. *蛇足(사족)
- 換骨奪胎 (환골탈태) : 얼굴이나 문장을 뜯어 고쳐 새롭게 꾸밈.
- 荒唐無稽 (황당무계) : 하는 말이 너무도 터무니없고 두서가 없음.
- 會者定離 (회자정리) : 인생의 무상함을 뜻함. *去者必返(거자필반)
- 橫說竪說 (횡설수설) : 조리가 없는 말을 함부로 지껄임.
- 興盡悲來 (흥진비래) : 즐거운 일이 다하면 슬픈 일이 닥친다는 뜻.

부록1. 이름 감정과 작명

 성의 획수와 이름의 획수를 합한 수를 총획수 또는 총획이라고 한다. 즉, 성과 이름의 전부의 획수를 합한 것으로 한 평생에 걸친 운명을 대표한다.

[例] 李 相 麒
7 + 9 + 20 = 36획

❖ 6획수

壽福繁昌(수복번창)
  * 부귀영화를 누리고 평생을 안락하게 보낸다.

榮華發展(영화발전)
  * 자연의 은혜와 조상의 덕을 많이 입는다.

❖ 7획수

前進富貴(전진부귀)
  * 자수성가로써 가문을 일으킨다.

獨立大成(독립대성)
  * 활동력이 풍부하여 자신만만하여 독립적으로 하면 큰 성공을 한다.

❖ 8획수

盛大榮華(성대영화)
 * 사업이 번창하며 재능이나 명예를 얻는다.

福祿增進(복록증진)
  * 끈기가 있고 사회생활에도 혜택을 입는데 중도에 조난을

당할 염려가 있다.

❖ 9획수

不幸凶險(불행흉험)
> * 비운 때문에 고민하는 수가 있다.

風波苦難(풍파고난)
> * 살아가는데 고난이 있고 재난이 있으니 몸조심을 해야 한다.

❖ 10획수

障害風霜(장해풍상)
> * 부잣집에 태어났어도 재산을 탕진하기 쉽다.

敗家困窮(패가곤궁)
> * 일가친척이 많아도 고독하게 지내나 성공을 할 수 있다.

❖ 11획수

立身多福(입신다복)
> * 입신출세하여 복이 많다.

發展繁榮(발전번영)
> * 순조롭게 발전하여 차츰 부귀영달을 누릴 운수이다.

❖ 12획수

不幸破壞(불행파괴)
> * 노력한 보람이 없이 허망한 일이 많다.

失敗病苦(실패병고)
> * 훌륭한 솜씨는 있지만 매사에 실패를 거듭한다. 말년에 윗
> 사람의 도움을 받아 무난한 생활을 할 수 있다.

❖ 13획수

智德兼備(지덕겸비)

   *예능 방면의 소질도 많아서 모든 사람에게 사랑을 받는다.

富貴繁盛(부귀번성)

   *지적 능력이 많고 종횡무진하는 재치로 어떠한 곤란도 극
   복해 성공의 길을 걷게 된다.

❖ 14획수

孤獨患難(고독환난)

   *매사에 경솔히 행하지 말고 심사숙고해서 행동해야 한다.
   고독하며 번민에 빠질 운수이다.

敗家亡身(패가망신)

   *타인에게 대하여 지나치게 냉담하기 때문에 친하기 어려
   운 느낌을 준다.

❖ 15획수

統率萬人(통솔만인)

   *여러 부하직원을 다스리고 사회적 지위도 높고 신망도
   두텁다.

大望達成(대망달성)

   *명예·재물·권세 어느 것이건 구하면 얻어진다. 가족운도
   좋으며 현모양처를 맞게 된다.

❖ 16획수

大業成就(대업성취)

   *큰 사업을 일으켜서 성공할 수 있고 지위도 오른다.

富貴隆昌(부귀융창)

   *그늘진 골짜기에 봄이 오니 만물이 소생한다. 뛰어난 인물
   이 되지만 신경쇠약에 걸릴 염려가 있다.

智勇兼全(지용겸전)
 *지혜와 용기가 겸하니 그야말로 금상첨화격이다.

大成出世(대성출세)
 *운수가 대길하니 바라는 일이 이루어진다. 활동적이며 의
  지가 강한 점이 특징이나 급한 성질 때문에 실패도 있다.
  크게 성공하여 출세한다.

幸福平安(행복평안)
 *행복하고 안락한 생활을 한다.

立身揚名(입신양명)
 *구름이 일어나는 곳에 고기와 용이 물에서 편히 논다.
  자만심이 세기 때문에 고립되기 쉬운 결함이 있다.

凶險風波(흉험풍파)
 *세파에 몹시 시달리고 험한 고비가 많다.

敗亡不幸(패망불행)
 *가을서리가 내리니 부채가 사용가치를 잃었다. 사업도 실
  패하며 인생의 파란을 많이 겪게 된다.

破壞分散(파괴분산)
 *좋은 일이 흉한 것으로 변하니 무슨 일에나 조심해야 한다.

病弱貧窮(병약빈궁)
 *고생이 많으며 번민·병약 아니면 불의의 재난을 당하기 쉽다.
  이성(異性)관계도 조심해야 한다.

萬人頭領(만인두령)
  *여러 사람의 우두머리로 권위와 수복을 누린다.

權威壽福(권위수복)
  *부지런히 노력한 뒤라야 수복이 뒤따른다. 높은 지위에
   올라 명예를 얻을 운이나 시초에는 다소 고생을 겪고 난
   다음에 복록을 누린다.

千辛萬苦(천신만고)
  *초년에는 길한 운이라도 중년 이후는 쇠퇴할 운에 빠진다.
   말년은 지극히 고독하다.

風波挫折(풍파좌절)
  *평지에 풍파를 일으키니 사람이 놀라고 재물의 손실이 있다.
   초년에는 길한 운이라도 중년 이후는 쇠퇴할 운에 빠진다.
   말년은 지극히 고독하다.

財物權威(재물권위)
  *가는 곳마다 즐거운 일이 있다.

發展兼備(발전겸비)
  *기력이 왕성하고 재치가 있고 기민해서 출세를 거듭한
   다. 재산을 쌓을 좋은 운이 있으나 과부나 홀아비가 될 운
   수도 있다.

❖ 24획수

福祿隆盛(복록융성)
* 큰 재산을 모아 말년에는 크게 번영한다.

出世發展(출세발전)
* 잠긴 용이 물을 얻었으니 변화가 무궁하다. 무에서 유를
만들수 있는 좋은 이름이다.

❖ 25획수

繁昌富貴(번창부귀)
* 꽃이 봄을 만나 만발하니 만가지가 평화롭다.

豊足榮華(풍족영화)
* 두뇌가 좋아 영리하며 재치도 있어서 출세한다. 고집을 세
우는 것은 행운을 깨뜨리는 결과가 되니, 남과 원만하게
교제하라.

❖ 26획수

九死一生(구사일생)
* 남녀를 막론하고 싸우다가 이별하기 쉬우니 주의하라.

孤獨失敗(고독실패)
* 관운·부부애정·자신운 별로 좋지 못하고 말년을 고독하
게 보낸다.

❖ 27획수

失敗分散(실패분산)
* 갈길이 바쁜 사람이 강가에 이르러 건너갈 배가 없다.

貧困苦痛(빈곤고통)
* 고독·험난·조난 등 재난이 있다. 활동은 많이 하지만 재
산이 그만큼 따르지 않는다.

❖ 28획수

虛無破綻(허무파탄)
* 갑작스러운 비바람에 모든 풀이 이리저리 쓰러진다.

患難離別(환난이별)
* 한때는 눈이 크게 뻗어나지만 인생의 변동이 심해서 실패하기가 쉽고 배우자의 인연이 발해서 생이별하는 수가 있다.

❖ 29획수

成功平安(성공평안)
* 저무는 봄 3월에 꽃이 지고 열매가 맺는 격이다.

多福出世(다복출세)
* 재력도 충분하고 처세술에 능하기 때문에 영화를 누리고 살 것이다.

❖ 30획수

萬事不進(만사부진)
* 사업을 하면 실패하여 파경에 이른다.

風波苦難(풍파고난)
* 화살이 없는 활만 가지고 있으니 다가오는 적을 어떻게 물리치랴.

❖ 31획수

興亡財物(흥망재물)
* 사업에 성공하여 그 권위와 재물을 함께 가진다.

權威享有(권위향유)
* 경영하는 일은 타인의 협조가 있어 쉽게 성공하는 격이다.

❖ 32획수

至誠壽福(지성수복)

　＊지성을 다하고 노력하면 수복이 절로 온다.

富貴增進(부귀증진)

　＊산중에서 범을 쏘았더니 연속 다섯개 화살이 명중되었다.
　재물은 더더욱 불어난다.

❖ 33획수

隆盛發展(융성발전)

　＊나이 어린 시절에 벌써 과거에 급제한 격이다.

富貴兼全(부귀겸전)

　＊운수가 매우 왕성하기 때문에 매사에 운이 트인다.

❖ 34획수

患難不幸(환난불행)

　＊신병으로 고생도 하고 경제적으로도 고생이 많다. 불행을
　가져올 운수이다.

風波困窮(풍파곤궁)

　＊마음을 결정짓지 못하니 어떻게 할 바를 몰라 쩔쩔매는 격
　이다.

❖ 35획수

大業成就(대업성취)

　＊대사업가로 성공할 수 있다. 내조의 공도 있어서 출세하는
　데 도움이 있다.

出世富貴(출세부귀)

　＊용이 하늘에 오르게 되었으니 조화를 부려 비를 내리게 하
　는 격이다.

❖ 36획수

千辛萬苦(천신만고)
   * 밝음을 등지고 어두운 곳으로 향하니 가만히 있는 것만
   못하다.

破滅苦難(파멸고난)
   * 움직이면 움직일수록 파탄곡절이 많다.

❖ 37획수

衆人統率(중인통솔)
   * 평화를 축하하는 잔치에 임금과 신하들이 모여 앉아 있는
   격이다.

大成榮華(대성영화)
   * 여러 애로사항을 물리치고 사업을 성공시켜 일생동안 부
   귀영화를 누린다.

❖ 38획수

順成大業(순성대업)
   * 문학·예능 방면으로 노력하면 이름을 떨치고 대성한다.

發展富貴(발전부귀)
   * 말을 타고 장안을 치달으니 봄바람을 타고 뜻을 이룬다.

❖ 39획수

權威具備(권위구비)
   * 재력과 덕망을 갖추어 많은 사람을 거느린다.

富貴長壽(부귀장수)
   * 목마른 용이 물을 얻었으니 조화를 부려 창생하는 격이다.

❖ 40획수

成敗無常(성패무상)
 * 간신히 여우와 살쾡이를 피했으나 다시 호랑이 꼬리를
   밟고 마는 격이다.

困窮風波(곤궁풍파)
 * 성공과 실패함이 연이어지고, 안정한 생활을 할 수 없다.

❖ 41획수

富貴榮華(부귀영화)
 * 동산에 꽃이 피었으니 벌과 나비가 찾아와 춤을 춘다.

前途繁昌(전도번창)
 * 지혜롭고 현명해서 앞날이 촉망된다.

❖ 42획수

失敗許多(실패허다)
 * 하늘이 무너지고 땅이 꺼지니 일마다 거꾸로 되어가는 격
   이다.

孤獨虛無(고독허무)
 * 의지가 박약해서 꾸준히 추진하는 힘이 부족하다.
   재주가 많아서 성공을 하는 기회도 있다.

※ 한국사람으로서 성명이 42획을 초과하는 사람은 거의 없다.
따라서 6획부터 42획까지만 다루기로 했으니 참고해 주시기 바란다.

부록 2. 해몽 하는 법

꿈은 옛적부터 동서양을 막론하고 사람이라면 '꿈'에 대한 관심과 흥미는 다 가지고 있다. 여태까지 경험으로 볼 때 꿈이란 어떤 운명적 길흉(吉凶)의 예보적인 상징인 것임에 틀림없다.

내고향 상주(尙州)군 사벌(沙伐)면에는 정기룡(鄭起龍) 장군의 비(碑)가 서 있다. 임진왜란 당시 육지에서 왜적과 싸워 용맹(勇猛)을 떨쳤던 정기룡 장군의 이름은 어머니 태몽에 용이 하늘로 올라가는 것을 보았다하여 기룡(起龍)이라고 명명(命名)하였다고 한다.

또, 이태조(李太祖)가 어릴 때 이름이 이성계(李成桂)였다. 어느 날 험한 산에서 나무 세개를 걸머진 꿈을 꾸고 해몽을 받으니, 이는 '王' 자를 나타내는 것이므로 장차 임금님이 될 징조라 하여, 마침내 임금님이 되었다는 전설도 있다.

꿈은 대체로 반대로 해석해야 한다. 기뻐서 손뼉을 치고 대단히 좋아하면 슬픈 일이 생긴다고 한다. 또 초야와 새벽 꿈은 맞지않는다고 한다. 즉 子時[1時~3時] 한밤중 꿈이 맞는 꿈이라고 한다.

1. 하늘과 해 · 달 · 별

- 하늘에 날아서 올라가면 장차 부귀해진다.
- 하늘이 무너져 내리면 부모가 돌아가신다.
- 찌푸린 하늘을 보면 근심되는 일이 생긴다.
- 하늘이 밝아지면 일이 잘 풀리게 된다.
- 해가 보이면 귀한 아들이 생긴다.
- 달이 보이면 딸을 얻게 된다.
- 해나 달을 품안에 안아보던가 또는 등에 짊어져 보이면 큰 벼슬한다.
- 해나 달에게 절을 하면 크게 길하다.
- 해가 기울어지는 꿈은 신상에 해로운 일이 있다.
- 별이 떨어지면 흉한 일이 생긴다.
- 북두칠성이 집에 들어와 보이면 큰 횡재가 생긴다.
- 북두칠성이 흐려보이면, 근심할 일이 많아진다.

2. 바람 · 구름 · 안개

- 바람이 사람 옷을 불어 젖히면 몸에 병이 생긴다.
- 바람에 날려서 공중에 뜨면 타인으로부터 사기를 당한다.
- 바람소리가 들리면, 먼 데서 소식이 있을 징조이다.
- 구름이나 안개가 몸에 덮이면 만사가 대길하다.
- 구름이 사방에서 일어나 보이면 장사에는 대길하다.
- 안개가 길을 가리면 일이 진행되기 어렵다.

3. 비·눈·서리·뇌성·번개·벼락·무지개

- 비를 만나서 우산이 없으면 이사하여 길할 징조이다.
- 우뢰소리가 들려오면, 장사에 이익이 있다.
- 번갯불을 보면 모든 일이 잘 되고, 혼담이 성사된다.
- 벼락을 맞으면 크게 부자가 된다.
- 무지개를 보면 일을 급히 하면 성사된다.
- 눈을 맞으면 만사가 성사된다.
- 눈이 뜰에 쌓이면 우환이 있다.
- 서리와 이슬이 내리는 꿈은 일이 뜻대로 되지 않는다.
- 눈과 비가 오는 꿈은 임신하고, 횡재할 징조이다.

둘째. 지리에 관한 꿈

1. 산·들·초목·돌·지진

- 높은 산에 올라가 살아보면 기쁜 일이 있다.
- 산에 올랐을 때 산이 무너지면 흉한 일이 생긴다.
- 높은 산에 올랐다가 떨어지면 근심이 생긴다.
- 산에 불이 나면 대길할 징조이다.
- 산에 붉은 빛을 띤 것을 보면 만사가 형통할 것이다.
- 높은 산을 멀리서 보는 꿈은 만사가 대길하다.
- 땅에 누워보면 근심이 생긴다.
- 땅속으로 들어가면 만사가 길하다.
- 큰 돌을 보면 재물을 얻는다.
- 돌을 운반하여 집으로 들여가면 재수가 있다.
- 지진이 일어나면 불길한 일이 생긴다.

· 숲 가운데에 나무가 나면 귀한 자손을 얻게 된다.
· 큰 나무에 올라가면 소원성취할 징조이다.
· 나무가 부러지면 불길하다.
· 나뭇잎이 떨어지는 것을 보면 불길하다.
· 뜰 앞에 대나무가 있으면 만사가 대길하다.
· 나무를 짊어지면 재물을 얻는다.
· 대추나 배의 과실이 익어 있으면 자손에 행운이 온다.
· 과수원에 들어가 보면 재물을 얻을 것이다.
· 밤나무를 보면 친한 사람과 이별한다.

2. 강 · 바다 · 샘

· 바다에 파도가 일어나면 부부간에 사이가 멀어진다.
· 바닷물이 잔잔하고 배가 뜬 것을 보면 매우 길하다.
· 홍수가 나면 만사가 여의치 못하다.
· 개천을 쳐서 물이 흐르는 것을 보면 만사가 대길하다.
· 물 위에 불이 일면 길하고 재수가 있다.
· 물에 빠져서 나오지 못하면 불길하다.
· 큰 물이 맑으면 대길하고 경사가 있다.
· 우물물이 흐려 보이면 질병이 생긴다.
· 연못을 파고 배를 띄워 보면 크게 좋은 일이 생긴다.
· 우물 가운데 티끌들이 많이 떠 있으면 구설이 많다.
· 우물에 자기 몸이 비치면 벼슬을 얻는다.
· 강이나 바다가 넘쳐 흐르면 크게 길하다. 얼음이 녹아 보이
  면먼 데서 소식이 올 것이다.

3. 길 · 다리 · 시가

- 길을 직행하면 가업이 잘되고 운수가 좋아진다.
- 다리의 중간이 끊어져 보이면 고생이 생길 징조이다.
- 다리와 개천을 고치면 만사가 형통하다.
- 다리를 놓으면 크게 길하다.
- 시장에서 물건을 사고 팔면 부귀한다.
- 시장에서 놀거나 음식을 먹어보면 손재수가 있다.

셋째. 신체에 관한 꿈

1. 머리 · 얼굴 · 사지 · 치아 · 눈 · 귀 · 눈썹

- 머리털이 희어져 보이면 오래산다.
- 머리털이 검어 보이면 부자가 될 징조이다.
- 머리를 빗어보면 근심이 다 없어진다.
- 머리칼을 가르는 꿈은 우환이 생긴다.
- 얼굴에 검은 사마귀가 생기면 불길하다.
- 치아가 나 보이면 장수한다.
- 입안에 털이 나면 재수가 있다.
- 눈썹에 흰 눈썹이 나오면 출세할 징조이다.
- 눈썹이 떨어져 보이면 질병이 생긴다.
- 눈병을 앓아보면 일이 잘 되지 않는다.
- 몸이 살이 찌든가, 반대로 수척해 보이면 모두 불길하다.
- 벌거벗어 보이면 매우 길하다.
- 목욕을 하면 질병이 없어진다.
- 손가락이 부러져 보이면 자손에게 흉하다.

· 발을 삐면 친구로부터 속임이나 해를 입는다.
· 발이 무겁고 피로해 보이면 병에 걸릴 징조이다.
· 코가 길어지면 부자가 될 징조이다.
· 코가 높아지면 구설이 생긴다.
· 코를 부상당하면 속임수를 당하고 만다.
· 코피가 나면 만사형통한다.
· 귀가 끊기면 불화가 생긴다.
· 귀가 크게 보이면 승진하고 재수가 있다.
· 귀를 씻으면 좋은 친구를 얻는다.
· 어깨가 살찌면 재수가 좋아서 돈이 생긴다.
· 팔에 종기가 나면 사업이 부진하고 고생을 많이 한다.
· 손과 발이 강해 보이면 사업이 크게 번창한다.
· 손가락이 끊어지면 친구와 결별할 징조이다.
· 무릎을 부상하면 직장을 잃어버린다.
· 손톱이 길면 재수가 있다.
· 손톱을 깍으면 가정에 불화가 생긴다.

2. 타인

· 도적이 침입하면 뜻밖에 횡재한다.
· 타인이 나를 죽이는 것을 보면 대길하다.
· 고향의 부모를 보면 걱정거리가 생긴다.
· 거지를 보면 재물이 생긴다.
· 많은 스님을 보면 타인의 도움을 받는다.
· 가족이 손뼉을 치고 기뻐하는 것을 보면 불길할 징조이다.
· 송장을 본다든지 냄새가 나면 이익이 많다.
· 성인과 서로 말을 나누면 대길하다.

- 본인이 관을 써보면, 관리는 승진한다.
- 도둑에게 칼에 베이면 뜻밖에 행운이 온다.
- 자기가 도둑으로 변하면 질병이 생긴다.
- 신선과 이야기하고 놀면, 만사형통한다.

3. 희 · 노 · 애 · 락

- 노래하고 즐거워하면 부모상을 입게 된다.
- 병자가 꿈에 노래를 부르면 크게 불길하다.
- 사람이 죽는 것을 보면 길하다.
- 노래하고 춤을 추면 타인과 다툼이 있다.
- 승진하는 꿈을 꾸면 자손을 얻는다.
- 얼굴에 종기가 나면 재물을 얻는다.
- 피부병에 걸리면 재물을 모은다.
- 손발에 피고름이 나면, 사업이 확장되고 길하다.
- 자신이 죽어보이면 매우 길하다.
- 장사나 제사를 지내는 꿈은 소원성취를 한다.

4. 목욕 · 화장실

- 손이나 발을 씻으면 병이 치유된다.
- 목욕하는 것을 보면 질병이 깨끗이 없어진다.
- 대소변이 몸을 더럽히면 재물을 얻는다.
- 대변보는 것은 좋은 징조이나, 소화가 되지 않는 것이 그대로 나오면 소원이 달성되지 않는다.
- 대소변을 짊어지고 집으로 돌아오면 대단히 좋다.
- 진흙 물에 목욕하면 병을 얻게 된다.
- 화장실에서 빠져나오지 못하면 불길하다.

1. 짐승

- 원숭이를 보면 사업을 하지말아야 한다.
- 개한테 물리면 매우 불길하다.
- 돼지가 집으로 들어오면, 기쁜 일이 생긴다.
- 돼지만 보아도 횡재할 꿈이다.
- 개가 서로 싸우면 병이 생긴다.
- 양을 타고 가면 재물을 얻는다.
- 말에게 먹이를 주면, 귀한 아들을 얻는다.
- 말을 타보면 좋은 일이 생긴다.
- 말이 서로 싸우면 일이 이루어지지 않는다.
- 소나 양을 끌고 오면 부자가 될 수 있다.
- 소를 타고 성으로 들어가면 길조이다.
- 짐승이 새끼를 낳으면 재수가 있다.
- 소를 몰고 산으로 올라가면 부귀하리라.
- 누런 소가 집으로 들어오면 좋은 일이 생긴다.

2. 닭·고양이·토끼·뱀·용

- 닭이 지붕에 있으면 흉하다.
- 달걀을 보면 좋은 일이 생긴다.
- 닭이 우는 꿈은, 소원성취할 수 있다.
- 비둘기를 보면 집안에 기쁜 일이 있다.
- 독수리를 보면 높은 지위에 오르거나 승진한다.
- 까마귀를 보면 불길한 일이 생긴다.

• 학을 탄 꿈을 꾸면, 벼슬을 한다.
• 뱀을 보면 관재가 있다.
• 독사를 죽이면 싸움에 이긴다.
• 용을 타고 하늘로 오르면 대길하다.
• 용을 타고 산에 오르면 소원성취한다.
• 토끼가 노는 것을 보면 걱정이 없어진다.
• 고양이를 보면 흉하다.
• 고양이가 쥐를 잡아먹으면, 분실물이 발생한다.
• 쥐에게 물리면 입신출세한다.

3. 곤충 · 물고기 · 거북

• 벌레소리가 나면 질병에 걸린다.
• 송충이를 보면 화를 입기 쉽다.
• 파리가 많이 모이면 일이 되지 않는다.
• 나비가 모여서 놀면 바라는 일이 잘 풀린다.
• 벌이 사람을 쏘면 재물을 얻는다.
• 게를 보면 만사가 이루어지지 않는다.
• 물고기를 많이 잡으면 남과 시비가 붙는다.
• 물고기가 떼지어 놀면 크게 좋은 일이 생긴다.
• 물 가운데서 낚시질하면 좋은 징조이다.
• 잉어를 보면 임신한다.
• 거북을 잡으면, 초상이 날 징조이다.
• 거북이 집으로 들어와 보이면 부자가 된다.

1. 집기 · 침상

- 항아리를 보면 길하고 오래산다.
- 빗자루가 해져보이면 집안이 가난해진다.
- 바늘과 실을 얻으면 귀인의 도움을 받는다.
- 손수건을 얻으면 이별 아니면 병이 생긴다.
- 도끼를 보면 장수하거나 관직에 오른다.
- 숟가락을 얻으면 자손을 잃는다.
- 젓가락을 얻으면 전답을 얻는다.
- 솥을 보면 재물이 생긴다.
- 침상을 씻으면 매우 좋은 징조이다.
- 방석을 깔고 앉으면 좋고 그곳을 떠나면 나쁘다.
- 침상에 개미가 기어오르면 나쁘다.

2. 분 · 거울

- 거울이 깨지면 부부가 이별할 운수이다.
- 거울을 주워보면, 어진 아내를 얻는다.
- 분과 연지를 보면, 크게 재수가 좋다.
- 연지와 분을 바르면, 어진 자손을 얻는다.

부록 3. 일상생활의 지혜

1. 치약을 활용 방법

치약은 양치질 이외에도 의외(意外)로 쓸모가 많다.

① 손에 묻은 생선(生鮮)냄새가 잘 가시지 않을 때 치약을 발라 씻으면 효과적(效果的)이다.

② 자녀들이 색연필로 가구에 낙서(落書)를 했을 때도 부드러운 천에 치약을 묻혀 닦으면 깨끗해진다.

③ 커피잔에 묻은 얼룩이나 문손잡이 등에 낀 때를 제거(除去)할 때도 효과가 있다.

④ 시계 유리판에 작은 흠집이 났을 때 부드러운 천에 치약을 묻혀 문지르면 없어진다.

2. 달걀껍질을 깔때기 대신 사용

식용유(食用油)등을 병에 딤기 위혜 깔때기가 필요할 때가 있다. 하지만 일반 가정(家政)에서는 평소 깔때기를 준비해 두는 경우가 그리 많지 않다. 따라서 식용유 등을 병에 담을 때, 급한 대로 종이를 말아서 깔때기 대용(代用)으로 쓰는 가정이 많다. 그런데 종이를 말아 사용할 때는 식용유 등을 낭비(浪費)하기 쉽다. 따라서 깔때기가 없을 때는 달걀껍질에 젓가락 등으로 구멍을 뚫어쓰면 좋다. 기름이 밖으로 새지도 않고 또 배지도 않기 때문이다.

3. 가지 소금물 담갔다 볶으면 담백

가지는 볶을 때 기름이 많이 흡수(吸收)되기 때문에 계속 기름을 넣다보면 먹을 때 기름맛이 강해서 가지의 본래의 참맛을 제대로 느끼지 못할 수 있다. 이럴 때는 소금물이 효과적이다. 가지를 볶을 때 짠맛을 느낄 수 있을 정도의 소금물에 가지를 담갔다 조리(調理)하면 가지가 기름을 지나치게 흡수하는 것을 막을 수 있고 가지의 떫은 맛도 없앨 수 있다.

4. 어패류(魚貝類) 모래뺄 때 소쿠리 활용

모시조개와 바지락 등 어패류에 들어있는 모래를 빼낼 때는 소쿠리를 활용하면 편리(便利)하다. 어패류를 소쿠리에 담은 뒤 소금물이 담긴 큰 그릇에 넣는다. 나중에 조개를 꺼낼 때 모래와 다시 섞이지 않게 할 수 있다. 모래는 소쿠리를 빠져나가 그릇 밑바닥에 가라 앉으므로 조개가 담긴 소쿠리만 건져내면 훨씬 손쉽다.

5. 병마개 쉽게 돌려따려면

밀폐(密閉)된 병을 딸 경우 병마개가 돌아가지 않아 애를 먹을 때가 있다. 무리하게 마개를 돌리려다보면 손을 다칠 수도 있다. 이럴 때는 성냥불을 켜서 마개를 뜨겁게 하거나 더운 물에 담가 마개를 팽창시키면 간단히 열리는 경우가 많다. 그래도 열리지 않을 때는 먼저 병마개의 물기를 없앤 뒤 고무장갑을 끼고 돌리면 의외(意外)로 쉽게 열린다.

6. 진짜꿀과 가짜꿀 구별하기

우선 꿀을 숟가락으로 떠서 아래로 떨어뜨려보면 된다. 이 때 물엿처럼 주르르 흘러내리면 가짜이고 응축력이 있어 또박또박 잘려서 떨어지면 진짜가 틀림없다. 그리고 꿀을 살 때는 봄에 따낸 첫꿀과 가을에 따낸 것은 피하는 것이 좋다.

7. 마시다 남은 맥주 활용하기

마시다 남은 맥주를 버리지 않고 보관(保管)해 두면 요긴하게 사용할 수 있다.

① 가스레인지나 환풍기의 더러움을 제거(除去)할 수 있다. 의외로 잘 닦인다. 김빠진 맥주라도 상관없다.

② 냉장고 안의 더러움과 냄새를 제거할 수 있다. 행주에 맥주를 적셔 냉장고 안을 닦으면 더러움 뿐만 아니라 냄새까지도 깨끗이 제거할 수 있다.

③ 화분의 잎에 낀 먼지를 닦아주면 윤기는 물론 신기(神奇)할 정도로 잎사귀가 싱싱해진다.

8. 여름날 남의 집을 방문했을 때

자기 발의 냄새 때문에 몹시 신경쓰인 적이 있을 것이다. 이 경우에는 그집을 방문(訪問)하기 전에 신발에 '소다'를 뿌리면 해결(解決)된다. 그리고 양말에도 뿌려두면 역겨운 발냄새 걱정에서 해방될 수 있다.

9. 거꾸로 말리면 별도의 다림질이 필요없다

합성섬유(合成纖維)로 된 와이셔츠나 블라우스 등의 경우, 빨아 말릴 때 조금만 신경(神經)쓰면 다림질을 하지 않아도 입을 수 있는 것들이 많다. 이러한 재질(才質)의 빨래를 말릴 때는 윗부분, 즉 컬러 부분(部分)이 아래로 향하도록하고 옷단을 위로 가게 하여 빨랫줄에 펴서 집게로 물어두면 물이 아래로 쏠려 그 무게로 인해 주름이 펴지므로 별도(別途)의 다림질이 필요 없다.

10. 립스틱이 묻었을 때

립스틱이 와이셔츠 등에 묻었을 경우, 따뜻한 물에 알코올이나 사염화탄소를 넣고 비벼 빨면 잘 지워진다. 그러나 무명 이외의 섬유일 경우 가제에 묻혀서 가볍게 찍어낸다. 그리고 또 얼룩 부위에 버터를 조금 발라 손으로 가볍게 문지른 다음 수건에 알코올을 묻혀 두드려도 깨끗이 제거된다.

11. 쌀뜨물로 얼굴을 씻으면 최상(最上)

쌀을 씻을 때 2번째까지는 버리고 3번째 쌀뜨물을 받아서 얼굴과 손을 씻으면 피부에 좋으며, 쌀뜨물로 얼굴을 톡톡 두드리듯 헹구면 더욱 효과(效果)가 있다. 꼭 실천(實踐)해 보길 바란다.

12. 매실 팩 두달만에 몰라보게 예뻐진다

매실농축액 티수푼 하나 분량에 꿀 2스푼, 밀가루를 걸쭉하게 섞어 팩을 하기도 하는데(일주일에 2~3번), 두달 정도 지나면 얼굴에 화색(和色)이 돌고 탱탱해지면서 잡티까지 사라져서 몰라보게 깨끗해진다. 매실농축액은 효과(效果)가 확실한 만큼 가격(價格)이 비싼 것이 흠이다.

13. 목을 젊게 만드는 바나나팩

바나나팩 하는 법은, 우선 바나나 반개를 믹서에 갈아 달걀 흰자와 참기름 한스푼을 넣어 골고루 저어준다. 이것을 목에 골고루 바르고 랩으로 감싸 20분쯤 지난 후 씻어낸다. 주 2회정도 꾸준히 실시(實施)하면 큰 효과(效果)를 볼 수 있다.

14. 까다로운 겨울옷 관리법(管理法)

① 가죽옷은 그늘에서 3~4시간 통풍(通風)시킨다. 옷걸이에 걸어 둘 때는 옷걸이에 타월을 감고 통풍이 잘되는 헝겊 커버를 씌워주고 방습(防濕)·방충제(防蟲劑)를 넣어둔다.

만일 곰팡이가 생겼을 때는 마른 수건(手巾)으로 닦아준다.

② 가죽장갑(掌匣)은 가죽클리너로 닦는다. 너무 더러우면 중성(中聲)세제를 사용해서 빠는 것이 좋다. 두서너번 헹구어 타월로 물기를 닦아낸 다음 그늘진 곳에서 말린다.

③ 모피(毛皮)는 외출한 다음에 모피 뒷덜미 쪽을 잡고 흔들어 먼지를 털어준다. 매번 이렇게 털어주는 것이 오랫동안 입을 수 있는 방법(方法)이다. 먼지가 심할 경우는 얇은 막대기를 이용해 가볍게 두드린다.

④ 부츠와 워커, 겨울용 구두는 깨끗이 닦은 후에 모양이 찌그러지거나 일그러져서 주름이 생기지 않도록 안에 신문지(新聞紙)를 말거나 구겨넣어 상자(箱子)에 보관하면 좋다.

15. 달걀의 속껍질이 피부(皮膚)의 신진대사(新陳代謝)를 높인다

달걀 속껍질로 만든 미용액은 피부의 신진대사를 높이고 기미가 벗겨져 없어지는 사이클을 활발하게 만들어 미백효과(美白效果)를 니타내는 것이다. 또 주름을 없애는 효과도 있다. 시간(時間)이 흐르면 속껍질 미용액에 하얀 것이 뜨게 되는데 이것은 아름다운 피부를 만드는데에 빼놓을 수 없는 콘드로이틴 유산이나 히알론산 칼슘 등이 들어있다는 증거(證據)이다. 손에 달걀미용액을 덜어서 가볍게 두들기듯 발라준다.

〈 달걀 속껍질 미용액을 하루만에 만드는 법. 30㎖(10일분) 〉

① 속껍질 잘게 다지기 : 달걀껍질에서 속껍질을 벗겨내 물기를 뺀 다음에 칼로 다진다. 백포도주에 반나절 담근다.

② 다시마 잘게 다지기 : 다시마를 가능한한 잘게 다진다. 가루 형태가 되어도 좋다. 백포도주에 반나절 담근다.

③ 걸러서 섞는다 : 두 엑기스를 커피 여과(濾過)지 같은 것에 걸러서 물, 글리세린, 구연산을 섞어(앞의 기준량의 ⅓정도)주면 된다.

16. 스웨터가 오그라들었을 때는 암모니아수에 물을 섞어 담가둔다

세탁을 잘못해서 스웨터가 오그라들었을 때는 암모니아수를 이용, 원상으로 회복(回復)시킬 수 있다. 미지근한 물 4리터에 암모니아를 반홉정도 넣어 휘저은 다음 스웨터를 담가 헹군다. 털실이 보드러워지면 가볍게 잡아당겨 늘려준 다음 타월에 싸서 물기를 빼고 평평한 곳에 널러 그늘에서 말린다. 어느정도 마른 다음 가볍게 당기면서 다림질을 하면 정상(定常)회복이 가능해진다.

17. 자에 잉크가 묻어서 곤란(困難)할 경우

매직잉크나 볼펜을 사용해서 자로 선을 그으면 자에 잉크가 묻어서 곤란하다. 그러나 자에 셀로판테이프를 붙여서 선을 긋고 나중에 떼면 편리(便利)하다. 손에도 종이에도 잉크가 묻지 않는다.

18. 카페트(융단) 청소에 소금을 뿌린다

카페트에 묻는 먼지는 좀처럼 떨어지지 않아서 난처하지만 소금을 뿌리면 쓰레기와 먼지를 흡착(吸着)하기 때문에 청소기로 빨아들이면 깨끗하게 되며, 더욱 카페트 색깔도 산뜻하게 된다. 또 카페트가 부분적으로 더러운 곳은 중성세제(洗劑)를 거품이 일게하여 거품을 더러운 부분에 놓고, 브러시로 털을 곤두세우듯이 하여 문지르면 깨끗하게 된다.

19. 목재가구의 흠에 대한 처리방법

목재가구에 대한 조그마한 흠은 커피를 농도가 진한 정도로 녹여서 발라두면 눈에 띄지 않게 된다. 크레용을 칠하는 것보다 본바탕색에 맞추어서 짙고 엷고를 조절(調節)할 수가 있으므로 편리(便利)하다.

20. 레몬방향제(芳香劑)는 상쾌한 기분이 든다

실내 건조를 방지(防止)하기 위해 히터곁에 물을 가득히 담은 컵같은 것을 놓을 때 컵안에 얇게 썰은 레몬을 한두조각 넣어두면 아련한 향기(香氣)가 감돌아서 방향제하고는 또다른 상쾌한 기분(氣分)이 된다.

21. 안경(眼鏡)의 나사에 매니큐어

안경을 쓰고 있는 사람들을 위해 한마디한다. 안경은 1, 2년 쓰고 있으면 나사가 풀리는 경우가 있는데 아뭏든 그럴 때 매니큐어를 칠해두면 안경테에 있는 작은 나사가 느슨해지지 않는다.

22. 기름때 씻어낼때 설탕쓰면 말끔

겨울철에 난방(煖房)기구 등을 손질하다보면 손에 기름이 묻는 일이 많다. 기름때는 비누로 씻어도 잘 지워지지 않아 불편하다. 이럴 때는 손에 설탕(雪糖)을 약간 묻힌 뒤 비비면 때가 감쪽같이 빠지게 된다. 또 기름냄새가 없어지지 않아 역겨울 때가 있다. 이런 경우에는 귤껍질이나 찻잎을 손에 문지르면서 씻으면 냄새가 쉽게 빠진다.

23. 고춧가루 물에 불리면 더 빨개

김치를 담글 때 고춧가루를 많이 넣었는데도 김치 빛깔은 그냥 허옇고 오히려 맵기만한 경우가 있다. 김치를 빨갛고 맛있게 보이게 하고 고춧가루도 절약(節約)하려면 김치를 담그기 전날 고춧가루를 따뜻한 물에 개어 불린다. 불려 놓은 고춧가루로 김치를 담그면 김치 빛깔은 무척 빨갛게 되며 고춧가루는 4분의 1정도 절약(節約)할 수 있다.

24. 카레-수프 짤 때는 감자로 희석

카레나 수프 등을 만들 때 간혹 너무 짜 고민스러울 때가 있다. 이럴 때는 감자를 활용(活用)하면 효과적(效果的)이다. 손질한 감자 2, 3개정도를 굵지 않게 썰어서 카레나 수프 등에 넣으면 감자가 익으면서 소금기를 흡수(吸水)해 저절로 간이 맞춰진다. 이때 쓰고 남은 감자는 샐러드나 크로켓을 만들어 먹을 수도 있다.

25. 간장 맛 제대로 내려면

끓이는 요리에 간장을 사용할 때는 항상(恒常) 맨나중에 넣어야 제맛이 난다. 다만 조림요리를 할 때는 처음에 간장을 넣어 맛을 내는 게 좋다. 재료(材料)를 수축(收縮)시키는 간장의 영향 때문이다. 그리고 간장을 보관(保管)하다 보면 곰팡이가 생기기도 한다. 곰팡이가 생겨도 사람 몸에는 해롭지 않지만 간장 맛이 떨어지게 되므로 간장독에 2, 3쪽의 마늘을 넣어 이를 막아주는 게 좋다.

26. 돼지고기 누린내 없앨 땐 생강(生薑)을

돼지고기를 요리해 먹다보면 흔히 누린내와 같은 독특한 냄새가 난다. 이런 냄새가 역겨워 아예 돼지고기를 안먹는 사람까지 있을 정도이다. 생강이나 된장을 이용하면 이런 누린내를 줄일 수 있다. 돼지고기를 5분쯤 끓이다가 다진 생강을 조금 넣어주면 신기(神奇)하게도 누린내가 확 줄어든다. 돼지고기를 삶을 때 된장을 조그만 헝겊에 싸서 넣어주면 누린내가 없어진다.

27. 식초물에 생선 담그면 비린내 싹

붕어나 잉어같은 민물고기를 요리(料理)할 때는 비린내 때문에 고민스럽다. 생선 비린내가 나지 않도록 요리하려면 식초를 탄 물에 물고기를 얼마동안 담가 놓으면 물고기가 식초를 마신 뒤 몸 속에 있는 비린 것을 토해버리기 때문이다. 또 피부의 비린 지방(紙榜)분도 중화(中和)되기 때문에 비린내가 훨씬 줄어들게 된다.

28. 효과적인 옷장 방충법(防蟲法)

옷을 옷장에 오래 넣어둘 때 생기는 문제는 낡은 스타킹과 헤어드라이어를 이용하면 예방할 수 있다. 우선 스타킹에 방충제를 대여섯알 넣은 뒤 헤어드라이어의 바람 나오는 구멍에 고무줄로 묶는다. 그런 다음 옷장문을 열어놓고 드라이어를 옷장 안에 걸어놓고 한동안 틀어놓는다. 그러면 방충제가 옷장 내부에 잘 확산되고 옷에 방충제 냄새도 덜 밴다.

29. 철 지난 구두 손질법

계절이 시나 신지 않는 구두를 보관(保管)한 때는 콜드크림을 활용(活用)하는 것이 좋다. 먼저 구두에 묻은 먼지를 없애고 난 뒤 콜드크림을 듬뿍 발라 골고루 스며들도록 문지른다. 그런 다음 신발 안에 신문지를 뭉쳐서 넣어두면 오랜 시간(時間)이 지나더라도 마치 새로산 구두처럼 윤기가 나는 신발을 신을 수 있다.